2020

长沙统计年鉴

CHANGSHA STATISTICAL YEARBOOK

长 沙 市 统 计 局
国家统计局长沙调查队
编

中国统计出版社
China Statistics Press

图书在版编目（CIP）数据

长沙统计年鉴. 2020 = Changsha Statistical Yearbook 2020 / 长沙市统计局，国家统计局长沙调查队编. —北京：中国统计出版社，2020.12
ISBN 978-7-5037-9361-5

Ⅰ. ①长… Ⅱ. ①长… ②国… Ⅲ. ①统计资料—长沙—2020—年鉴 Ⅳ. ①C832.641-54

中国版本图书馆CIP数据核字(2020)第219464号

长沙统计年鉴——2020

作　　者 / 长沙市统计局　国家统计局长沙调查队
责任编辑 / 钟　钰
校　　对 / 王成亮
装祯设计 / 孔江陵
出版发行 / 中国统计出版社有限公司
地　　址 / 北京市丰台区西三环南路甲6号
邮政编码 / 100073
电　　话 / 邮购(010)63376909　书店(010)68783171
网　　址 / http://www.zgtjcbs.com
印　　刷 / 长沙市雅高彩印有限公司
经　　销 / 新华书店
开　　本 / 890 × 1240毫米　1/16
字　　数 / 782千字
印　　张 / 24.5
印　　数 / 1500册
版　　别 / 2020年12月第1版
版　　次 / 2020年12月第1次印刷
定　　价 / 280.00元

如有印装差错，由本社发行部负责调换。

《长沙统计年鉴—2020》

编委会和编辑工作人员

编者说明

一、《长沙统计年鉴—2020 》是一部全面反映长沙市国民经济和社会发展情况的资料性年刊。收录了全市及各区、县（市）2019年经济和社会发展方面的大量统计数据，以及重要历史年份的主要统计数据，还包括全国三十五个直辖市、省会和副省级城市主要经济社会指标对比资料，是一本社会各界全面、深入了解研究长沙的重要工具书。

二、《长沙统计年鉴—2020》首卷为特载一《长沙市2019年国民经济和社会发展统计公报》及特载二《主要经济社会指标统计图》。本年鉴正文内容分为18个篇章，即：1. 综合；2. 国民经济核算；3. 人口、就业和职工工资；4. 固定资产投资、建筑业；5. 财政、金融、保险；6. 物价指数；7. 人民生活；8. 城市建设、环境保护；9. 农业；10. 工业；11. 运输和邮电；12. 国内外贸易、对外经济和旅游；13. 服务业；14. 教育和科技；15. 文化、体育、卫生；16. 区县（市）主要经济和社会指标；17. 全国三十五个直辖市、省会和副省级城市主要经济社会指标；18. 国民经济主要指标解释及计算方法。

三、本年鉴中2019年的统计数据主要源于统计年报（或年快报），部分来自抽样调查或部门统计。全国其他城市数据取自相关资料，最终数据以各地统计局发布为准。因国土详查原因，2019年耕地有关数据暂缺。

四、本年鉴部分数据合计数或相对数由于单位取舍不同及四舍五入处理所产生的计算误差均未作机械调整。

五、本年鉴按照《中国统计年鉴》的大体框架和规范要求编辑。统一使用《中国统计年鉴》指标解释，统一采用国际度量标准计量单位。

六、本年鉴中特载《2019年长沙市国民经济和社会发展统计公报》使用的数据为快报数或初步统计数。

七、本年鉴中的符号使用说明：“#”表示其中的主要项；“空格”表示指标数据无该项统计数据或无法收集到该项数据或数据不足最小计量单位；其他符号在表下有注解。

八、本年鉴编辑中如有不足之处，恳请广大读者批评指正。

目　　录

Contents

二、国民经济核算

National Accounts

三、人口、就业和职工工资

Population, Employment and Wages

四、固定资产投资、建筑业

Investment in Fixed Assets and Construction

五、财政、金融、保险

Finance, Banking and Insurance

六、物价指数

Price Indices

七、人民生活

People's Livelihood

八、城市建设、环境保护

Construction of Cities and Environmental Protection

九、农　业

Agriculture

十、工　业

Industry

十一、运输和邮电

Transportation, Postal and Telecommunication Services

十二、国内外贸易、对外经济和旅游

Domestic and Foreign Trade, Foreign Economy and Tourism

十三、服务业

Service Trades

十四、教育和科技

Education, Science and Technology

十五、文化、体育、卫生

Culture, Sports and Public Health

十六、区县(市)主要经济和社会指标

Main Economic and Social Statistical Indicators of District, County and City

十七、全国三十五个直辖市、省会和副省级城市主要经济社会指标

Main Economic and Social Statistics Indicators of National Thirty-five Municipalities, Provincial Capitals and Cities of Sub-provincial Rank

十八、国民经济主要指标解释及计算方法

Explanatory Notes and Calculation Methods on Main Statistical Indicators of National Economy

特载一

2019年长沙市国民经济和社会发展统计公报

长沙统计年鉴

2019年长沙市国民经济和社会发展统计公报

2019年，在市委、市政府的坚强领导下，长沙认真贯彻落实党的十九大和十九届二中、三中、四中全会精神，自觉践行新发展理念，深入实施创新引领开放崛起战略，着力建设现代化长沙和“三个中心”，不忘初心、牢记使命，攻坚克难、砥砺奋进，全市经济社会发展呈现稳中有进、稳中向好的态势。

一、综　　合

初步核算，全年实现地区生产总值11574.22亿元，比上年增长8.1%。分产业看，第一产业实现增加值359.69亿元，增长3.2%；第二产业实现增加值4439.32亿元，增长8.0%；第三产业实现增加值6775.21亿元，增长8.4%。第一、二、三产业分别拉动GDP增长0.1、3.5、4.5个百分点，三次产业对GDP增长的贡献率分别为1.2%、43.6%、55.2%。

全年一般公共预算收入1592.74亿元，比上年增长3.1%，其中地方一般公共预算收入950.23亿元，增长8.0%。一般公共预算支出1425.98亿元，增长9.6%。

图1　2015－2019年一般公共预算收入及地方一般公共预算收入

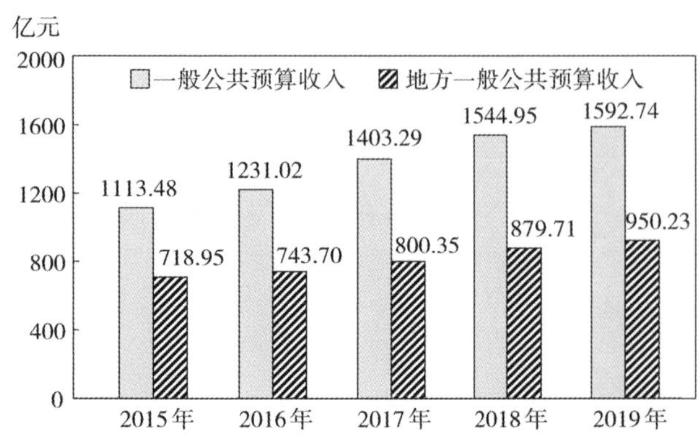

全年居民消费价格比上年上涨2.9%，涨幅增加0.9个百分点；商品零售价格上涨2.2%，涨幅回落0.3个百分点。

表1　2019年居民消费价格比上年涨跌幅度

指　　标	比上年上涨(%)
居民消费价格	2.9
服务价格	1.2
食品烟酒	7.6
食品	9.9
# 粮食	0.6
食用油	2.6
菜	6.0
畜肉类	32.5
水产品	0.9
蛋类	5.3
烟酒	3.5
衣着	1.3
居住	0.6
生活用品及服务	0.6
交通和通信	-1.7
教育文化和娱乐	3.2
医疗保健	2.0
其他用品和服务	3.9

全年新增城镇就业人员14.77万人，年末城镇登记失业率为2.65%。

二、农　　业

全年实现农林牧渔业增加值380.17亿元，比上年增长3.4%，其中农业增加值254.19亿元，增长3.7%；林业增加值23.48亿元，增长6.5%；牧业增加值69.44亿元，下降1.6%；渔业增加值12.58亿元，增长10.9%；农林牧渔服务业增加值20.48亿元，增长6.5%。

图2　2015－2019年农林牧渔业增加值

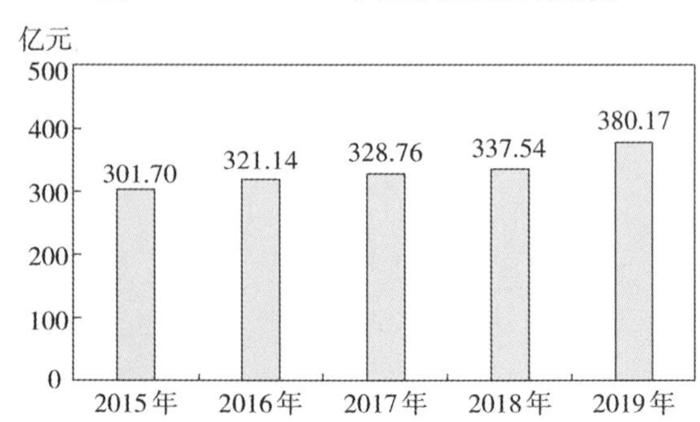

全年粮食播种面积 32.45 万公顷，比上年下降 0.3%，其中稻谷播种面积 28.96 万公顷，下降 1.2%，优质稻种植面积所占比重为 77.0%；蔬菜播种面积 15.14 万公顷，增长 3.5%；油料种植面积 5.63 万公顷，增长 2.1%；出栏肉猪 349.5 万头，下降 20.3%。

表 2　2019 年主要农产品产量及其增长速度

产品名称	计量单位	产　　量	比上年增长(%)
粮　食	万吨	215.68	0.1
棉　花	万吨	0.03	-18.3
油　料	万吨	9.85	1.1
茶　叶	万吨	3.98	8.4
蔬　菜	万吨	527.67	3.4
禽　蛋	万吨	4.52	4.9
水产品	万吨	9.87	6.6
出栏肉猪	万 头	349.5	-20.3
肉类总产量	万 吨	35.25	-14.5
牛　奶	万 吨	0.58	7.6

全年农业机械总动力 607.75 万千瓦，水稻耕种收综合机械化水平为 80.9%。农村基础设施建设投入力度加大，全市开工各类水利工程 1.79 万处，水利工程投入资金 20.73 亿元，水利工程完成土石方 0.13 亿立方米。

三、工业和建筑业

全年全部工业增加值比上年增长 9.0%，其中规模以上工业增加值增长 9.1%。

图 3　2015－2019 年全部工业增加值增长速度

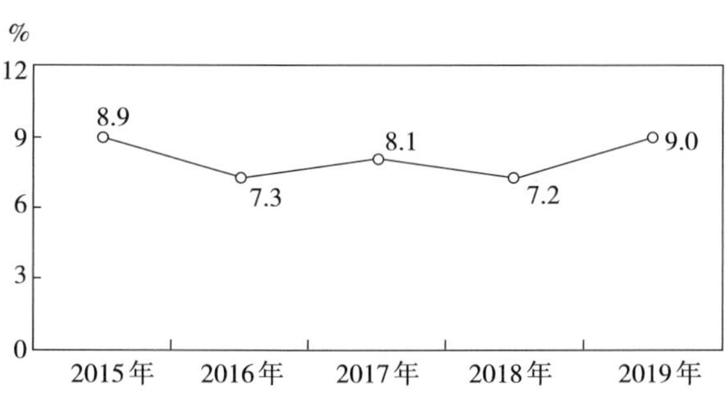

表 3　2019 年规模以上工业增加值增长速度

指　　标	比上年增长(%)
规模以上工业	9.1
按经济类型分组：	
国有企业	4.2
集体企业	-12.3
股份合作制企业	-35.1
股份制企业	10.1
外商及港澳台投资企业	14.3
其他企业	5.3
按企业规模分组：	
大型企业	12.2
中型企业	8.0
小微企业	3.8
总计中：	
国有控股企业	2.9
非公有制经济	12.9

全年园区规模以上工业增加值比上年增长 12.9%，占全市规模以上工业增加值的 57.7%，对规模以上工业增长的贡献率达 79.7%。

全年规模以上工业统计的 234 种主要工业产品中，产量比上年增长的有 136 种，占产品总数量的比重为 58.1%。

表 4　2019 年规模以上工业主要产品产量及其增长速度

产品名称	计量单位	产　　量	比上年增长(%)
饲料	万吨	207.24	-15.1
精制食用植物油	万吨	12.95	-6.2
酱油	万吨	25.96	11.0
乳制品	万吨	25.67	123.0
精制茶	万吨	3.34	12.6
服装	万件	2304.00	23.2
化学药品原药	万吨	4.01	-19.6
焰火制品	亿元	392.79	15.8
家具	万件	120.32	8.6
水泥	万吨	694.17	9.9
商品混凝土	万立方米	1669.74	8.7
起重机	万吨	78.06	34.0
挖掘、铲土运输机械	万台	7.60	20.4
压实机械	台	4172	19.5
混凝土机械	万台	4.09	17.8
环境污染防治专用设备	万台	2.77	-40.7
汽车	万辆	43.70	-22.2
光电子器件	亿只	69.68	46.4
印制电路板	万平方米	90.15	1.7
自来水生产量	万立方米	104674.46	11.8

全年规模以上工业企业营业收入比上年增长6.5%，营业成本增长4.7%，利润总额增长5.9%。

全年建筑业增加值1186.76亿元，比上年增长3.7%。全年具有建筑业资质等级的独立核算企业完成建筑业总产值5469.21亿元，比上年增长10.3%；房屋竣工面积7753.05万平方米，增长3.6%。

四、固定资产投资

全年固定资产投资比上年增长10.1%。计划总投资超过5000万元的在建项目（不含房地产开发）1535个，完成投资占固定资产投资总额的45.7%。

表5　2019年分行业固定资产投资增长速度

行　　业	比上年增长（%）
总　计	10.1
农、林、牧、渔业	69.0
采矿业	78.9
制造业	6.7
其中：农副食品加工业	-13.2
食品制造业	-20.1
印刷业和记录媒介的复制	66.8
化学原料及化学制品制造业	4.3
医药制造业	2.9
非金属矿物制品业	11.1
金属制品业	-3.3
通用设备制造业	24.7
专用设备制造业	26.6
汽车制造业	-27.0
电气机械及器材制造业	6.8
计算机、通信和其他电子设备制造业	10.7
仪器仪表制造业	9.5
电力、热力、燃气及水的生产和供应业	62.7
其中：电力、热力的生产和供应业	88.5
建筑业	-63.1
交通运输、仓储和邮政业	4.1
信息传输、软件和信息技术服务业	75.9
批发和零售业	-16.1
住宿和餐饮业	29.8
金融业	-42.2
房地产业	9.4
租赁和商务服务业	32.2
科学研究和技术服务业	-31.9
水利、环境和公共设施管理业	-0.3
居民服务、修理和其他服务业	4.2
教育	10.2
卫生和社会工作	-9.4
文化、体育和娱乐业	-2.8
公共管理、社会保障和社会组织	18.2
国际组织	

在固定资产投资中，第一产业投资（不含水利建设投资）比上年增长83.3%；第二产业投资增长10.1%，其中工业投资增长10.9%；第三产业投资增长6.1%。高技术产业投资增长5.0%，基础设施建设投资增长6.4%。

全年房地产开发投资1668.40亿元，比上年增长11.2%。商品房销售面积2334.86万平方米，下降2.2%；商品房销售额2021.08亿元，增长3.6%。

五、国内贸易

全年社会消费品零售总额5247.03亿元，比上年增长10.1%，剔除物价因素实际增长7.7%。按经营单位所在地分，城镇消费品零售额4540.86亿元，增长10.1%；乡村消费品零售额706.17亿元，增长10.0%。按消费类型分，餐饮收入517.31亿元，增长10.4%；商品零售4729.72亿元，增长10.1%。

表6　2019年社会消费品零售总额及其增长速度

指　　标	零售额（亿元）	比上年增长（%）
社会消费品零售总额	5247.03	10.1
按经营单位所在地分：		
城镇	4540.86	10.1
其中：城区	3942.14	10.0
乡村	706.17	10.0
按行业分：		
批发业	725.11	10.0
零售业	3999.56	10.1
住宿业	60.35	5.3
餐饮业	462.01	11.1
按消费类型分：		
餐饮收入	517.31	10.4
商品零售	4729.72	10.1

限额以上单位商品零售额比上年增长10.3%（全口径，下同，可比口径增速为7.6%），分类别看，粮油、食品类增长27.3%；服装、鞋帽、针纺织品类增长8.0%；化妆品类增长13.5%；金银珠宝类下降

16.6%；日用品类增长 21.4%；书报杂志类增长 16.0%；家用电器和音像器材类增长 2.1%；中西药品类增长 21.5%；文化办公用品类增长 31.8%；通讯器材类增长 51.9%；石油及制品类增长 2.1%；汽车类增长 6.6%。

六、交通和邮电

全年全社会运输周转量 671.18 亿吨公里，比上年增长 14.0%，其中旅客周转量增长 2.0%；货物周转量增长 16.4%。

表 7　2019 年交通运输业主要指标及其增长速度

指　　标	计量单位	绝对数	比上年增长(%)
货物周转量	亿吨公里	567.47	16.4
铁　路	亿吨公里	42.77	5.1
公　路	亿吨公里	500.06	18.1
水　运	亿吨公里	17.69	3.4
航　空	亿吨公里	1.39	12.2
旅客周转量	亿人公里	306.3	2.0
铁　路	亿人公里	86.63	2.8
公　路	亿人公里	38.12	-7.5
航　空	亿人公里	181.52	3.8

全年电信业务总量 1006.38 亿元(2015 年不变价)，比上年增长 55.9%。邮政业务总量 155.21 亿元(2010 年不变价)，增长 37.5%；邮电业务收入 187.33 亿元，增长 6.2%，其中电信业务收入 112.56 亿元，下降 4.9%；邮政业务收入 74.77 亿元，增长 28.8%。年末本地固定电话用户 157.67 万户，下降 1.0%；移动电话用户 1307.45 万户，下降 2.2%；互联网宽带用户 379.1 万户，增长 15.5%。

七、对外经济和旅游

全年进出口总额(海关口径)2002.03 亿元人民币(折合 289.87 亿美元)，比上年增长 56.4%，其中出口总额 1396.43 亿元，增长 69.9%；进口总额 605.60 亿元，增长 32.1%。在出口总额中，机电产品 689.89 亿元，占比为 49.4%；高新技术产品 293.92 亿元，占比为 21.1%。在进口总额中，机电产品 338.80 亿元，占比为 55.9%；高新技术产品 199.08 亿元，占比为 32.9%。

图 4　2015 - 2019 年进出口总额

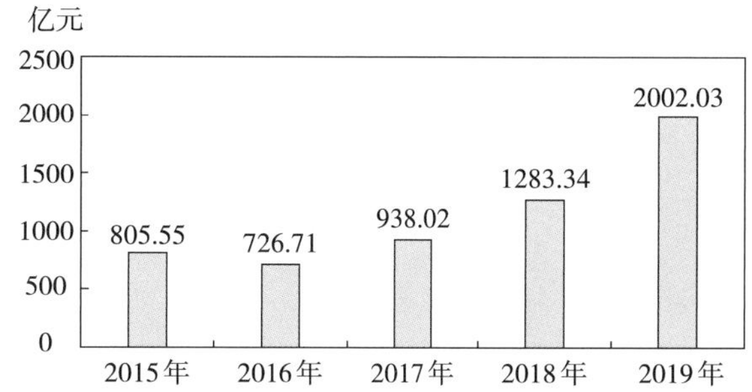

全年利用外资项目 281 个，比上年下降 14.6%；合同外资金额 98.42 亿美元，下降 7.7%；实际利用外资金额 63.74 亿美元，增长 10.3%。实际到位省外境内资金 1252.44 亿元，增长 18.0%。

图 5　2015 - 2019 年实际利用外资金额

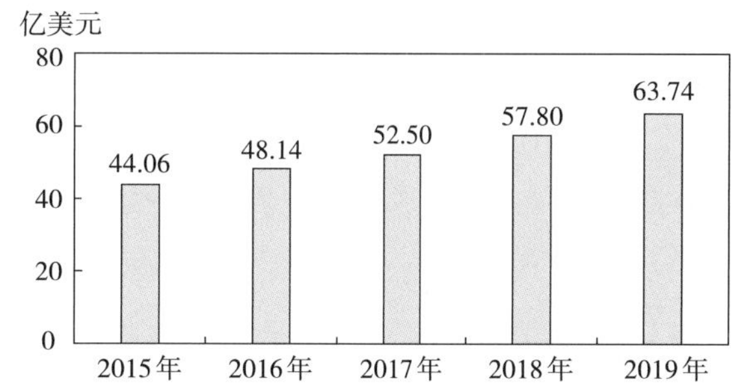

全年接待国内外旅游者 16832.61 万人次，比上年增长 12.4%；旅游总收入 2028.97 亿元，增长 12.2%。接待国内旅游者 16699.63 万人次，增长 12.5%；国内旅游收入 1983.41 亿元，增长 12.1%。接待入境旅游者 132.98 万人次，增长 2.0%；入境旅游收入 65931.95 万美元，增长 6.4%。

八、金　　融

年末金融机构各项存款余额(本外币合计，下同)21048.45 亿元，比年初增加 2412.81 亿元，其中住户存款余额 6600.39 亿元，比年初增加 906.53 亿元。金融机构各项贷款余额 21248.71 亿元，比年初增加 2854.01 亿元，其中短期贷款余额 4477.58 亿元，比年初增加 810.64 亿元；中长期贷款 15917.02

亿元，比年初增加 1719.14 亿元。

全年保险公司原保险保费收入 471.10 亿元，比上年增长 14.4%，其中财产保险公司原保险保费收入 165.44 亿元，增长 17.8%；人身保险公司原保险保费收入 305.66 亿元，增长 12.6%。赔付支出 126.05 亿元，增长 12.9%。

九、教育和科学技术

年末全市有普通高校 51 所，普通高中 91 所，初中学校 250 所，普通小学 944 所。全年在学研究生 7.32 万人，比上年增长 8.3%；普通高校在校学生 66.59 万人，增长 4.7%；普通高中在校学生 14.74 万人，增长 5.1%；普通初中在校学生 27.03 万人，增长 4.6%；普通小学在校学生 66.65 万人，增长 7.1%；幼儿园在园幼儿 35.46 万人，增长 13.9%。小学适龄儿童入学率 100%，小学升初中入学率 105.6%。全市共投入学生免费入学和资助经费 15.54 亿元，所有义务教育阶段 182.16 万人次学生全部享受了免杂费入学，执行公办教育收费标准的 169.98 万人次学生全部享受了“一费制”（含课本费、教辅资料费和作业本费）全免入学，在长沙市就读的 14.04 万名外来务工人员子女，全部享受免杂费、免“一费制”入学。全年补助了 5.38 万人次农村家庭经济困难寄宿学生生活费。

图 6　2015－2019 年高等学校、普通中学在校学生数

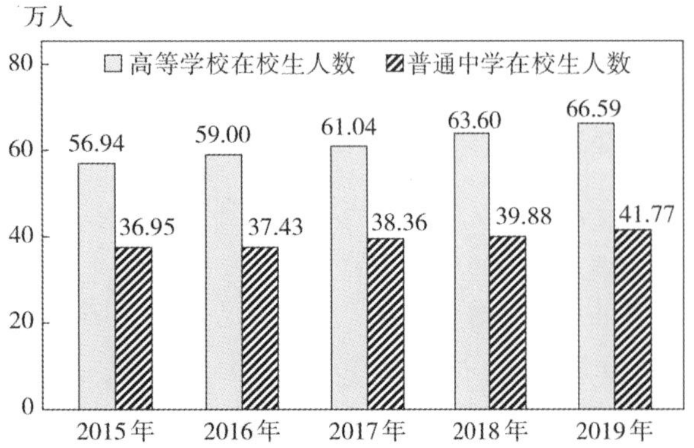

年末全市有科学研究开发机构 95 个。全年取得省部级以上科技成果 157 项，专利申请 42087 件，比上年增长 2.6%；授权专利 22504 件，增长 6.2%。签订技术合同 5225 项，成交金额 233.82 亿元。高新技术产业增加值增长 11.7%。

十、文化、卫生和体育

年末全市有艺术表演团体 12 个，文化馆 10 个，公共图书馆 12 个，博物馆（纪念馆）20 个，档案馆 14 个。

年末全市有卫生机构（含村卫生室）4633 个，其中医院、卫生院 336 个，卫生防疫、防治机构 14 个，妇幼保健机构 11 个。卫生技术人员 8.59 万人，比上年增加 0.55 万人，其中执业医师、执业助理医师 3.23 万人，增加 0.19 万人；注册护士 4.10 万人，增加 0.30 万人。卫生机构床位 8.12 万张，增加 0.39 万张，其中医院、卫生院 7.37 万张，增加 0.38 万张。

图 7　2015－2019 年卫生技术人员数

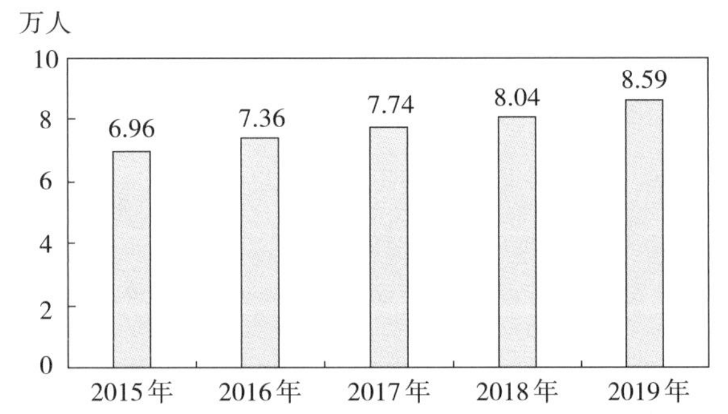

全年开展全民健身项目 295 项次（市级、区县、乡镇街道三级），全民健身运动参加人数达 681 万人。年末拥有各级健身辅导站 710 个，公共体育场地 2013 个。

十一、环境、节能和安全生产

年末全市拥有省级自然保护区 1 个，自然保护区面积 0.67 万公顷。地表水水质优良率为 100%。

初步核算，全年规模以上工业综合能源消费量 431.71 万吨标准煤，比上年下降 1.1%。其中六大高耗能行业综合能源消费量 257.00 万吨标准煤，下降 4.2%。重点耗能工业企业的单位产品能耗中，吨水泥综合能耗下降 4.9%，吨水泥综合电耗下降 10.3%，电厂火力发电标准煤耗下降 0.2%。

全年生产安全事故死亡人数 94 人,亿元 GDP 各类安全事故死亡人数 0.008 人,道路交通事故死亡人数 188 人,万车死亡人数 0.68 人。

十二、人民生活和社会保障

年末全市常住总人口 839.45 万人,比上年增长 2.9%。按户籍人口计算,人口出生率为 12.43‰,死亡率为 7.90‰,自然增长率为 4.53‰。城镇化率为 79.56%,比上年提高 0.44 个百分点。

全年城镇居民人均可支配收入 55211 元,比上年增长 8.7%。其中,人均工资性收入 30505 元,增长 10.3%;人均经营净收入 7914 元,增长 11.6%;人均财产净收入 7096 元,增长 2.8%;人均转移净收入 9697 元,增长 6.2%;城镇居民人均消费支出 39516 元,增长 7.5%。在城镇居民消费分类中,食品烟酒人均消费 10188 元,增长 7.0%;衣着人均消费 2564 元,增长 6.9%;居住人均消费 7628 元,增长 8.4%;生活用品及服务人均消费 3049 元,增长 7.5%;交通通讯人均消费 5037 元,增长 7.0%;教育文化娱乐人均消费 7361 元,增长 7.0%;医疗保健人均消费 2820 元,增长 9.7%;其他用品和服务人均消费 869 元,增长 5.1%。城镇居民平均每百户家庭拥有家用汽车 61.8 辆,空调 252.8 台,计算机 94.0 台。城镇居民人均自有现住房建筑面积 41.3 平方米。

全年农村居民人均可支配收入 32329 元,比上年增长 8.8%。农民人均消费支出 23090 元,增长 10.2%。农村居民平均每百户家庭拥有家用汽车 51.9 辆,计算机 39.7 台,移动电话机 295.5 部。农村居民人均自有现住房建筑面积 58.0 平方米。

年末全市共有社会福利院、敬老院、养老院、光荣院等 208 所。各类收养性社会福利单位收养人员 1.72 万人。城镇各种社区服务设施 4531 处,其中综合性社区服务中心 708 个。接受社会捐赠 22530 万元。发放居民最低生活保障金 6.73 亿元,居民得到政府最低生活保障人数为 12.25 万人(包括城镇和农村)。

年末参加全市劳动保障部门城镇职工基本养老保险的人数达 354.84 万人,基本养老金社会化发放率达 100 %,参加城镇居民养老保险人数为 9.05 万人,参加新型农村养老保险人数为 251.78 万人,参加城镇职工基本医疗保险人数为 265.86 万人,参加失业保险职工人数为 165.97 万人,领取失业保险金人数为 2.68 万人,参加工伤保险职工人数为 157.60 万人,参加生育保险人数为 188.07 万人,参加城乡居民医疗保险人数为 506.16 万人。

说明:1. 本公报部分数据为初步统计数,部分数据因四舍五入的原因,存在与分项合计不等的情况。

2. 地区生产总值、三次产业及相关行业增加值绝对数按现价计算,增长速度按不变价计算。

3. 根据第四次全国经济普查结果,对地区生产总值、三次产业及相关行业增加值等相关指标的历史数据进行了修订。

长沙统计年鉴

特载二 主要经济社会指标统计图

户籍总人口（万人）

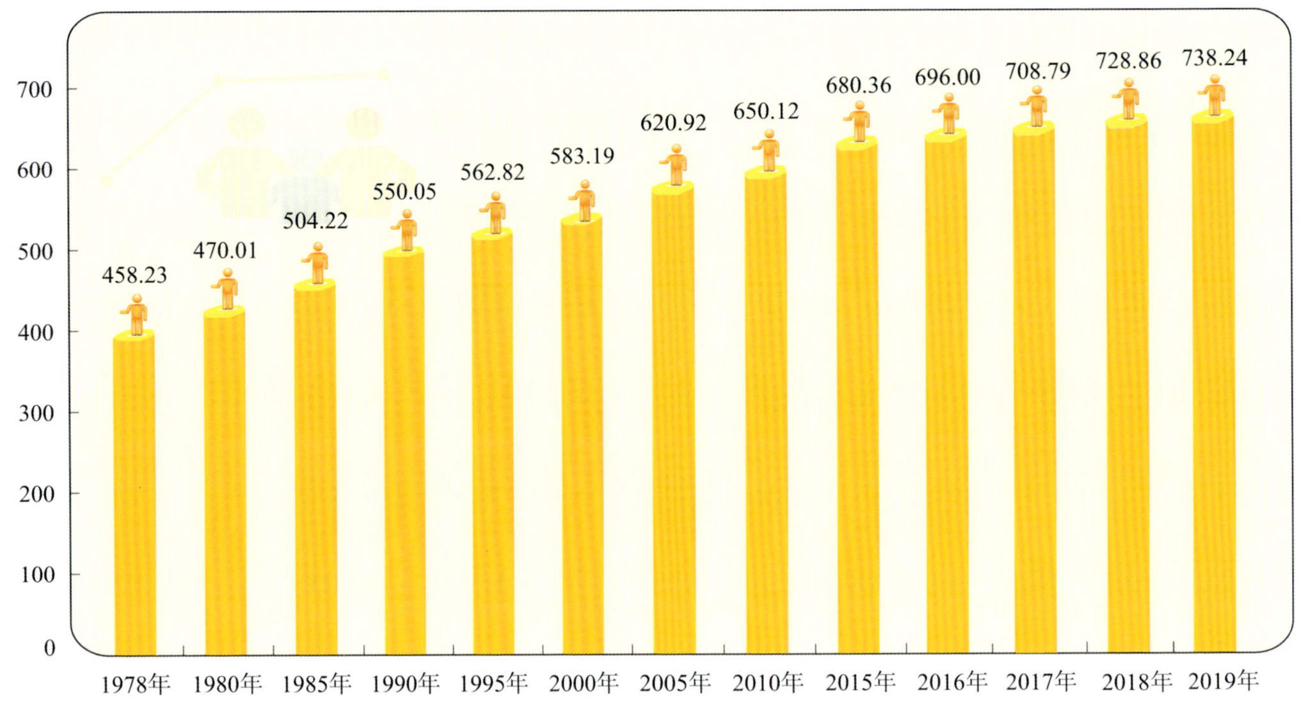

地区生产总值及增长速度（亿元、%）

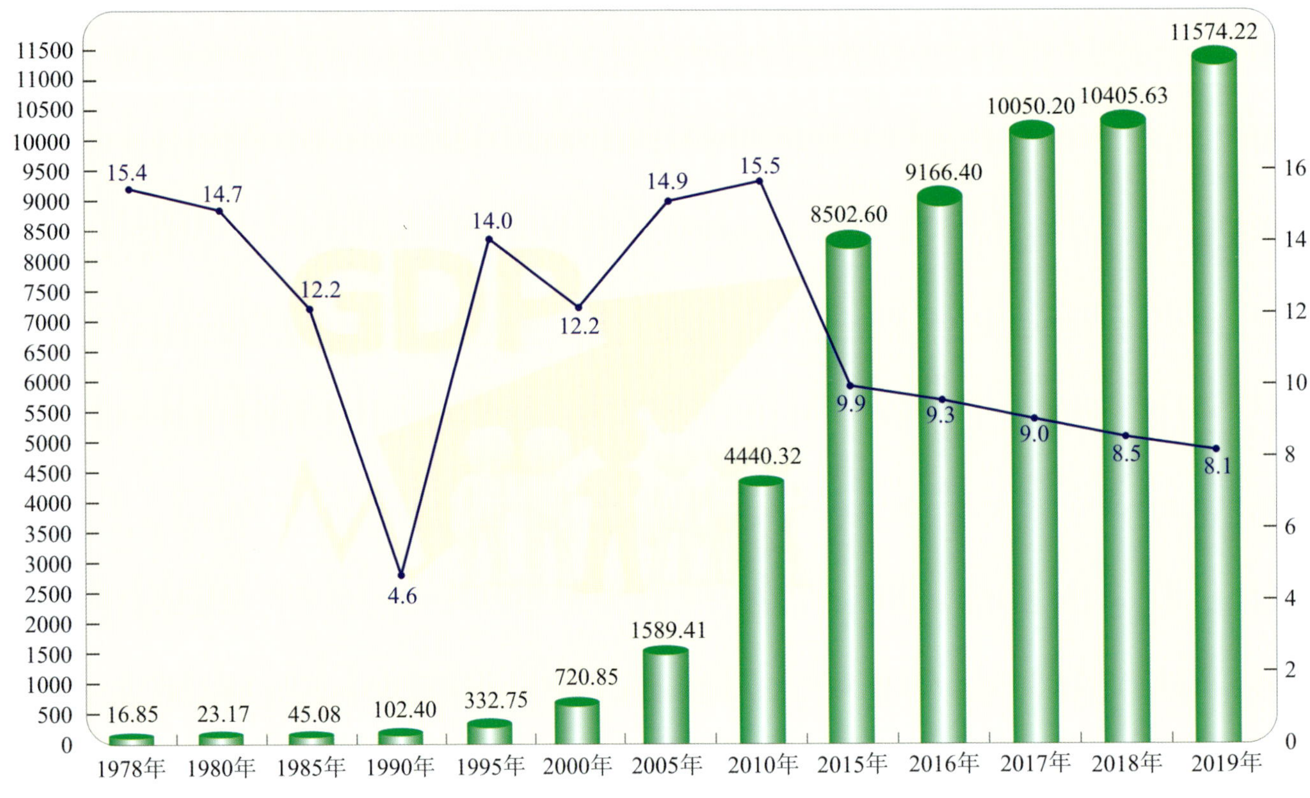

人均地区生产总值（元/人）

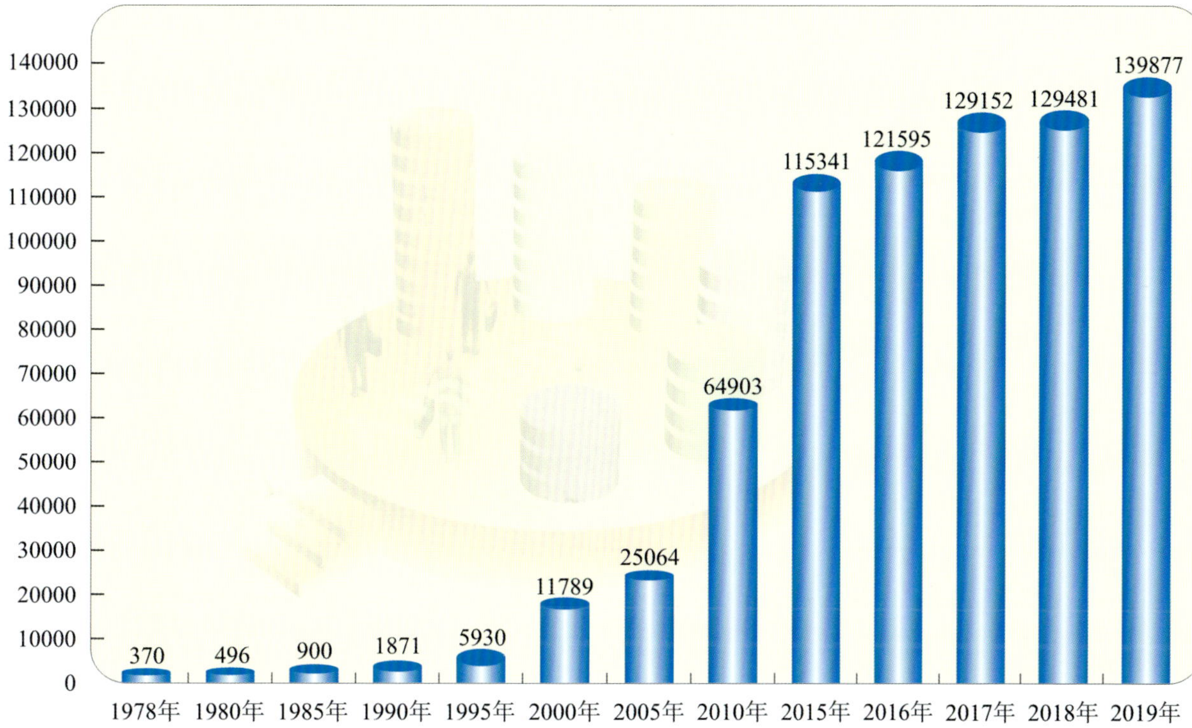

注：2000年以前人均地区生产总值按户籍人口计算，2000年以后按常住人口计算。

三次产业增加值（亿元）

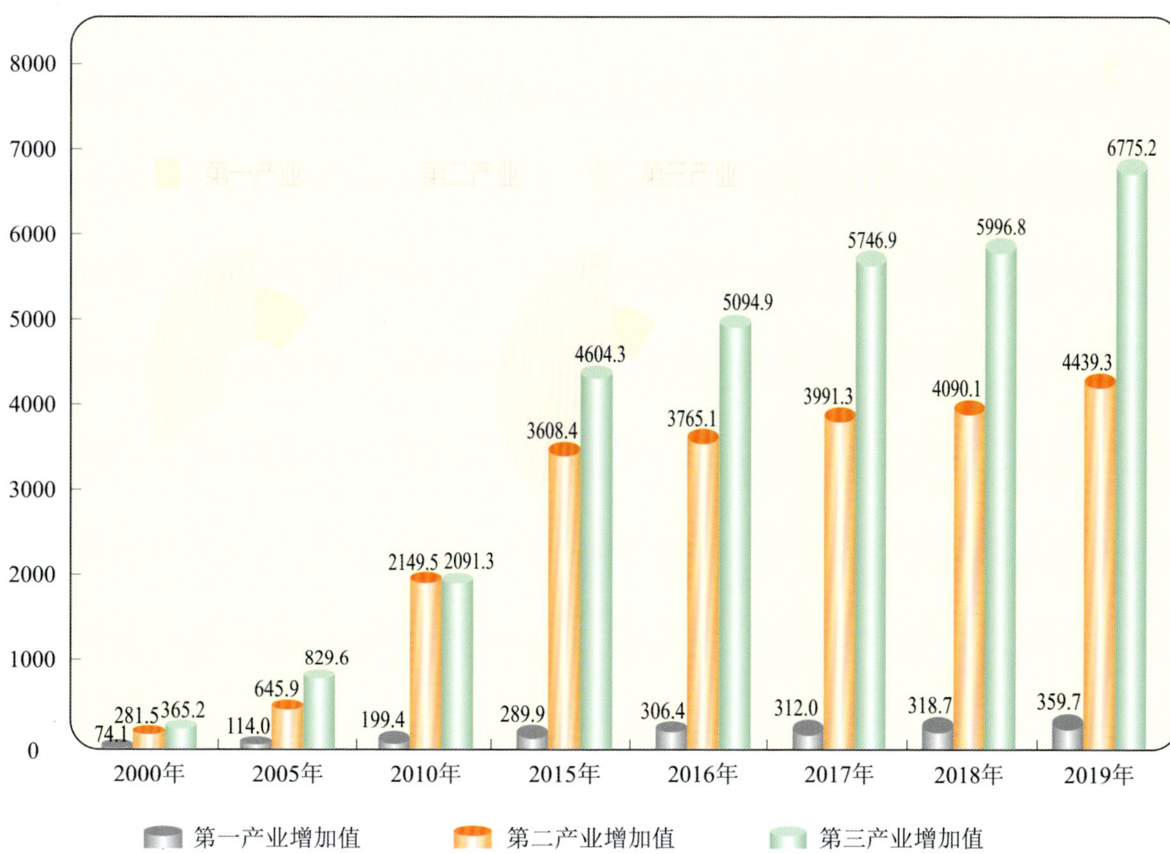

三次产业构成

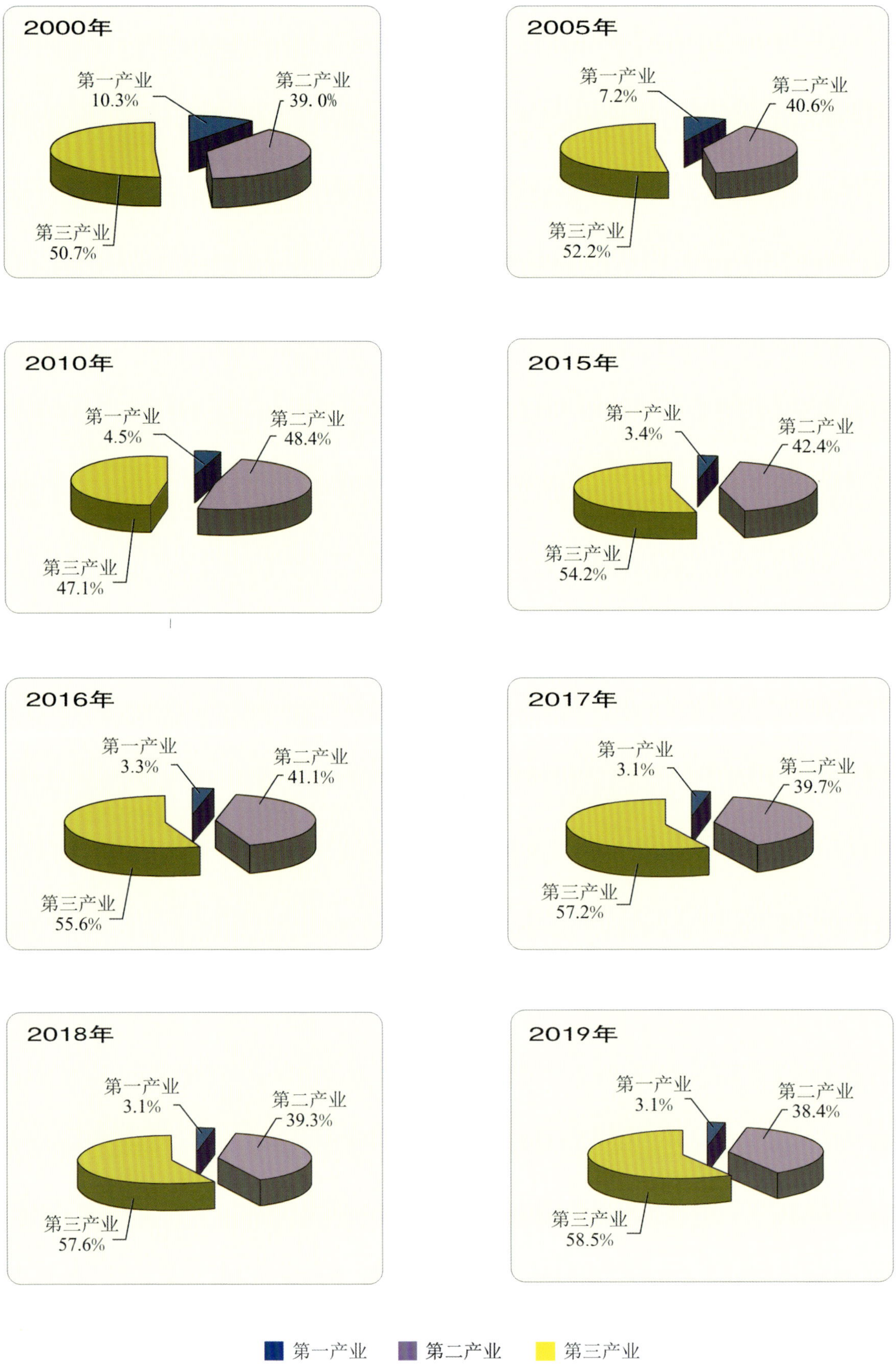
2000年
第一产业
10.3%
第二产业
39. 0%
第三产业
50.7%
2005年
第一产业
7.2%
第二产业
40.6%
第三产业
52.2%
2010年
第一产业
4.5%
第二产业
48.4%
第三产业
47.1%
2015年
第一产业
3.4%
第二产业
42.4%
第三产业
54.2%
2016年
第一产业
3.3%
第二产业
41.1%
第三产业
55.6%
2017年
第一产业
3.1%
第二产业
39.7%
第三产业
57.2%
2018年
第一产业
3.1%
第二产业
39.3%
第三产业
57.6%
2019年
第一产业
3.1%
第二产业
38.4%
第三产业
58.5%
第一产业
第二产业
第三产业

农林牧渔业总产值（亿元）

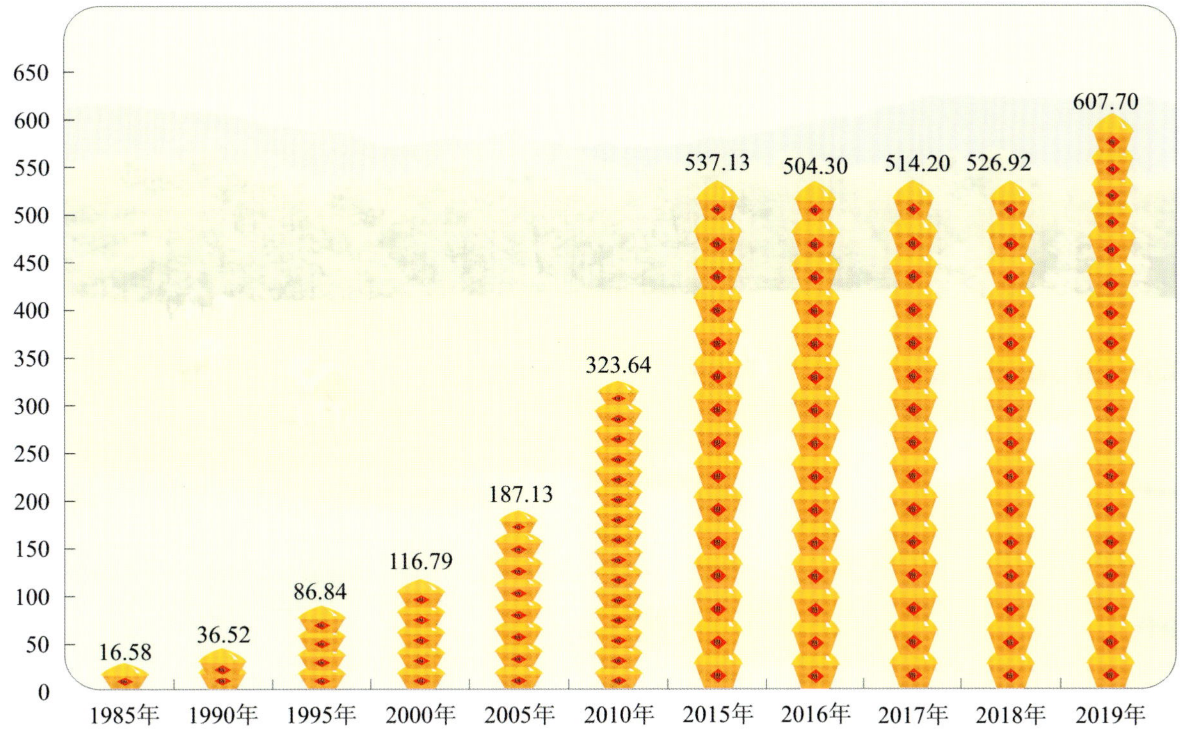

社会消费品零售总额（亿元）

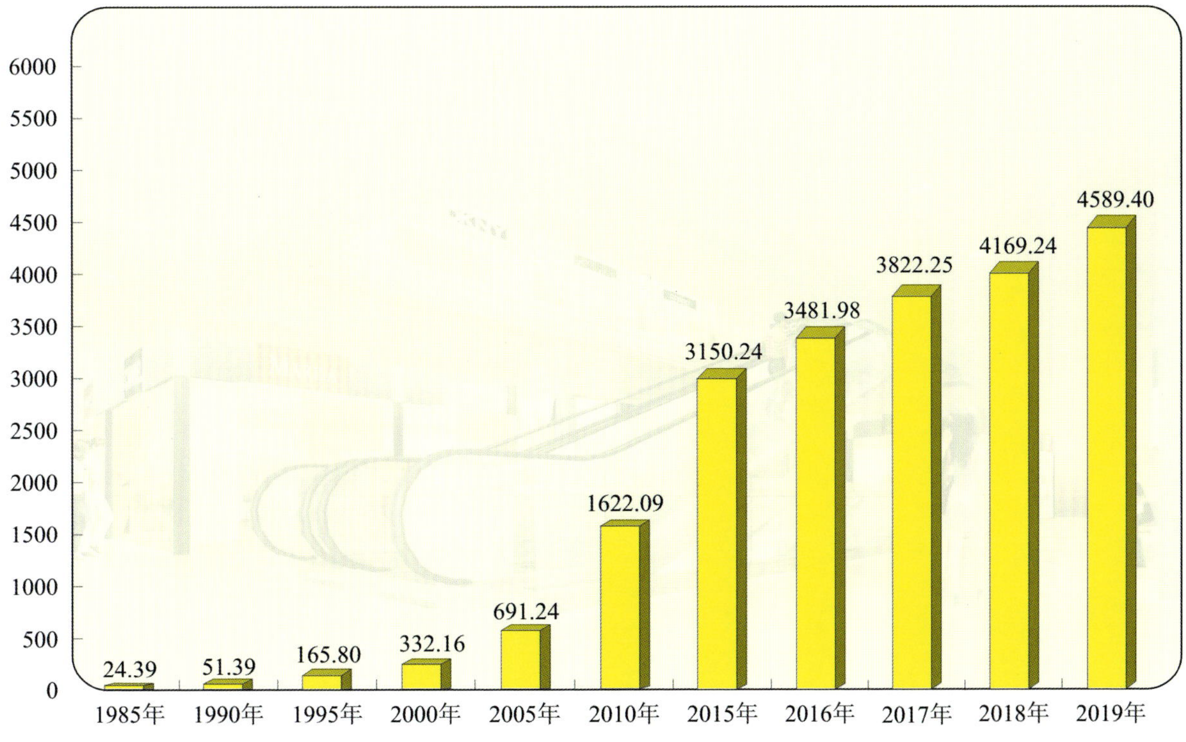

实际使用外商直接投资（亿美元）

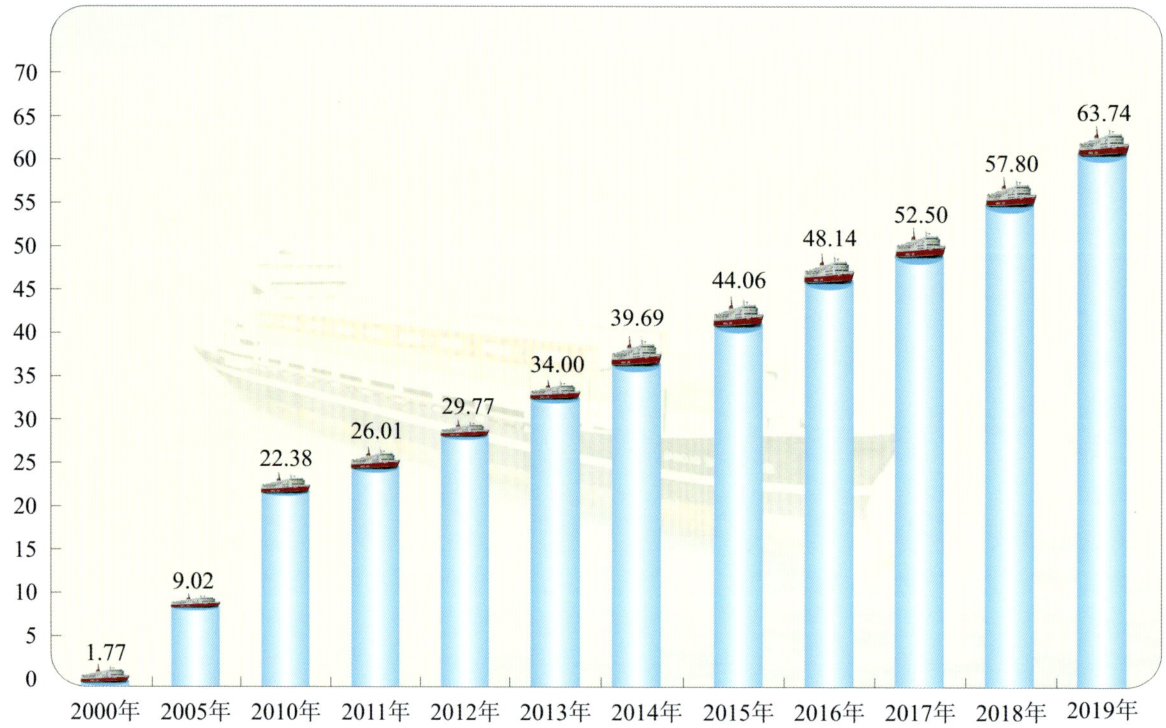

进出口总额（亿美元）

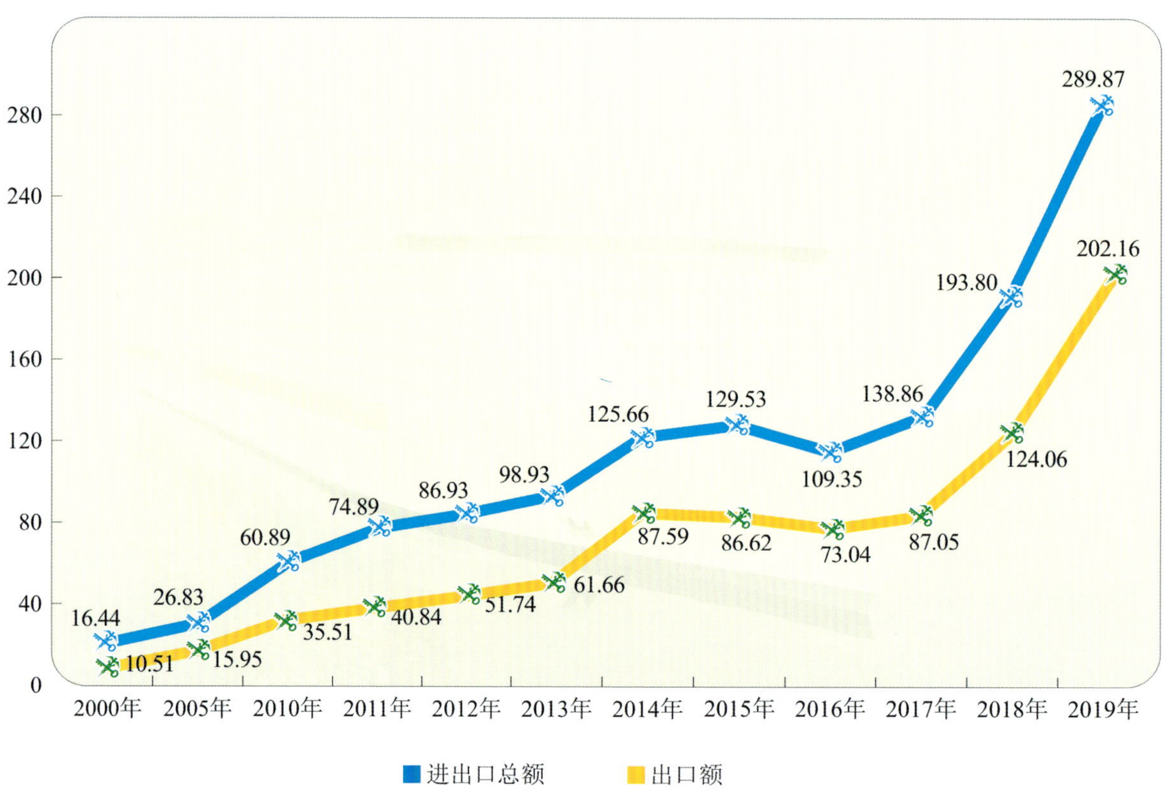

城乡居民储蓄余额（亿元）

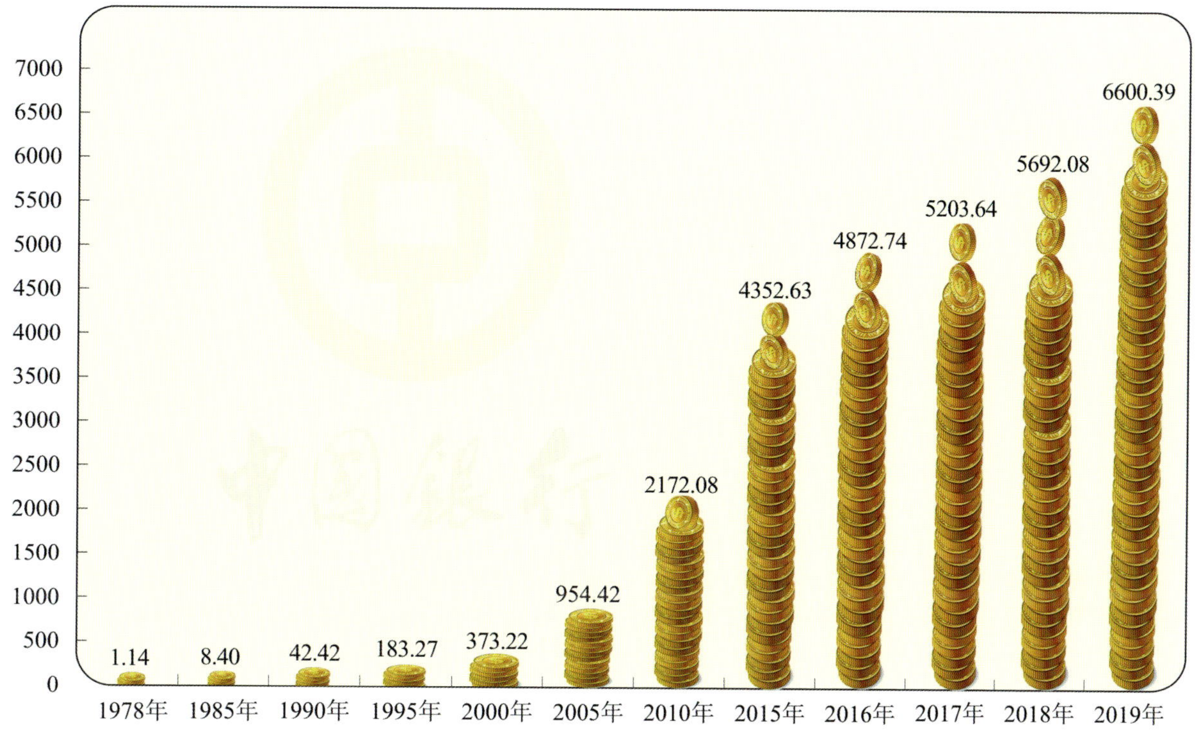

财政收入（亿元）

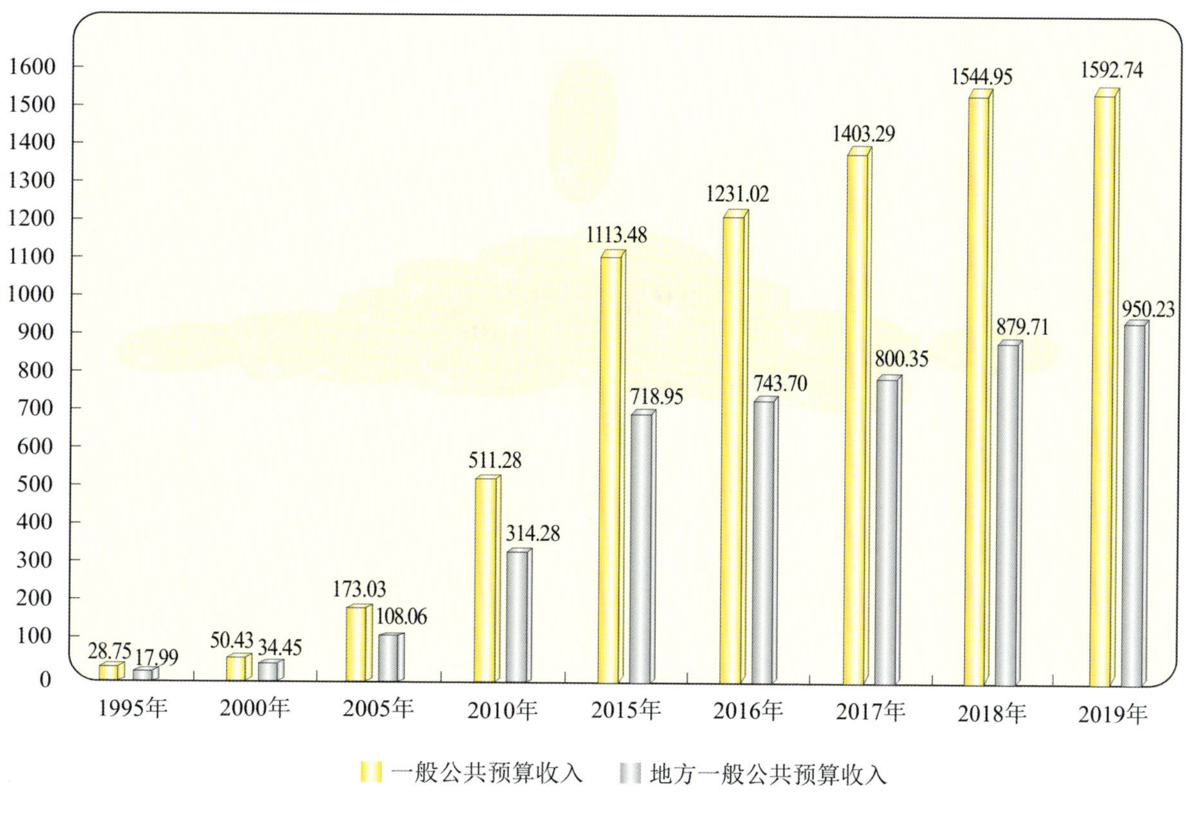

城镇居民人均可支配收入（元）

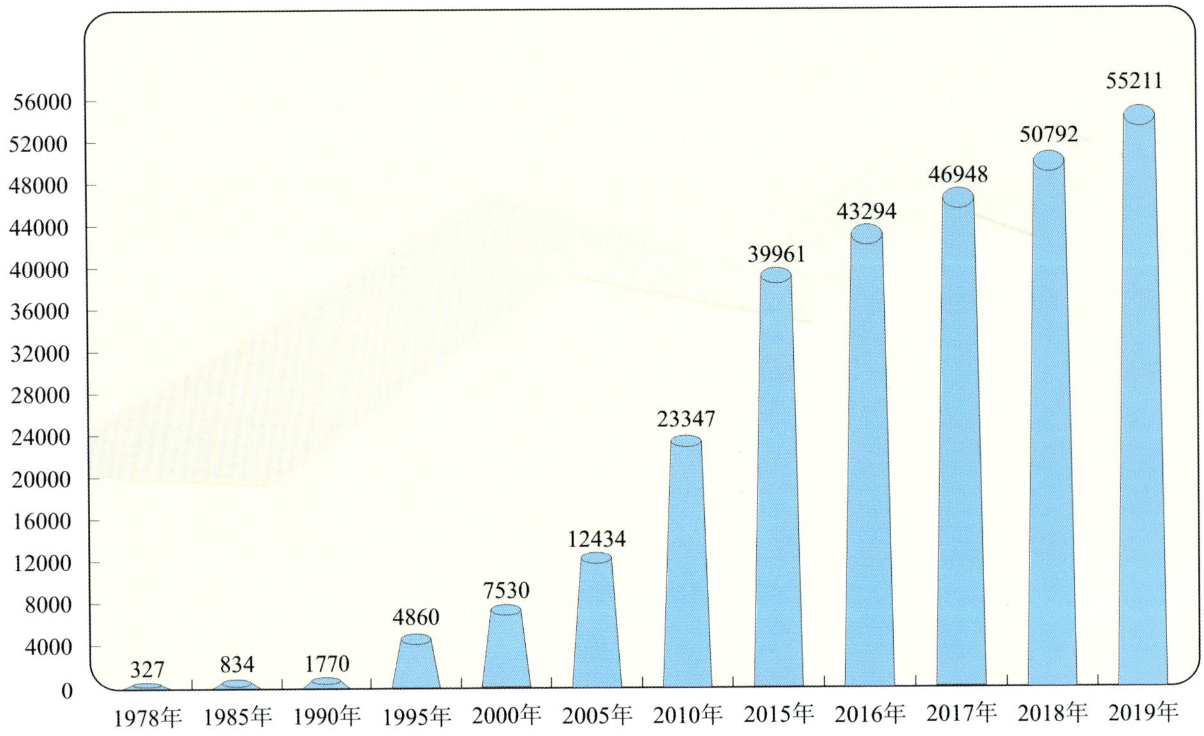

注：2012年以前为城市居民人均可支配收入，2013年开始为城镇居民人均可支配收入。

农村居民人均可支配收入（元）

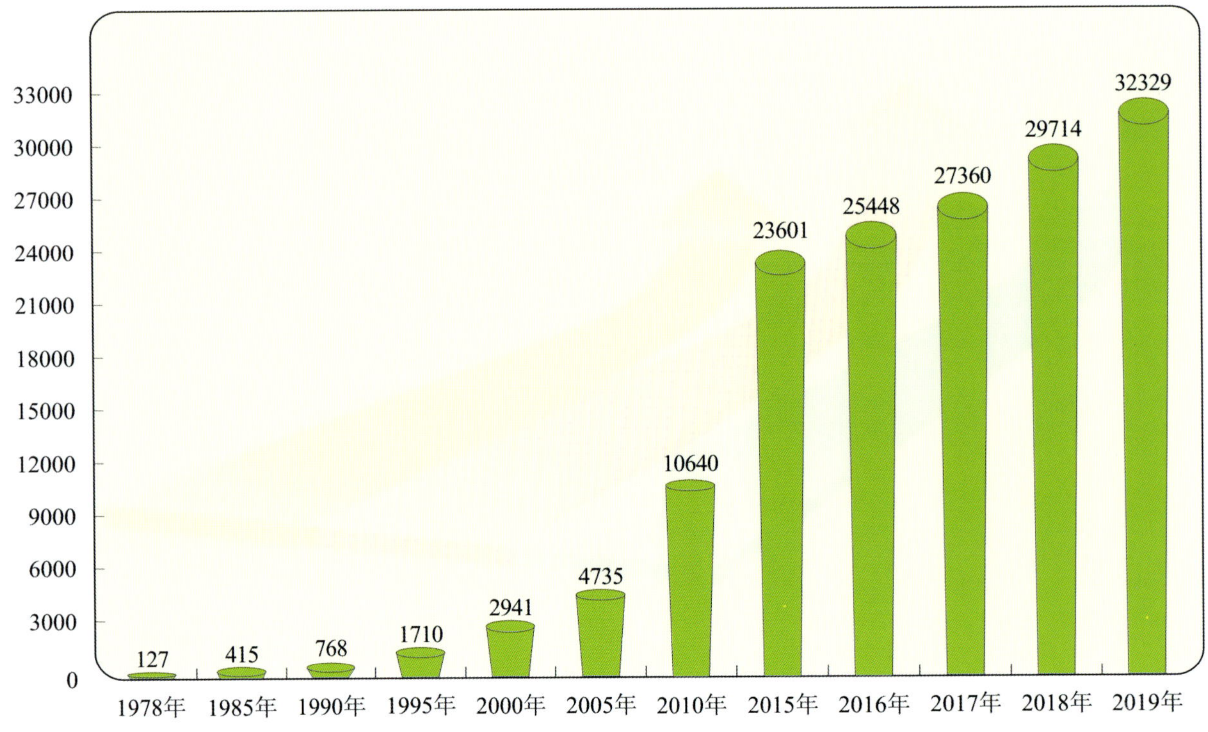

高等学校在校学生数（万人）

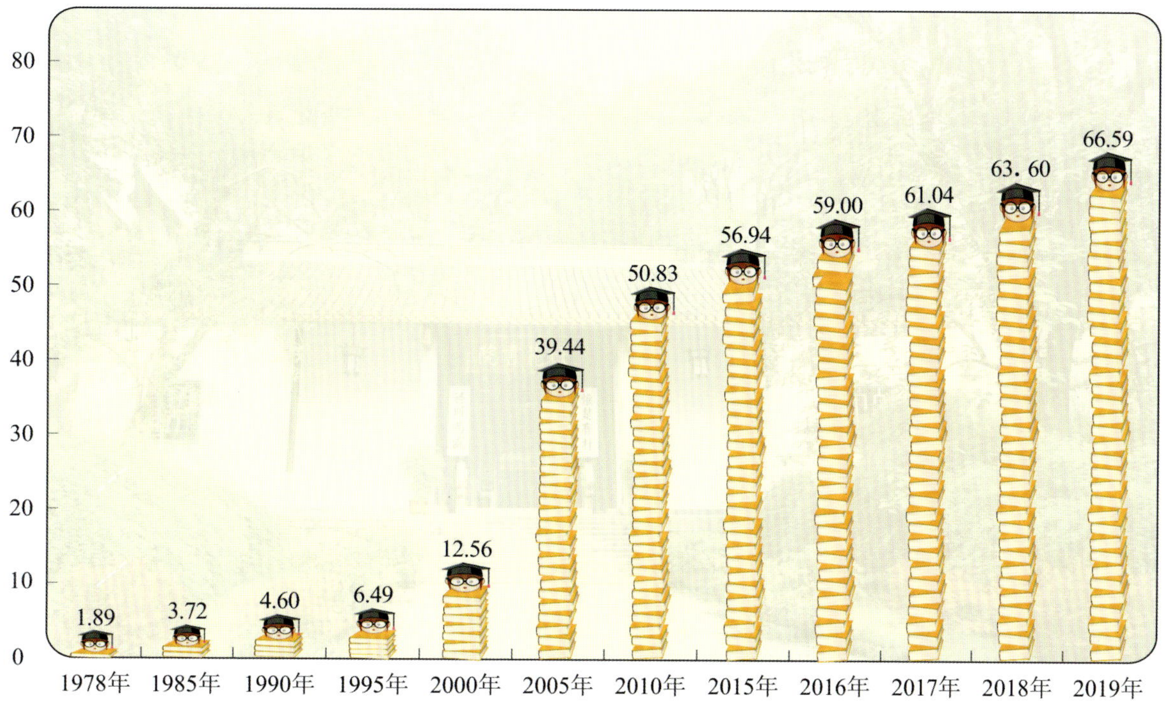

普通中学在校学生数（万人）

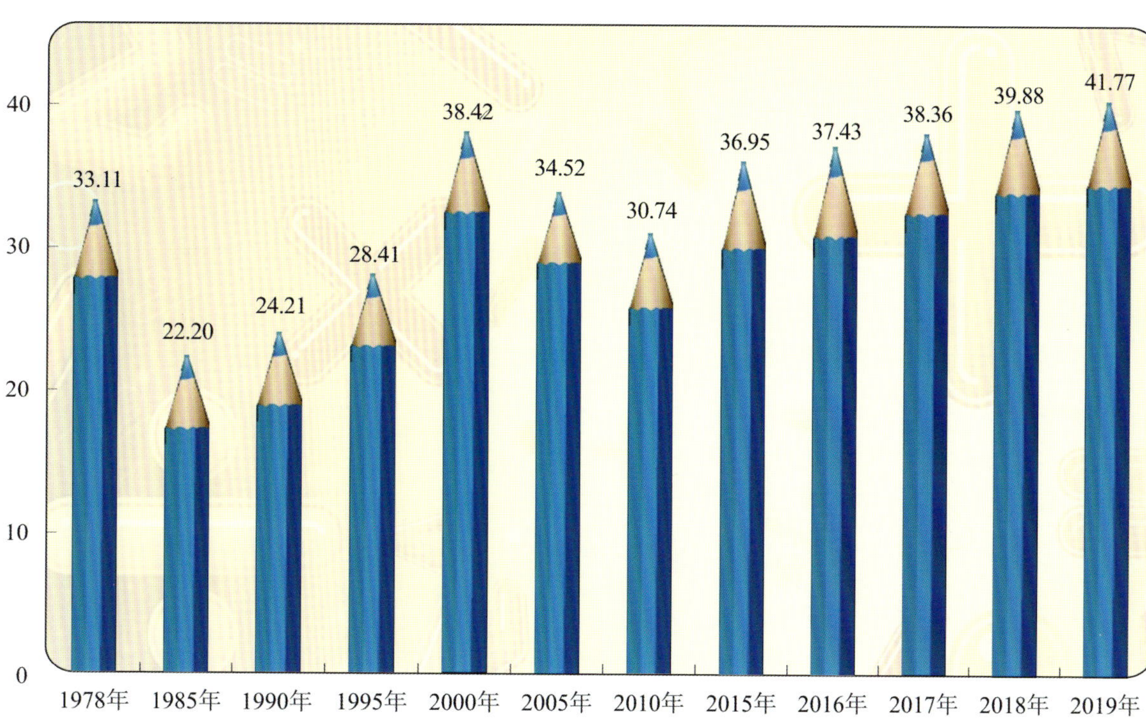

卫生技术人员（万人）

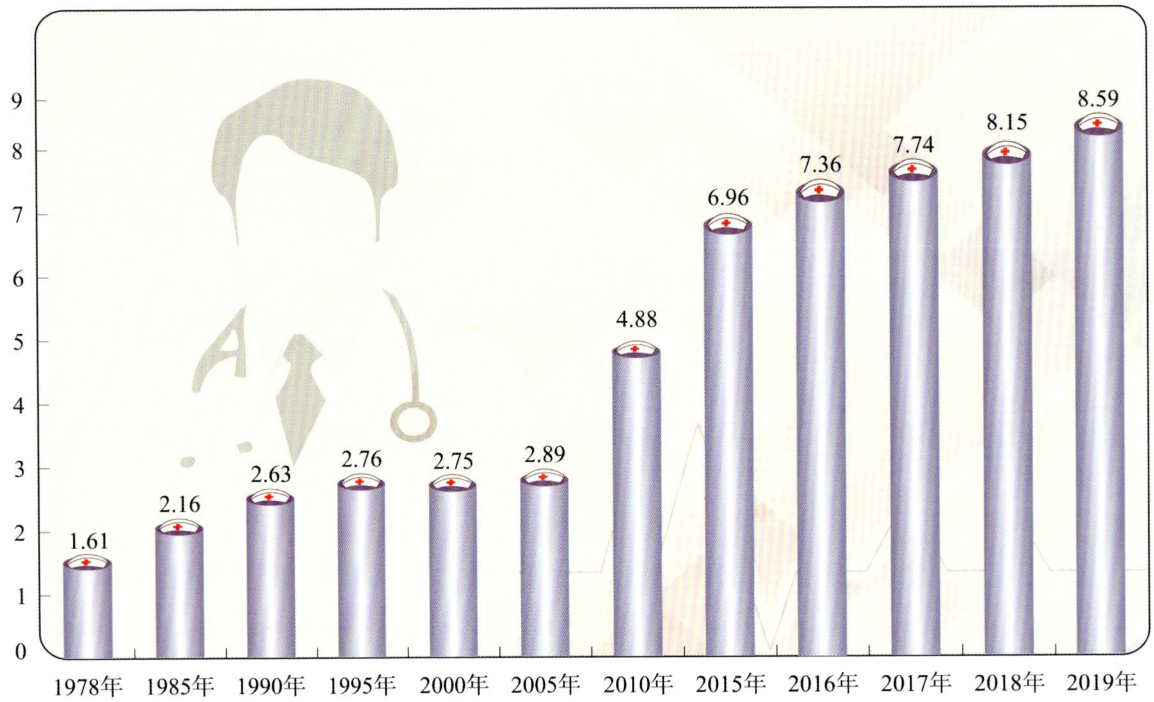

医疗病床数（万张）

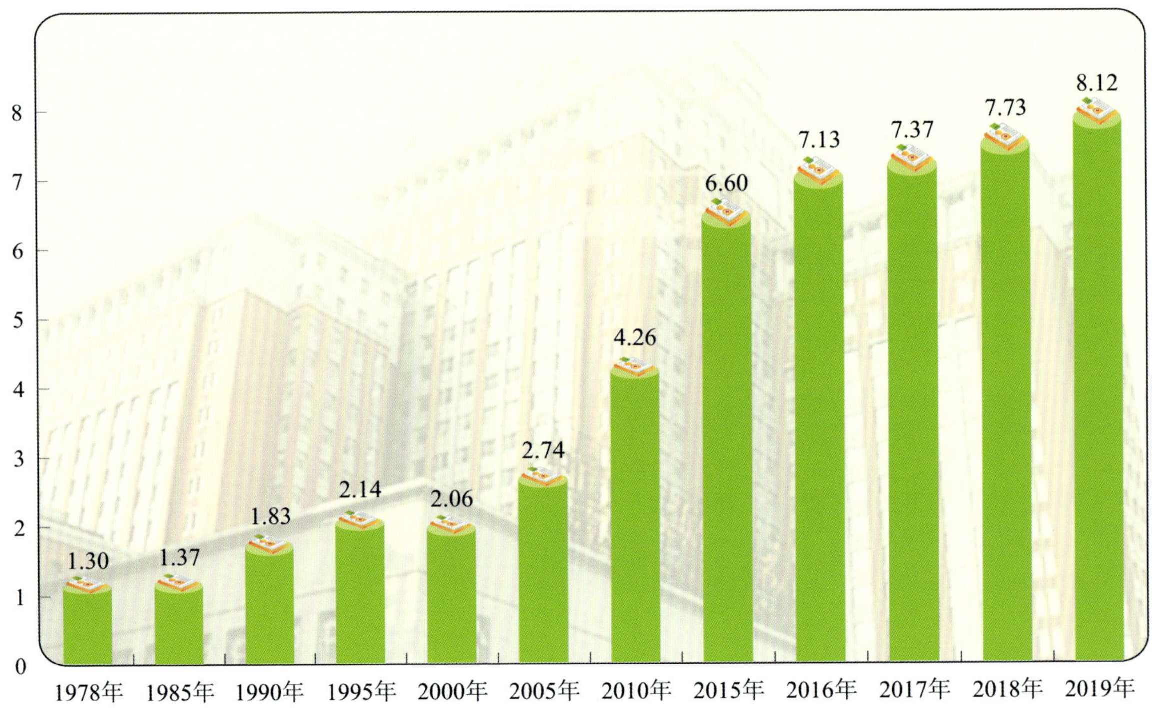

1 综　　合

长沙统计年鉴

1-1 自 然 环 境

位置:

长沙位于中国东南部,湖南省东部偏北,湘江下游和长浏盆地西缘。地域范围为东经111°53′~114°15′,北纬27°51′~28°41′。东临江西省宜春地区和萍乡市,南接株洲、湘潭两市,西连娄底、益阳两市,北抵岳阳、益阳两市。

地貌:

长沙地形复杂,湘江两岸形成地势低平的冲积平原,其东西两侧及东南面为地势较高的低山、丘陵。东有属于湘赣边雁阵式山系的大围山,其主峰七星岭,海拔1607.9米,为全市最高处,望城区乔口镇西侧湛湖海拔23.5米,为全市最低处。市区地势为南高北低,南郊的金盆岭、豹子岭,海拔在100米以上。北郊的浏阳河、捞刀河和湘江的汇合处,海拔仅30米,成为市区最低点。

面积:

长沙东西长约230公里,南北宽约88公里。2019年全市土地面积11816.0平方公里,其中市区面积2150.9平方公里,建成区面积483.8平方公里。

河流:

长沙市区属湘江水系。湘江自湘潭昭山流经长沙县西南边境,然后由南向北纵贯市区,经望城区乔口出境。经过市境的长度有74公里,其间流入湘江的支流有15条,其中较大的有浏阳河、捞刀河、靳江、沩水。

气候:

长沙属亚热带季风气候。由于位居盆地内部,距海较远,受冬夏季风转换,地势向北倾斜等因素的影响,气候温和,四季分明。2019年长沙市年平均气温18.2℃,极端最高温度为39.1℃,极端最低温度为零下1.5℃,降雨量1368.8毫米,总日照时数为1458.3小时。

自然资源:

长沙市地下矿藏种类多,以非金属矿具特色。已查明的有铁、锰、钒、铜、铅、锌、硫、磷、海泡石、重晶石、菊花石、煤等50余种,矿点300多处。植被以亚热带常绿阔叶林为主,有自然生长和引进栽培树102科、977种,其中常绿树462种,落叶树515种,乔木457种,灌木414种,竹藤类106种。主要林木有松、杉、栎、樟、楠、椿、茶、油茶、柑橘、毛竹等。1985年市八届人大常委会通过,市人民政府公布香樟为市树,杜鹃花为市花。

1－2 行 政 区 划

年份地区	市辖区数	市辖县（市）数	土地面积（平方公里）	镇 数
1949	5	112		
1965	4	1	3995	
1978	5	2	3995	7
1990	5	4	11818.5	21
2000	5	4	11819.46	75
2001	5	4	11819.46	76
2002	5	4	11819.46	79
2003	5	4	11819.46	81
2004	5	4	11819.46	81
2005	5	4	11819.46	79
2006	5	4	11819.46	80
2007	5	4	11819.46	83
2008	5	4	11819.46	84
2009	5	4	11819.46	86
2010	5	4	11815.96	85
2011	6	3	11815.96	88
2012	6	3	11815.96	82
2013	6	3	11815.96	79
2014	6	3	11815.96	80
2015	6	3	11815.96	67
2016	6	3	11815.96	68
2017	6	3	11815.96	68
2018	6	3	11815.96	69
2019	6	3	11815.96	69
芙蓉区	1		42.68	
天心区	1		137.40	
岳麓区	1		538.83	2
开福区	1		188.73	
雨花区	1		292.20	1
望城区	1		951.06	5
长沙县		1	1755.62	13
浏阳市		1	4997.35	27
宁乡市		1	2912.09	21

单位:个

街道办事处数	居民委员会数	乡 数	村民委员会数
59	18	11	
25	201	60	1145
39	329	84	1096
35	535	210	2987
50	763	46	3111
52	542	44	2786
54	568	39	2727
54	523	38	2677
54	560	38	1276
55	569	37	1281
55	571	34	1271
53	566	31	1258
53	568	30	1243
57	578	27	1236
59	590	26	1226
62	638	22	1187
82	689	19	1170
94	714	15	1169
94	715	14	1169
94	719	7	1165
94	724	6	765
95	651	6	891
96	683	5	884
96	705	5	878
13	76		5
14	83		12
17	131		53
16	98		9
12	134		28
11	33		117
5	89		114
4	23	1	300
4	38	4	240

1－3 国民经济主要综合指标

指 标	单 位	1949年	1965年	1978年	1990年	1995年	2000年
一、土地面积	平方公里	112.0	3995.0	3995.0	11818.0	11819.5	11819.5
# 市区	平方公里	112.00	177.07	352.00	367.00	556.33	556.33
# 建成区	平方公里	6.70	20.93	53.04	101.00	115.00	118.82
二、年末户籍总人口	万人	309.24	365.73	458.23	550.05	562.82	583.19
年末常住总人口	万人						613.87
三、地区生产总值	亿元	2.87△	7.02	16.85	102.40	332.75	720.85
第一产业	亿元			5.61	24.38	45.58	74.11
第二产业	亿元			7.44	40.58	140.34	281.50
# 工业	亿元			6.37	34.34	106.57	226.48
第三产业	亿元			3.79	37.44	146.83	365.24
人均地区生产总值	元/人	89△	194	370	1871	5930	11789
四、工业总产值	亿元	0.58	7.97	23.85	117.70	407.95	620.49
五、农林牧渔业总产值	亿元	1.70	2.98	7.38	36.52	86.84	116.79
# 农业	亿元	1.51	2.43			42.66	62.80
六、粮食产量	万吨	74.30	101.01	189.81	264.13	244.80	262.33
七、耕地面积	千公顷	274.27	265.87	255.91	247.93	245.77	242.32
八、固定资产投资	亿元	0.05△	0.54	2.41	18.12	104.95	202.32
# 城镇及以上固定资产投资	亿元						153.34
新增固定资产	亿元	0.05※	0.46	1.32	8.25	49.37	88.34
竣工房屋面积	万平方米	7.02※	34.28	81.41	109.77	314.55	343.54
# 住宅	万平方米	1.19※	13.09	41.17	91.95	168.87	198.51
九、货物运输量	万吨				6165	6419	5910
货物周转量	亿吨公里				26.26	60.13	140.48
旅客运输量	万人					8935	9052
旅客周转量	亿人公里					34.9	34.83
十、邮电业务总量	万元	121	451	704	13870	89069	349844
十一、社会消费品零售总额	亿元	0.92	3.52	7.72	51.39	165.51	332.16
十二、进出口总额	亿美元						16.44
# 出口	亿美元						10.51

2005 年	2010 年	2015 年	2016 年	2017 年	2018 年	2019 年	2019 年比 2018 年 ± %
11819.5	11816.0	11816.0	11816.0	11816.0	11816.0	11816.0	持平
556.33	958.80	1909.86	2150.90	2150.90	2150.90	2150.90	持平
167.70	272.39	363.69	374.64	434.82	444.36	483.80	8.9
620.92	650.12	680.36	696.00	708.79	728.86	738.24	1.3
639.30	704.07	743.18	764.52	791.81	815.47	839.45	2.9
1589.41	4440.32	8502.60	9166.40	10050.20	10405.63	11574.22	8.1
113.98	199.43	289.86	306.36	312.01	318.73	359.69	3.2
645.86	2149.55	3608.39	3765.09	3991.29	4090.09	4439.32	7.9
437.47	1687.05	2731.44	2824.67	2919.13	2965.26	3254.95	9.1
829.58	2091.34	4604.34	5094.95	5746.90	5996.81	6775.21	8.4
25064	64903	115341	121595	129152	129481	139877	4.9
1300.62	5487.74	11174.62	12207.73	12411.58			
187.13	323.64	537.13	504.30	514.20	526.92	607.70	3.2
92.64	173.59	317.39	312.16	323.94	332.75	378.23	3.7
262.28	209.05	236.83	233.07	226.44	215.52	215.68	0.1
246.90	276.79	271.97	270.16	274.16	273.56		
881.42	3192.57	6363.29	6693.32	7567.77			10.1
791.16	2909.83						
343.72	1471.50	4094.82	3370.70	4286.86			
931.57	1741.56	1432.02	1921.23	1309.89			
612.26	1184.42	964.28	1169.64	804.28			
10991	22947	33932	36767	41739	43792		
100.38	219.25	386.19	387.65	448.79	487.42	567.47	16.4
10895	33983	13078	12655	12435	12488	12705	1.7
99.57	194.55	243.69	273.60	279.30	300.37	306.30	2.0
802762	846295	2511522	3781152				
691.24	1622.09	3150.24	3481.98	3822.25	4169.24	4589.40	10.1
26.83	60.89	129.53	109.35	138.86	193.80	289.87	49.6
15.95	35.51	86.62	73.04	87.05	124.06	202.16	63.0

1－3 续表

指　标	单　位	1949 年	1965 年	1978 年	1990 年	1995 年	2000 年
十三、实际使用外商直接投资金额	亿美元						1.77
十四、全市居民消费价格总指数	上年为 100						
# 城市居民消费价格总指数	上年为 100	109.63◆	97.72	99.63	101.5	117.1	101.7
全市商品零售价格指数	上年为 100						
# 城市商品零售价格指数	上年为 100	105.64★	97.9	99.94	100.2	114	100.7
十五、地方一般公共预算收入	亿元					17.99	34.45
一般公共预算支出	亿元					21.6	41.43
十六、高等学校数	所	2	9	8	21	21	23
高等学校在校学生数	万人	0.27	1.94	1.89	4.60	6.49	12.56
中等职业学校数	所	16	21	23	40	42	40
中等职业学校在校学生数	万人	0.23	0.78	0.98	2.56	5.54	8.41
普通中学在校学生数	万人	1.13	7.54	33.11	24.21	28.41	38.42
小学在校学生数	万人	14.71	59.37	68.01	57.07	62.37	46.65
十七、艺术表演团体	个	9	19	13	12	12	13
十八、图书出版量	万册	1626△	2549	1983	32135	33677	24844
杂志出版量	万份	245△	221	2680	5144	7636	10404
报纸出版量	万份	6786△	17000	30057	40325	55721	62354
十九、卫生机构数	个	34	1035	1195	1346	1100	1036
# 医院、卫生院	个	14	138	248	297	205	263
医疗病床数	张	747	8454	12976	18349	21378	20590
卫生技术人员	人	1253	8779	16068	26307	27553	27460
# 执业医师和执业助理医师	人			7247	12423	12107	12345
二十、城市居民人均可支配收入	元	131△	216	327	1770	4860	7530
农村居民人均可支配收入	元	41	96	127	768	1710	2941
农民人均纯收入	元	48△	103	143	820	1737	3005
二十一、年末金融机构本外币存款余额	亿元					306	826
# 城乡居民储蓄余额	亿元	0.0073※	0.27	1.14	42.42	183	373
年末金融机构本外币贷款余额	亿元					241	632

注：1. 土地面积按当年实际情况整理。

2. ※为 1950 年数，★为 1951 年数，△为 1952 年数，◆为 1953 年数。

3. 工、农业总产值 1990 年以前按不变价格计算；1990 年以后按现行价格计算。

4. 邮电业务总量 1949－1978 年按 1970 年不变价格计算；1990－2001 年按 1990 年不变价格计算；2002 年－2009 年按 2000 年不变价格计算，2010 年以后按 2010 年不变价格计算。

5. 2003 年开始因教育制度改革，现行中等职业学校包括普通中专、职业高中，2002 年以前年份的数据是中等专业学校数据。

6. 人均地区生产总值 2000 年以前按户籍人口计算，2000 年以后按常住人口计算。

7. 2005－2008 年的地区生产总值、社会消费品零售总额、2008 年工业总产值按第二次经济普查数据修正。

8. 根据国家抽样调查情况，全省统一对 2010 年粮食产量数据进行了调整。

2005 年	2010 年	2015 年	2016 年	2017 年	2018 年	2019 年	2019 年比 2018 年 ± %
9.02	22.38	44.06	48.14	52.50	57.80	63.74	10.3
102.3	103.1						
101.9	102.9	101.1	101.9	101.3	102.0	102.9	
101.7	103.5						
100.4	103.8	99.6	100.9	101.4	102.5	102.2	
108.06	314.28	718.95	743.70	800.35	879.71	950.23	8.0
133.05	403.33	925	1041.43	1182.60	1300.79	1425.98	9.6
45	48	51	51	51	51	51	持平
39.44	50.83	56.94	59.00	61.04	63.60	66.59	4.7
104	67	50	51	56	57	57	持平
11.27	11.37	9.15	9.30	10.47	11.16	11.65	4.4
34.52	30.74	36.95	37.43	38.36	39.88	41.77	4.7
33.87	41.35	50.94	53.65	57.42	62.22	66.65	7.1
12	12	12	12	12	12	12	持平
30483	31109	48494	51630	45869	42906	48747	13.6
10925	12540	13918	13757	11473	8616	9272	7.6
75309	101861	105635	70934	65592	59510	55316	-7.0
1519	2655	4661	4605	4493	4523	4633	2.4
260	255	284	286	287	331	336	1.5
27395	42629	66036	71335	73711	77253	81242	5.2
28943	48791	69634	73603	77442	81548	85866	5.3
12088	18258	25599	27271	29265	30793	32286	4.8
12434	23347	39961	43294	46948	50792	55211	8.7
4735	10640	23601	25448	27360	29714	32329	8.8
4908	11206						
2322	6428	14066	15489	17142	18634	21048	13.0
954	2172	4353	4873	5204	5692	6600	16.0
2055	6354	12324	13867	16027	18361	21249	15.7

9. 从 2011 年起,原全社会固定资产投资指标改名为固定资产投资,固定资产投资统计起点由 50 万元提高到 500 万元及以上。
10. 因统计方法制度改革,从 2013 年开始取消农民人均纯收入统计指标,城市居民人均可支配收入调整为城镇统计口径,2012 年以前为城市统计口径,与往年数据不具可比性。
11. 2014 年货物、旅客运输量及周转量统计口径发生变化,与以前年度数据不具可比性。
12. 2014 年邮电业务总量测算方法发生变化,与以前年度数据不具可比性。
13. 因统计制度变化,从 2014 年起居民消费价格指数和商品零售价格数取消全年统计口径数据。
14. 2016 年,将部分研发支出计入 GDP,并对历史数据进行了调整。
15. 图书出版印数 2000 年以前按“书籍”统计,2000 年以后按“图书”统计。
16. 2017 年开始电信业务总量使用 2015 年不变价,而邮政业务总量仍使用 2010 年不变价格,故两者 2017 年不能合计。

1－4 国民经济主要指标平均递增速度

指　　标	1949～1965年	1965～1978年	1949～2019年	1978～2019年	2000～2019年	2010～2019年
一、年末户籍总人口	1.1	1.7	1.3	1.2	1.2	1.4
二、地区生产总值	4.3	5.1	9.2	12.6	12.8	10.4
第一产业				5.0	4.6	4.0
第二产业				13.9	14.0	10.3
# 工业				14.6	15.8	11.1
第三产业				14.2	12.8	10.9
人均地区生产总值				11.1	11.0	8.1
三、工业总产值	18.3	9.9				
四、农林牧渔业总产值	3.2	3.6	4.4	4.9	4.7	3.6
# 农业	2.8	4.4	3.8	4.2	4.8	5.3
五、粮食产量	1.9	5.0	1.5	0.3	-1.0	0.5
六、固定资产投资						16.0
新增固定资产	23.4※	3.4				
竣工房屋面积	19.5※	1.8				
# 住宅	25.5※	1.2				
七、社会消费品零售总额	9.1	6.8	12.9	16.9	14.8	12.3
八、地方一般公共预算收入					19.1	13.1
一般公共预算支出					20.5	15.1

1－4 续表

单位:%

指 标	1949～1965年	1965～1978年	1949～2019年	1978～2019年	2000～2019年	2010～2019年
九、高等学校数	9.9	－0.9	4.7	4.6	4.3	0.7
高等学校在校学生数	13.2	－0.2	8.2	9.1	9.2	3.0
普通中学在校学生数	12.6	12.1	5.3	0.6	0.4	3.5
小学在校学生数	9.1	1.1	2.2	－0.05	1.9	5.4
十、艺术表演团体	4.8	－2.9	0.4	－0.2	－0.4	0.0
十一、图书出版量	3.5△	－1.9	5.2△	8.1	3.6	5.1
杂志出版量	－1.1△	21.6	5.6△	3.1	－0.6	－3.3
报纸出版量	7.3△	4.5	3.2△	1.5	－0.6	－6.6
十二、卫生机构数	23.8	1.1	7.3	3.4	8.2	6.4
# 医院、卫生院	15.4	4.6	4.6	0.7	1.3	3.1
医疗病床数	16.4	3.4	6.9	4.6	7.5	7.4
卫生技术人员	12.9	4.8	6.2	4.2	6.2	6.5
# 执业医师和执业助理医师				3.7	5.2	6.5
十三、城市居民人均可支配收入	3.9△	4.1				
农民人均纯收入	6.0△	2.6				
城乡居民储蓄余额	27.2※	10.1	22.0※	23.5	16.3	13.1

注:※表示以1950年为基期,△表示以1952年为基期。

1－5 主要指标日均水平

指　　标	单位	1949 年	1965 年	1978 年	1990 年	1995 年
一、地区生产总值	万元	78.53△	192.44	461.52	2805	9116
二、工业总产值	万元	15.87	218.33	627.18	3196	9341
三、地方一般公共预算收入	万元					493
四、农林牧渔业总产值	万元	46.63	81.64	267.56	1001	2479
五、粮食总产量	吨	2036	2767	5200	7236	6707
六、固定资产投资	万元	5.60△	14.89	66.13	496	2875
竣工房屋面积	平方米	192※	939	2230	3007	8618
# 住宅	平方米	33※	359	1128	1265	4622
七、邮电:函件	万件	1.65※	5.28	5.88	17.68	30.52
八、社会消费品零售总额	万元	25	96	252	1408	4535
九、城市生活用水	万吨	0.10	4.33	12.81	34.15	47.23
十、城市公共汽车乘客人数	万人次	1.65	11.29	45.06	72.76	64.77
十一、出生	人		352	193	242	113
死亡	人		94	83	103	101
结婚	对				140	110
离婚	对				14	20
十二、出版报纸	万份	18.59△	46.58	82.35	110.48	150.38
出版杂志	万份	0.67△	0.58	7.34	14.09	20.92
出版图书	万册	4.45△	6.98	5.43	88.04	92.27

注:1. ※为 1950 年数,△为 1952 年数。

2. 1949 年、1965 年工农业总产值按不变价格计算,其他年份按现价计算。

2000 年	2005 年	2010 年	2015 年	2016 年	2017 年	2018 年	2019 年
19749	43546	121653	232948	251134	275348	285086	317102
17000	35633	150349	306154	334458	340043		
944	2960	8610	19697	20375	21927	24102	26034
3200	5127	8867	14716	13816	14088	14436	16649
7187	7186	5727	6488	6385	6204	5905	5909
5543	24149	87468	174337	183379	207336		
9412	25522	47715	39233	52636	35887		
5439	16774	32449	26419	32045	22035		
23.01	10.74	11.64	4.30	3.40	3.00	3.70	3.61
9100	18938	44441	86308	95397	104719	114226	125737
58.21	86.41	72.91	96.27	96.44	101.6	124.11	112.03
92.64	214.14	197.87	203.63	186.75	189.36	187.55	209.98
170	185	196	268	284	317	269	250
114	117	100	89	83	355	133	159
110	125	190	159	159	144	142	131
17	28	46	60	60	83	74	77
170.83	206.33	279.07	289.41	194.34	179.70	163.04	151.55
28.50	29.93	34.36	38.13	37.69	31.43	23.61	25.40
68.07	83.52	85.23	132.86	141.45	125.67	117.55	133.55

1－6 主要指标人均水平

指　　标	单位	1949年	1965年	1978年	1990年	1995年	2000年	2005年	
								按户籍人口计算	按常住人口计算
一、地区生产总值	元	89△	194	370	1871	5930	12368	25817	25064
二、工业总产值	元	19	221	503	2132	6811	10464	21126	20510
三、农林牧渔业总产值	元	55	82	215	667	1548	2004	3040	2951
四、粮食产量	公斤	240	280	417	480	435	450	426	414
五、固定资产投资完成额	元	6.34△	15.04	53.02	331	1870	3471	14317	13900
竣工房屋面积	平方米	0.02※	0.09	0.18	0.20	0.56	0.59	1.51	1.47
六、社会消费品零售总额	元	30	96	201	934	2950	5699	11228	10900
七、职工工资	元	439△	585	601	2135	5319	10137	21499	21499
八、人民生活									
农村居民人均可支配收入	元	48△	103	143	721	1737	3005	4908	4908
城镇居民人均可支配收入	元	131△	216	327	1770	4860	7530	12434	12434
城市居民人均购买主要商品：									
粮食	公斤				134.1	106.8	95.9	95.6	95.6
油脂类	公斤				7.8	7.7	9.8	13.6	13.6
鲜菜	公斤				134.9	115.5	115.4	121.7	121.7
猪肉	公斤				24.2	19.2	17.9	24.8	24.8
鲜蛋	公斤				5.6	7.8	7.3	7.2	7.2
煤炭	公斤				159.2	37.4	20.3	38.4	38.4
液化气	公斤				22.2	29.7	35.4	40.0	40.0
管道煤气	立方米					1.3	15.3	35.5	35.5
电	度(千瓦时)					169.2	307.3	626.9	626.9
九、城市住房建筑面积	平方米						18.6	27.2	27.2
十、城乡居民储蓄余额	元			25	771	3266	6400	15503	15050
十一、年末医疗病床数	张/千人	0.24	2.34	2.85	3.34	3.8	3.53	4.45	4.32

注：1. ※为1950年数，△为1952年数。
2. 1949年、1965年工农业总产值按不变价格计算。
3. 1999年以后职工工资均为在岗职工平均工资。
4. 2003年以前的除城乡居民调查指标、职工工资、城市住宅居住面积以外的指标按户籍人口计算。
5. 从2013年开始，农村居民人均可支配收入开始统计，2012年及以前为农民纯收入统计口径，城镇居民人均可支配收入2012年以前为城市统计口径。

2010 年		2015 年		2016 年		2017 年		2018 年		2019 年	
按户籍人口计算	按常住人口计算	按户籍人口计算	按常住人口计算	按户籍人口计算	按常住人口计算	按户籍人口计算	按常住人口计算	按户籍人口计算	按常住人口计算	按户籍人口计算	按常住人口计算
68473	64903	125799	115341	133198	121595	143084	129152	144759	129481	157784	139877
84625	80193	165333	151589	177392	161938	176703	159498				
4991	4729	7947	7286	7328	6690	7321	6608	7330	6557	8284	7344
322	306	350	321	339	309	322	291	300	268	294	261
49232	46654	94148	86321	97261	88788	107742	97251				
2.69	2.55	2.12	1.94	2.79	2.55	1.86	1.68				
25014	23704	46609	42735	50597	46189	54417	49119	55355	49513	62564	55464
38338	38338	67266	67266	77782	77782	85187	85187	93293	93293	98459	98459
11206	11206	23601	23601	25448	25448	27360	27360	29714	29714	32329	32329
23347	23347	39961	39961	43294	43294	46948	46948	50792	50792	55211	55211
71.8	71.8	55.7	55.7	59.8	59.8	62.1	62.1	66.4	66.4	60.6	60.6
13.9	13.9	15.5	15.5	17.1	17.1	16.2	16.2	17.5	17.5	16.5	16.5
143.0	143.0	93.1	93.1	97.1	97.1	102.3	102.3	132.1	132.1	113.8	113.8
24.8	24.8	23.6	23.6	25.6	25.6	27.3	27.3	36.5	36.5	32.9	32.9
8.3	8.3	7.5	7.5	8.2	8.2	7.7	7.7	8.0	8.0	8.2	8.2
4.3	4.3	13.7	13.7	9.7	9.7	5.4	5.4	4.0	4.0	3.1	3.1
19.7	19.7	16.8	16.8	18.0	18.0	24.1	24.1	12.1	12.1	7.6	7.6
3.6	3.6	1.1	1.1	0.4	0.4	0.4	0.4	5.2	5.2	6.0	6.0
988.8	988.8	1041.4	1041.4	1234.2	1234.2	1238.6	1238.6	1240.5	1240.5	1233.8	1233.8
30.9	30.9	45.3	45.3	44.8	44.8	45.5	45.5	42.7	42.7	41.3	41.3
33495	31741	64399	59046	70806	64638	75615	69028	79186	70829	89979	79767
6.57	6.23	9.77	8.96	10.37	9.46	10.71	9.78	10.75	9.61	11.08	9.82

1－7 长沙市主要经济指标占湖南省的比重(2019年)

	单 位	湖南省	长沙市	长沙市占湖南省的比重(%)
一、地区生产总值	亿元	39752.12	11574.22	29.1
第一产业	亿元	3646.95	359.69	9.9
第二产业	亿元	14946.98	4439.32	29.7
第三产业	亿元	21158.19	6775.21	32.0
人均地区生产总值	元	57540	139877	(比全省高)82337
二、工业增加值	亿元	11630.55	3254.95	28.0
三、粮食产量	万吨	2974.84	378.23	12.7
四、社会消费品零售总额	亿元	16683.94	4589.40	27.5
五、地方一般公共预算收入	亿元	3007.15	950.23	31.6
六、进出口总额	亿元	4342.20	2002.03	46.1
# 出口总额	亿元	3076.10	1396.43	45.4
七、实际利用外资金额	亿美元	181.01	63.74	35.2
八、年末金融机构本外币存款余额	亿元	52660.36	21048.45	40.0
# 住户存款	亿元	28410.33	6600.39	23.2
年末金融机构本外币贷款余额	亿元	42415.43	21248.71	50.1
九、城镇居民人均可支配收入	元	39842	55211	(比全省高)15369
城镇居民人均消费性支出	元	26924	39516	(比全省高)12592
农村居民人均可支配收入	元	15395	32329	(比全省高)16934
农村居民人均生活消费支出	元	13969	23090	(比全省高)9121

2 国民经济核算

长沙统计年鉴

2－1 历年地区生产总值

（按当年价格计算）

年份	地区生产总值（GDP）	第一产业	第二产业	工业	建筑业
1978	168453	56092	74436	63735	10701
1979	213830	66329	100585	87584	13001
1980	231716	65819	111424	96623	14801
1981	257289	70974	123181	106641	16540
1982	286247	77973	135101	112880	22221
1983	323103	91952	146343	120864	25479
1984	364037	100688	161664	129822	31842
1985	450774	120844	197301	155838	41463
1986	514749	131395	222520	174528	47992
1987	634135	147543	275363	214193	61170
1988	825712	194304	356294	288687	67607
1989	932540	212031	393832	330194	63638
1990	1023956	243772	405796	343378	62418
1991	1189012	241941	484759	410114	74645
1992	1498739	266151	626843	522893	103950
1993	1935420	301613	830974	687474	143500
1994	2609009	358777	1132512	937517	194995
1995	3327521	455780	1403433	1065652	337781
1996	4157722	583757	1731447	1369267	362180
1997	5037611	687320	2056865	1671931	384934
1998	5709136	707519	2336161	1877559	458602
1999	6280205	713285	2521526	2042102	479424
2000	7208461	741104	2814982	2264823	550159
2001	8159971	783636	3172774	2448587	724187
2002	9069159	791826	3551725	2659644	892081
2003	10625279	832886	4382509	3249686	1132823
2004	12839927	1045950	5024366	3554390	1469976
2005	15894133	1139776	6458577	4374672	2083905
2006	19185845	1163200	8188304	5878122	2310182
2007	24905268	1329500	10771691	8161739	2609952
2008	31676002	1721126	15043711	11884656	3159055
2009	36014512	1757560	16851323	13275266	3576057
2010	44403211	1994291	21495472	16870515	4624957
2011	54764223	2390566	26786837	21198422	5588415
2012	61979451	2617244	28546245	22216715	6329530
2013	69022679	2652021	30383833	23296922	7102886
2014	75346767	2712187	32915220	24932653	7999493
2015	85025984	2898634	36083905	27314366	8788533
2016	91664027	3063635	37650910	28246655	9425226
2017	100501981	3120052	39912911	29191260	10744693
2018	104056317	3187298	40900938	29652625	11270307
2019	115742214	3596879	44393229	32549534	11867633

注：1. 2004年开始行业分类按《国民经济行业分类》GB/T4754－2002标准执行；2014年执行新的《三次产业划分规定》，第一产业不含农、林、牧、渔服务业，划入第三产业；第二产业不含开采辅助活动，金属制品、机械和设备修理划入第三产业。本章节数据相应调整。

2. 2000年以前人均地区生产总值按户籍人口计算，2000年以后按常住人口计算。

3. 根据第四次全国经济普查结果对历史数据进行了修订。

单位:万元

第三产业	运输邮电业	批零餐饮业	金融保险业	房地产业	其它服务业	人均地区生产总值(元/人)
37925	8417	13427	4090	1978	10013	370
46916	9002	19072	5811	2807	10224	464
54473	9939	23967	6211	3061	11295	496
63134	10267	25976	7797	3843	15251	544
73173	11802	27438	11609	5730	16594	596
84808	12058	31188	11826	5827	23909	662
101685	16537	37443	12074	7091	28540	737
132629	19833	48934	16764	8339	38759	900
160834	24937	54039	27907	8795	45156	1012
211229	29992	64834	37992	9294	69117	1227
275114	37180	85372	50596	10035	91931	1526
326677	43006	93404	66579	10983	112705	1718
374388	48991	112377	69000	12647	131373	1871
462312	62071	153974	71596	15994	158677	2155
605745	80035	209877	93536	18534	203763	2703
802833	105875	274691	117513	27024	277730	3485
1117720	126546	366270	178916	35650	410338	4680
1468308	184223	516085	224019	49846	494135	5930
1842518	257171	617100	270892	63915	633440	7356
2293426	337992	749793	306628	74623	824390	8842
2665456	382181	852130	336268	90688	1004189	9939
3045394	417239	952207	362988	103562	1209398	10834
3652375	525950	1086770	389800	159062	1490793	11789
4203561	584865	1215367	400167	223285	1779877	13226
4725608	649131	1390327	403000	286847	1996303	14546
5409884	709677	1565903	430689	337988	2365627	16930

第三产业	运输仓储邮政业	批发零售业	住宿餐饮业	金融保险业	房地产业	其它服务业	人均地区生产总值(元/人)
6769611	573726	1636632	387900	541361	784196	2845796	20424
8295780	746103	1960406	632588	929457	1312252	2714974	25064
9834341	863178	2300807	766399	1065051	1597439	3241467	29843
12804077	1072842	2844875	899435	1339300	2030779	4616846	38333
14911165	1291599	3345963	1104883	1551378	1991179	5626163	48306
17405629	1449110	4014241	1211250	1921361	2641254	6168413	54453
20913448	1727990	5034265	1384265	2148082	2975928	7642918	64903
25586820	2122587	6023419	1712546	2662812	3434688	9630768	77507
30815962	2466947	6935869	1820383	3132754	3853980	12606029	87066
35986825	2665575	7953215	1997318	3805906	4689646	14777637	96078
39719360	2812303	8773788	2180882	4555057	4533996	16749450	103691
46043445	3182705	9347611	2400312	5453763	5254268	20267413	115341
50949482	3403353	10128293	2613972	6274246	6301204	22059724	121595
57469018	3543910	11062235	2810858	7069470	6955549	25836378	129152
59968081	3890942	11347813	3034337	7602511	7198073	26684314	129481
67752106	4299298	12694766	3449353	8492556	7810773	30776618	139877

2－2 历年地区生产总值构成

单位:%

年 份	地区生产总值(GDP)	第一产业	第二产业	工 业	建筑业	第三产业	运输邮电业	批零餐饮业	金融保险业	房地产业	其它服务业
1978	100	33.3	44.2	37.8	6.4	22.5	5.0	8.0	2.4	1.2	5.9
1979	100	31.0	47.1	41.0	6.1	21.9	4.2	8.9	2.7	1.3	4.8
1980	100	28.4	48.1	41.7	6.4	23.5	4.3	10.3	2.7	1.3	4.9
1981	100	27.6	47.9	41.4	6.5	24.5	4.0	10.1	3.0	1.5	5.9
1982	100	27.2	47.2	39.4	7.8	25.6	4.1	9.6	4.1	2.0	5.8
1983	100	28.5	45.3	37.4	7.9	26.2	3.7	9.7	3.7	1.8	7.3
1984	100	27.7	44.4	35.7	8.7	27.9	4.5	10.3	3.3	1.9	7.9
1985	100	26.8	43.8	34.6	9.2	29.4	4.4	10.9	3.7	1.8	8.6
1986	100	25.5	43.2	33.9	9.3	31.3	4.8	10.5	5.4	1.7	8.9
1987	100	23.3	43.4	33.8	9.6	33.3	4.7	10.2	6.0	1.5	10.9
1988	100	23.5	43.2	35.0	8.2	33.3	4.5	10.3	6.1	1.2	11.2
1989	100	22.8	42.2	35.4	6.8	35.0	4.6	10.0	7.1	1.2	12.1
1990	100	23.8	39.6	33.5	6.1	36.6	4.8	11.0	6.7	1.2	12.9
1991	100	20.3	40.8	34.5	6.3	38.9	5.2	13.0	6.0	1.3	13.4
1992	100	17.8	41.8	34.9	6.9	40.4	5.3	14.1	6.2	1.2	13.6
1993	100	15.6	42.9	35.5	7.4	41.5	5.5	14.2	6.1	1.4	14.3
1994	100	13.8	43.4	35.9	7.5	42.8	4.9	14.0	6.9	1.4	15.6
1995	100	13.7	42.2	32.0	10.2	44.1	5.5	15.5	6.7	1.5	14.9
1996	100	14.0	41.6	32.9	8.7	44.4	6.2	14.9	6.5	1.5	15.3
1997	100	13.6	40.8	33.2	7.6	45.6	6.7	14.9	6.1	1.5	16.4
1998	100	12.4	40.9	32.9	8.0	46.7	6.7	14.9	5.9	1.6	17.6
1999	100	11.4	40.2	32.5	7.7	48.4	6.6	15.2	5.8	1.6	19.2
2000	100	10.3	39.0	31.4	7.6	50.7	7.3	15.1	5.4	2.2	20.7
2001	100	9.6	38.9	30.0	8.9	51.5	7.2	14.9	4.9	2.7	21.8
2002	100	8.7	39.2	29.3	9.8	52.1	7.2	15.3	4.4	3.2	22.0
2003	100	7.8	41.3	30.6	10.7	50.9	6.7	14.7	4.1	3.2	22.3

年 份	地区生产总值(GDP)	第一产业	第二产业	工 业	建筑业	第三产业	运输仓储邮政业	批发零售业	住宿餐饮业	金融保险业	房地产业	其它服务业
2004	100	8.2	39.1	27.7	11.4	52.7	4.5	12.7	3.0	4.2	6.1	22.2
2005	100	7.2	40.6	27.5	13.1	52.2	4.7	12.3	4.0	5.8	8.3	17.1
2006	100	6.1	42.7	30.6	12.0	51.2	4.5	12.0	4.0	5.6	8.3	16.9
2007	100	5.3	43.3	32.8	10.5	51.4	4.3	11.4	3.6	5.4	8.2	18.5
2008	100	5.4	47.5	37.5	10.0	47.1	4.1	10.6	3.5	4.9	6.3	17.8
2009	100	4.9	46.8	36.9	9.9	48.3	4.0	11.1	3.4	5.3	7.3	17.1
2010	100	4.5	48.4	38.0	10.4	47.1	3.9	11.3	3.1	4.8	6.7	17.2
2011	100	4.4	48.9	38.7	10.2	46.7	3.9	11.0	3.1	4.9	6.3	17.6
2012	100	4.2	46.1	35.8	10.2	49.7	4.0	11.2	2.9	5.1	6.2	20.3
2013	100	3.9	44.0	33.8	10.3	52.1	3.9	11.5	2.9	5.5	6.8	21.4
2014	100	3.6	43.7	33.1	10.6	52.7	3.7	11.6	2.9	6.0	6.0	22.2
2015	100	3.4	42.4	32.1	10.3	54.2	3.7	11.0	2.8	6.4	6.2	23.8
2016	100	3.3	41.1	30.8	10.3	55.6	3.7	11.0	2.9	6.8	6.9	24.1
2017	100	3.1	39.7	29.0	10.7	57.2	3.5	11.0	2.8	7.0	6.9	25.7
2018	100	3.1	39.3	28.5	10.8	57.6	3.7	10.9	2.9	7.3	6.9	25.6
2019	100	3.1	38.4	28.1	10.3	58.5	3.7	11.0	3.0	7.3	6.7	26.6

2-3 历年地区生产总值环比指数

（按可比价格计算，以上年为100）　　单位：%

年份	地区生产总值（GDP）	第一产业	第二产业	工业	建筑业	第三产业	运输邮电业	批零餐饮业	金融保险业	房地产业	其它服务业	人均地区生产总值
1978												
1979	115.4	110.0	120.0	120.0	120.0	117.2	123.2	109.4	118.1	141.9	128.9	114.3
1980	114.7	110.1	121.3	120.7	127.4	111.3	121.7	108.1	108.3	109.1	113.8	113.1
1981	111.2	109.5	110.0	110.0	110.0	115.9	121.5	109.8	127.8	123.4	116.9	109.9
1982	112.4	109.5	110.0	107.7	131.7	120.6	114.4	106.3	138.5	146.6	139.7	110.6
1983	114.2	109.5	110.0	109.7	112.3	126.9	109.7	120.5	110.7	112.1	164.9	112.3
1984	112.3	109.8	110.0	105.6	143.1	118.2	119.5	110.9	131.8	117.4	121.2	111.4
1985	112.2	109.2	109.9	109.0	115.0	118.3	112.6	115.7	137.1	104.8	117.6	110.4
1986	109.4	105.5	111.6	109.4	122.8	110.8	112.7	105.0	124.1	103.5	110.5	107.7
1987	110.4	100.5	115.4	115.6	114.9	114.1	113.6	108.7	116.3	102.8	120.5	108.7
1988	113.7	103.3	117.1	118.3	111.2	118.4	107.6	116.9	126.0	106.7	121.7	108.8
1989	104.5	102.0	108.4	112.3	88.7	102.0	100.2	105.2	97.1	94.5	103.5	104.0
1990	104.6	103.8	102.9	103.6	98.5	107.3	112.2	102.3	103.4	104.1	112.6	103.7
1991	108.7	94.1	113.9	113.9	113.9	112.9	113.0	120.0	107.5	112.0	109.6	107.8
1992	117.2	101.7	122.6	120.6	135.9	120.0	117.5	128.7	110.3	113.8	118.3	116.6
1993	118.2	105.6	120.7	120.7	120.6	121.5	120.5	119.2	115.9	126.0	126.4	118.0
1994	113.4	105.0	116.4	117.3	110.9	113.6	101.8	108.4	118.8	107.2	121.3	113.0
1995	114.0	104.9	115.4	110.6	145.5	116.0	127.9	122.4	110.6	124.9	108.4	113.3
1996	114.0	108.0	115.4	117.7	104.7	114.5	119.9	116.0	110.9	118.3	112.3	113.2
1997	115.9	108.2	116.5	119.1	102.8	117.7	124.2	114.9	107.5	110.7	123.2	115.0
1998	113.9	102.5	114.5	113.9	118.3	116.8	121.2	113.6	108.4	120.1	121.0	113.0
1999	111.5	103.4	110.7	111.2	108.2	114.7	111.0	115.6	107.7	123.1	116.9	110.5
2000	112.2	104.0	112.5	112.6	112.0	113.9	117.0	113.3	105.7	126.0	114.6	110.7
2001	113.7	104.9	113.6	121.4	119.0	115.7	110.7	113.9	104.4	128.4	119.4	112.7
2002	114.5	101.8	114.6	116.8	119.4	116.7	113.0	117.6	102.6	129.8	118.5	113.3
2003	115.3	104.8	120.8	122.8	106.4	112.9	108.2	112.6	105.8	118.4	115.0	114.6

年份	地区生产总值（GDP）	第一产业	第二产业	工业	建筑业	第三产业	运输仓储邮政业	批发零售业	住宿餐饮业	金融保险业	房地产业	其它服务业	人均地区生产总值
2004	116.1	107.0	120.8	121.4	119.0	113.7	109.2	114.5	116.9	104.6	122.1	114.2	115.9
2005	114.9	106.7	117.4	116.8	119.4	114.0	107.6	113.3	115.7	107.3	108.9	116.9	113.9
2006	115.0	105.7	118.1	122.8	106.4	113.8	109.0	113.5	122.2	112.1	117.9	113.5	113.4
2007	115.3	106.5	115.7	119.7	104.2	116.1	120.1	115.8	112.3	118.8	116.2	116.5	114.1
2008	114.6	106.8	118.2	121.8	106.3	112.7	113.6	115.3	118.7	110.8	95.5	119.7	113.6
2009	115.1	106.5	115.8	117.0	111.3	115.4	109.9	119.6	106.0	120.7	130.0	109.0	114.1
2010	115.0	104.5	120.4	121.4	116.5	111.6	119.0	113.9	113.2	108.0	105.7	112.2	111.2
2011	114.1	104.0	117.8	120.4	108.1	111.2	113.7	112.8	112.1	110.5	98.5	114.8	110.5
2012	112.9	104.0	114.2	115.7	108.1	112.3	113.9	111.3	108.7	111.8	107.6	115.0	112.1
2013	112.0	103.0	112.1	113.0	108.3	112.8	108.5	111.3	104.9	117.9	112.5	114.0	110.9
2014	110.2	104.4	111.3	111.4	111.1	109.5	109.8	109.5	106.3	113.9	93.7	113.5	109.0
2015	109.9	103.6	108.4	108.3	108.9	112.0	107.4	107.9	105.8	124.0	112.5	112.8	108.3
2016	109.3	103.0	107.3	107.5	106.5	111.4	106.7	108.1	106.0	105.8	115.0	114.8	106.9
2017	109.0	103.0	107.6	108.1	105.9	110.4	110.8	108.6	108.3	108.7	97.8	115.0	105.6
2018	108.5	103.3	106.6	107.2	104.5	110.3	108.6	106.3	106.0	104.2	106.5	114.8	105.1
2019	108.1	103.2	107.9	109.1	103.7	108.4	110.2	106.2	104.1	109.2	103.4	110.4	104.9

2－4 历年地区生产总值定基指数

（按可比价格计算，以1978年为100）

年 份	地区生产总值（GDP）	第一产业	第二产业	工 业	建筑业
1978	100	100	100	100	100
1979	115.4	110.0	120.0	120.0	120.0
1980	132.4	121.1	145.6	144.8	152.9
1981	147.2	132.6	160.2	159.3	168.2
1982	165.5	145.2	176.2	171.6	221.5
1983	189.0	159.0	193.8	188.2	248.7
1984	212.2	174.6	213.2	198.7	355.9
1985	238.1	190.7	234.3	216.6	409.3
1986	260.5	201.2	261.5	237.0	502.6
1987	287.6	202.2	301.8	274.0	577.5
1988	327.0	208.9	353.4	324.1	642.2
1989	341.7	213.1	383.1	364.0	569.6
1990	357.4	221.2	394.2	377.1	561.1
1991	388.5	208.1	449.0	429.5	639.1
1992	455.3	211.6	550.5	518.0	868.5
1993	538.2	223.4	664.5	625.2	1047.4
1994	610.3	234.6	773.5	733.4	1161.6
1995	695.7	246.1	892.6	811.1	1690.1
1996	793.1	265.8	1030.1	954.7	1769.5
1997	919.2	287.6	1200.1	1137.0	1819.0
1998	1047.0	294.8	1374.1	1295.0	2151.9
1999	1167.4	304.8	1521.1	1440.0	2328.4
2000	1309.8	317.0	1711.2	1621.4	2607.8
2001	1489.2	332.5	1943.9	1968.4	3103.3
2002	1705.2	338.5	2227.7	2299.1	3705.3
2003	1966.1	354.8	2691.1	2823.3	3942.5
2004	2282.6	379.6	3250.9	3427.4	4691.5
2005	2622.7	405.0	3816.5	4003.2	5601.7
2006	3016.1	428.1	4507.3	4916.0	5960.2
2007	3477.6	455.9	5214.9	5884.4	6210.5
2008	3985.3	487.0	6164.1	7167.2	6601.8
2009	4587.1	518.6	7138.0	8385.7	7347.8
2010	5275.2	541.9	8594.1	10180.2	8560.2
2011	6019.0	563.6	10123.9	12257.0	9253.5
2012	6795.4	586.2	11561.5	14181.3	10003.1
2013	7610.9	603.8	12960.4	16024.9	10833.3
2014	8387.2	630.3	14424.9	17851.7	12035.8
2015	9217.5	653.0	15636.6	19333.4	13107.0
2016	10074.8	672.6	16778.1	20783.4	13959.0
2017	10981.5	692.8	18053.2	22466.8	14782.6
2018	11914.9	715.6	19244.7	24084.5	15447.8
2019	12880.0	738.5	20765.1	26276.1	16019.3

单位:%

第三产业	运输邮电业	批零餐饮业	金融保险业	房地产业	其它服务业	人均地区生产总值
100	100	100	100	100	100	100
117.2	123.2	109.4	118.1	141.9	128.9	114.3
130.4	149.9	118.3	127.9	154.8	146.7	129.3
151.1	182.1	129.9	163.5	191.0	171.5	142.1
182.2	208.3	138.1	226.4	280.0	239.6	157.2
231.2	228.5	166.4	250.6	313.9	395.1	176.5
273.3	273.1	184.5	330.3	368.5	478.9	196.6
323.3	307.5	213.5	452.8	386.2	563.2	217.0
358.2	346.6	224.2	561.9	399.7	622.3	233.7
408.7	393.7	243.7	653.5	410.9	749.9	254.0
483.9	423.6	284.9	823.4	438.4	912.6	276.4
493.6	424.4	299.7	799.5	414.3	944.5	287.5
529.6	476.2	306.6	826.7	431.3	1063.5	298.1
597.9	538.1	367.9	888.7	483.1	1165.6	321.4
717.5	632.3	473.5	980.2	549.8	1378.9	374.8
871.8	761.9	564.4	1136.1	692.7	1742.9	442.3
990.4	775.6	611.8	1349.7	742.6	2114.1	499.8
1148.9	992.0	748.8	1492.8	927.5	2291.7	566.3
1315.5	1189.4	868.6	1655.5	1097.2	2573.6	641.1
1548.3	1477.2	998.0	1779.7	1214.6	3170.7	737.3
1808.4	1790.4	1133.7	1929.2	1458.7	3836.5	833.1
2074.2	1987.3	1310.6	2077.7	1795.7	4484.9	920.6
2362.5	2325.1	1484.9	2196.1	2262.6	5139.7	1019.1
2733.4	2573.9	1691.3	2292.7	2905.2	6136.8	1148.5
3189.9	2908.5	1989.0	2352.3	3770.9	7272.1	1301.3
3601.4	3147.0	2239.6	2488.8	4464.8	8362.9	1491.3

第三产业	运输仓储邮政业	批发零售业	住宿餐饮业	金融保险业	房地产业	其它服务业	人均地区生产总值
4181.2	3436.5	2564.3	2618.1	2603.3	5451.5	9550.5	1728.4
4766.6	3697.7	2905.4	3029.1	2793.3	5936.7	11164.5	1968.6
5424.4	4030.5	3297.6	3701.6	3131.3	6999.3	12671.7	2232.4
6297.7	4840.6	3818.6	4156.9	3720.0	8133.2	14762.5	2547.2
7097.5	5498.9	4402.9	4934.2	4121.7	7767.2	17670.7	2893.6
8190.5	6043.3	5265.8	5230.2	4974.9	10097.4	19261.1	3301.6
9140.6	7191.5	5997.8	5920.6	5372.9	10672.9	21611.0	3671.4
10164.4	8176.8	6765.5	6637.0	5937.1	10512.9	24809.4	4056.9
11414.6	9313.4	7530.0	7214.5	6637.6	11311.8	28530.8	4547.8
12875.6	10105.0	8380.9	7568.0	7825.8	12725.8	32525.1	5043.5
14098.8	11095.3	9177.1	8044.7	8913.6	11924.1	36916.0	5497.4
15790.7	11916.3	9902.1	8511.3	11052.8	13414.6	41641.2	5953.7
17590.8	12714.7	10704.1	9022.0	11693.9	15426.8	47804.2	6364.5
19420.3	14087.9	11624.7	9770.9	12711.3	15087.4	54974.8	6720.9
21420.6	15299.5	12357.0	10357.1	13245.1	16068.1	63111.0	7063.6
23219.9	16860.0	13123.2	10781.7	14463.7	16614.4	69674.6	7409.8

3 人口、就业和职工工资

3－1 历年人口数

单位：人

年份	年末总人口	#市区	年末总人口性别 男	女	总人口中非农业人口
1949	3092437	383480	1627510	1464927	
1950	3145165	413635	1651036	1494129	541516
1951	3196041	457535	1689104	1506937	541220
1952	3258889	516649	1765075	1493814	594811
1953	3303293	553645	1751683	1551610	613308
1954	3387651	611273	1787749	1599902	677017
1955	3424900	616425	1797081	1627819	681060
1956	3495470	672224	1850703	1644767	735358
1957	3503470	673291	1854666	1648804	751649
1958	3483494	663049	1825598	1657896	794300
1959	3492082	722762	1838482	1653600	871173
1960	3424156	761761	1795656	1628500	898527
1961	3377929	726486	1768523	1609406	853456
1962	3389151	721271	1776645	1612506	800737
1963	3495649	748797	1822271	1673378	826516
1964	3569849	764357	1861086	1708763	835599
1965	3657335	767725	1906015	1751320	838458
1966	3738916	770835	1950918	1787998	833097
1967	3810119	786500	1986179	1823940	826945
1968	3905884	763400	2030386	1875498	812115
1969	4001407	749700	2079936	1921471	792368
1970	4056467	742284	2105841	1950626	759390
1971	4130870	759730	2147639	1983231	819740
1972	4203286	779922	2183495	2019791	830731
1973	4290576	799715	2234648	2055928	857908
1974	4366094	824109	2270621	2095473	882576
1975	4433412	827874	2308774	2124638	886884
1976	4481192	827582	2331700	2149492	894068
1977	4521943	823848	2353927	2168016	891943
1978	4582271	948305	2387967	2194304	940265
1979	4643351	992761	2420686	2222665	1003276
1980	4700086	1019438	2449155	2250931	1039452
1981	4766041	1046890	2489027	2277014	1072702
1982	4844868	1072350	2527992	2316876	1105302
1983	4913280	1097558	2562729	2350551	1135401
1984	4969539	1123923	2593427	2376112	1247495
1985	5042168	1157176	2631652	2410516	1292901

3－1 续表

单位：人

年　份	年末总人口	#市　区	年末总人口性别 男	年末总人口性别 女	总人口中非农业人口
1986	5127298	1192667	2680097	2447201	1276052
1987	5212346	1226819	2721147	2491199	1317406
1988	5346897	1263481	2790048	2556849	1373221
1989	5444511	1301171	2838683	2605828	1401767
1990	5500533	1326825	2861410	2639123	1429440
1991	5535603	1349865	2881298	2654305	1449901
1992	5553843	1372749	2888636	2665207	1480589
1993	5554172	1387087	2887752	2666600	1511184
1994	5594385	1422651	2912803	2681582	1556040
1995	5628222	1454461	2919369	2708853	1601864
1996	5675339	1603804	2950934	2724405	1673328
1997	5719062	1634412	2960697	2758365	1709754
1998	5768787	1669081	2987038	2781749	1736934
1999	5824692	1714606	3011434	2813258	1809828
2000	5831894	1754142	3015303	2816591	1864206
2001	5870933	1807670	3030648	2840285	1918942
2002	5954592	1889773	3065775	2888817	1991046
2003	6017624	1962561	3093901	2923723	2058257
2004	6103844	2024646	3137629	2966215	2125741
2005	6209248	2086476	3186039	3023209	2180688
2006	6309958	2146096	3231737	3078221	2256477
2007	6373561	2187488	3258991	3114570	2305611
2008	6417367	2370643	3274848	3142519	2332132
2009	6468350	2391675	3292771	3175579	2347616
2010	6501248	2395348	3300191	3201057	2377815
2011	6566185	2967851	3326741	3239444	2418105
2012	6606166	2979005	3340494	3265672	2455126
2013	6628122	2992513	3346546	3281576	2495548
2014	6714121	3035103	3384823	3329298	2566387
2015	6803579	3184995	3423948	3379631	
2016	6959998	3283293	3494672	3465326	
2017	7087939	3397749	3542794	3545145	
2018	7288583	3557549	3630733	3657850	
2019	7382401	3643794	3669820	3712581	

注：历年人口数为公安户籍人口。因户籍制度改革，2015 年取消非农业人口统计指标。

3-2 历年城镇化率

	常住人口(万人)	# 城镇人口	城镇化率(%)
2002 年	626.88	294.01	46.90
2003 年	628.34	308.89	49.16
2004 年	629.00	321.99	51.19
2005 年	639.30	344.39	53.87
2006 年	646.50	365.27	56.50
2007 年	652.92	393.06	60.20
2008 年	658.56	403.37	61.25
2009 年	664.22	416.00	62.63
2010 年	704.07	476.58	67.69
2011 年	709.07	485.64	68.49
2012 年	714.66	495.84	69.38
2013 年	722.14	509.86	70.60
2014 年	731.15	528.88	72.34
2015 年	743.18	552.78	74.38
2016 年	764.52	580.97	75.99
2017 年	791.81	614.38	77.59
2018 年	815.47	645.23	79.12
2019 年	839.45	667.83	79.56

3-3 历年人口自然变动情况

年份	年内出生人数（人）	出生率（‰）	年内死亡人数（人）	死亡率（‰）	年内自然增长人数（人）	自然增长率（‰）
1954	131963	39.45	55897	16.71	76066	22.74
1956	105956	30.62	38032	10.99	67924	19.63
1957	115144	32.90	35906	10.26	79238	22.64
1958	102730	29.41	67454	19.31	35276	10.10
1960	74321	21.49	94529	27.34	-20208	-5.84
1961	43524	12.80	71606	21.05	-28082	-8.26
1962	111205	32.87	39432	11.65	71773	21.21
1963	159097	46.22	32012	9.30	127085	36.92
1965	126297	35.50	34359	9.51	93938	26.00
1971	99124	24.21	31826	7.77	67298	16.44
1973	100011	23.55	31069	7.32	68942	16.23
1974	91174	21.06	34589	7.99	56585	13.07
1975	91494	20.80	33273	7.56	58221	13.23
1976	78301	17.57	32546	7.30	45755	10.27
1977	76402	16.97	33773	7.50	42629	9.47
1978	70593	15.51	30800	6.77	39793	8.74
1979	72294	15.67	31970	6.93	40324	8.74
1980	66900	14.32	31670	6.78	35230	7.54
1981	73936	15.62	30853	6.52	43083	9.10
1982	87006	18.11	31928	6.64	55078	11.46
1983	78950	16.18	33772	6.92	45178	9.26
1984	72092	14.59	33442	6.77	38650	7.82
1985	76747	15.33	33236	6.64	43511	8.69
1986	83611	16.44	32137	6.32	51474	10.12
1987	89952	17.40	33857	6.55	56095	10.85
1988	87708	16.61	35382	6.70	52326	9.91
1989	100791	18.70	36904	6.80	63887	11.80
1990	88309	16.10	37683	6.80	50626	9.30

3-3 续表

年　份	年内出生人　数（人）	出生率（‰）	年内死亡人　数（人）	死亡率（‰）	年内自然增长人数（人）	自然增长率（‰）
1991	59771	10.83	36717	6.65	23054	4.18
1992	42654	7.69	37281	6.72	5373	0.97
1993	33420	6.02	36436	6.56	-3016	-0.54
1994	35592	6.39	35621	6.39	-29	-0.01
1995	41370	7.37	36742	6.55	4628	0.82
1996	47944	8.48	35842	6.34	12102	2.14
1997	49607	8.71	34933	6.13	14674	2.58
1998	52969	9.22	37124	6.46	15845	2.76
1999	55873	9.64	38162	6.58	17711	3.06
2000	62026	10.64	41506	7.12	20520	3.52
2001	53994	9.23	31587	5.40	22407	3.83
2002	53746	9.09	36363	6.15	17383	2.94
2003	49683	8.30	40064	6.69	9619	1.61
2004	56062	9.25	37273	6.15	18789	3.10
2005	67537	10.97	42788	6.95	24749	4.02
2006	62960	10.06	31607	5.05	31353	5.01
2007	64312	10.14	37565	5.92	26747	4.22
2008	71118	11.12	38565	6.03	32553	5.09
2009	69777	10.83	34983	5.43	34794	5.40
2010	71677	11.05	36567	5.64	35110	5.41
2011	75825	11.61	30895	4.73	44930	6.88
2012	82741	12.56	42575	6.46	40166	6.10
2013	83357	12.60	52090	7.87	31267	4.73
2014	101938	15.28	35379	5.30	66559	9.98
2015	97861	14.48	32626	4.83	65235	9.65
2016	103484	15.04	30347	4.41	73137	10.63
2017	115691	16.47	129736	18.47	-14045	-2.00
2018	98260	13.67	48647	6.77	49613	6.90
2019	91202	12.43	57928	7.90	33274	4.53

3－4 历年市区人口自然变动情况

年 份	年内出生人数（人）	出生率（‰）	年内死亡人数（人）	死亡率（‰）	年内自然增长人数（人）	自然增长率（‰）
1950	10356	25.98	5256	13.19	5100	12.79
1952	20076	41.22	6552	13.45	13524	27.77
1954	26861	46.12	6981	11.99	19880	34.13
1956	25303	39.27	6426	9.97	18877	29.30
1957	30306	45.05	6250	9.29	24056	35.76
1958	21682	32.45	7231	10.82	14451	21.63
1960	19431	26.18	8555	11.53	10876	14.65
1961	12814	17.22	10876	14.62	1938	2.60
1962	22248	30.73	7382	10.20	14866	20.54
1963	28618	37.88	6091	8.05	22527	29.78
1965	14028	18.31	4704	6.14	9324	12.17
1971	10638	14.16	5139	6.84	5499	7.32
1972	9739	12.65	5196	6.75	4543	5.90
1973	9795	12.40	4939	6.25	4856	6.15
1974	9476	11.67	5443	6.70	4033	4.97
1975	10737	13.00	5297	6.41	5440	6.59
1976	9384	11.34	5503	6.65	3881	4.69
1977	10416	12.61	5907	7.15	4509	5.46
1978	11600	13.09	5981	6.75	5619	6.34
1979	12502	12.88	5755	5.93	6747	6.95
1980	10098	10.04	6005	5.97	4093	4.07
1981	14382	13.92	6639	6.43	7743	7.49
1982	17287	16.31	6673	6.30	10614	10.01
1983	15576	14.36	6879	6.34	8697	8.02
1984	14139	12.73	6783	6.11	7356	6.62
1985	14546	12.75	7258	6.36	7288	6.39
1986	14359	12.23	6677	5.53	7682	6.54
1987	17779	14.70	7244	5.99	10535	8.71
1988	16962	13.62	8019	6.44	8943	7.18
1989	15966	12.50	7818	6.10	8148	6.40
1990	14920	11.40	7822	6.00	7098	5.40

3－4 续表

年　份	年内出生人　数（人）	出生率（‰）	年内死亡人　数（人）	死亡率（‰）	年内自然增长人数（人）	自然增长率（‰）
1991	10801	8.07	7599	5.68	3202	2.39
1992	9245	6.79	7993	5.87	1252	0.92
1993	8490	6.15	7504	5.44	986	0.71
1994	9760	6.95	7070	5.03	2690	1.91
1995	9799	6.81	7510	5.22	2289	1.59
1996	12508	8.18	7697	5.03	4811	3.15
1997	10400	6.42	7259	4.48	3141	1.94
1998	11631	7.04	8428	5.10	3203	1.94
1999	12775	7.55	10211	6.04	2564	1.52
2000	16533	9.53	10581	6.10	5952	3.43
2001	13735	7.71	5948	3.34	7787	4.37
2002	12286	6.65	7284	3.94	5002	2.71
2003	14334	7.44	5635	2.93	8699	4.52
2004	15768	7.91	7275	3.65	8493	4.26
2005	16037	7.80	7218	3.51	8819	4.29
2006	20156	9.52	11106	5.24	9050	4.28
2007	20815	9.61	9247	4.27	11568	5.34
2008	23565	9.95	10877	4.59	12688	5.36
2009	21218	9.08	8213	3.51	13005	5.57
2010	20485	8.56	7313	3.06	13172	5.50
2011	33652	11.39	10572	3.58	23080	7.81
2012	37146	12.49	15854	5.33	21292	7.16
2013	36757	12.30	15728	5.27	21029	7.04
2014	42139	13.98	13720	4.55	28419	9.43
2015	43335	13.93	13091	4.21	30244	9.72
2016	48740	15.07	11225	3.47	37515	11.60
2017	59031	17.67	63380	18.97	－4349	－1.30
2018	51724	14.87	24976	7.18	26748	7.69
2019	50394	14.00	25277	7.02	25117	6.98

注:2011 年开始市区包括望城区数据。

3－5 历年县(市)人口自然变动情况

年份	年内出生人数（人）	出生率（‰）	年内死亡人数（人）	死亡率（‰）	年内自然增长人数（人）	自然增长率（‰）
1954	105102	38.04	48916	17.70	56186	20.34
1956	80653	15.28	31606	11.22	49047	17.42
1957	84838	30.01	29656	10.50	55182	19.63
1958	81048	28.69	60223	21.32	20825	7.37
1960	54890	20.21	85974	31.66	31084	－11.45
1961	30710	11.56	60730	22.86	－30020	－11.30
1962	88957	33.45	32050	12.05	56907	21.40
1963	130479	48.19	25921	9.57	104558	38.62
1965	114269	40.13	29655	10.41	84614	29.71
1971	88486	26.47	26687	6.34	61799	18.49
1972	91082	26.81	27979	8.24	63103	18.57
1973	90216	26.10	26130	7.56	64086	18.54
1974	81698	23.23	29146	8.29	52552	14.94
1975	80757	22.60	27976	7.83	52781	14.77
1976	68917	18.99	27043	7.45	41874	11.54
1977	65986	17.95	27866	7.58	38120	10.37
1978	58993	16.09	24819	6.77	34174	9.32
1979	59792	16.42	26215	7.20	33577	9.22
1980	56802	15.50	25665	7.00	31137	8.49
1981	59554	16.01	24214	6.54	35340	9.55
1982	69719	18.61	25255	6.74	44464	11.87
1983	63374	16.70	26893	7.09	36481	9.62
1984	57953	15.13	26659	6.96	31294	8.17
1985	62201	16.09	25978	6.72	36223	9.37
1986	69252	17.71	25460	6.51	43792	11.20
1987	72173	18.23	26613	6.72	45560	11.50
1988	70746	17.54	27363	6.78	43383	10.75
1989	84825	20.60	29086	7.00	55739	13.60
1990	73389	17.60	29861	7.20	43528	10.50

3－5 续表

年　　份	年内出生人　　数（人）	出生率（‰）	年内死亡人　　数（人）	死亡率（‰）	年内自然增长人数（人）	自然增长率（‰）
1991	48970	11.72	29118	6.97	19852	4.75
1992	33409	7.99	29288	7.00	4121	0.99
1993	24930	5.97	28932	6.93	－4002	－0.96
1994	25832	6.20	28551	6.85	－2719	－0.65
1995	31571	7.57	29232	7.01	2339	0.56
1996	35436	8.60	28145	6.83	7291	1.77
1997	39207	9.61	27674	6.79	11533	2.83
1998	41338	10.10	28696	7.01	12642	3.09
1999	43098	10.50	27951	6.81	15147	3.69
2000	45493	11.11	30925	7.55	14568	3.56
2001	40259	9.91	25639	6.31	14620	3.60
2002	41460	10.20	29079	7.16	12381	3.04
2003	35349	8.72	34429	8.48	920	0.24
2004	40294	9.91	29998	7.38	10296	2.53
2005	51500	12.56	35570	8.67	15930	3.89
2006	42804	10.33	20501	4.95	22303	5.38
2007	43497	10.42	28318	6.78	15179	3.64
2008	47553	11.81	27688	6.88	19865	4.93
2009	48559	11.83	26770	6.52	21789	5.31
2010	51192	12.51	29254	7.15	21938	5.36
2011	42173	11.78	20323	5.68	21850	6.10
2012	45595	12.62	26721	7.40	18874	5.22
2013	46600	12.83	36362	10.01	10238	2.82
2014	59799	16.35	21659	5.92	38140	10.43
2015	54526	14.94	19535	5.40	34991	9.59
2016	54744	15.01	19122	5.24	35622	9.77
2017	56660	15.38	66356	18.01	－9696	－2.63
2018	46536	12.54	23671	6.38	22865	6.16
2019	40808	10.93	32651	8.74	8157	2.19

注：2011 年开始县（市）不包括望城区数据。

3－6 历年计划生育情况

单位:人

年份	计划内生育率（%）	已婚育龄妇女	已落实节育措施人数	节育率（%）	有一子女育龄妇女人数	已领独生子女证（对）	领证率（%）
1980	72.62	636467	538117	84.55	104240	49446	7.77
1981	73.53	659267	556807	84.46	118706	61433	9.32
1982	69.04	710965	608098	85.53	135451	83853	11.79
1983	70.94	750229	653919	87.16	157472	104442	13.92
1984	68.71	790499	690817	87.39	177205	118010	14.93
1985	70.49	818855	722933	88.29	192701	127607	15.58
1986	70.91	858473	745234	86.81	216053	135519	15.79
1987	72.13	910133	815513	89.60	237870	145567	15.99
1988	72.41	963351	862340	89.51	262167	160844	16.70
1989	63.37	1008878	895987	88.81		162357	16.09
1990	68.90	1051259	948723	90.25		181953	17.31
1991	80.30	1083592	994278	91.76		187256	17.28
1992	97.27	1109091	1025914	92.50		197764	17.83
1993	99.27	1122068	1047645	93.37		212443	18.93
1994	99.37	1138915	1056082	92.73	391508	220772	19.38
1995	96.29	1142678	1051298	92.00	446396	218407	19.11
1996	99.32	1178074	1073664	91.14	476914	237342	20.15
1997	98.03	1199736	1080488	90.06	495804	240706	20.06
1998	98.47	1196938	1075935	89.89	530862	221305	18.49
1999	97.73	1196508	1076656	89.98	560329	208970	17.46
2000	98.00	1213156	1093858	90.17	584109	197693	16.30
2001	97.82	1216453	1097351	90.21	598690	195612	16.08
2002	97.77	1227225	1100768	89.70	593854	180916	14.74
2003	97.84	1242152	1126182	90.66	573853	177604	14.30
2004	97.89	1271326	1140033	89.67	675558	182902	14.39
2005	96.75	1306840	1174861	89.90	728547	351674	26.91
2006	96.81	1317525	1181269	89.66	749256	395674	30.03
2007	96.09	1267952	1140108	89.92	742927	426384	33.63
2008	92.65	1301996	1158319	88.96	772509	453414	34.82
2009	93.24	1341581	1188184	88.57	801539	463698	34.56
2010	95.32	1417574	1256182	88.61	864236	512730	36.17
2011	93.52	1393485	1189349	85.35	785942	387332	27.80
2012	93.14	1393739	1195544	85.78	834893	427938	30.70
2013	92.39	1366756	1154941	84.49	841827	193737	23.01
2014	90.16	1357620	1155528	85.11	842016	184245	21.88
2015	90.70	1341778	1137853	84.80	831097	360023	43.32
2016	97.01	1330232	1020890	76.75	805473	346413	43.01
2017	97.68	1321984	970473	73.41	745589	314896	42.23
2018	97.75	1295285	918150	70.88			
2019	97.47	1254362	859556	68.53			

注:1. 领证率＝只有一个15周岁以下孩子已领独生子女证数/已婚育龄妇女人数×100%。

2. 因全面二孩政策的实施,已不再统计独生子女情况。

3-7 历年婚姻登记情况

单位:对

年份	登记结婚	#涉外婚	离婚总数	登记离婚	调解离婚	判决离婚
1980	37635	7		666		
1981	52812	2		706		
1982	48954	10		776		
1983	37903	3	1879	761	981	137
1984	44115	15	2327	885	1203	239
1985	44710	11	2099	763	1174	162
1986	55830	16	2545	952	1414	179
1987	53378	35	3157	1068	1831	258
1988	48000	57	4053	1324	2347	382
1989	56329	65	4753	1377	2739	637
1990	51366	95	4968	1372	2903	693
1991	48159	144	4999	1465	2696	838
1992	43702	246	5395	1765	2772	858
1993	38103	307	5755	2029	2847	878
1994	34463	361	6996	2120	3534	1342
1995	40178	468	7448	2628	3327	1493
1996	39672	551	7970	2831	3520	1619
1997	39910	512	7424	3810	2436	1178
1998	39947	576	6553	3232	2115	1206
1999	37140	596	7420	3365	1835	928
2000	39977	710	6291	3782	1486	1023
2001	39365	749	5875	3376	1465	1034
2002	35950	907	5639	4337	591	711
2003	42297	500	7152	4997	1048	1107
2004	47581	98	10064	6887	1143	2034
2005	45622	88	10048	7983	1012	1053
2006	57061	89	11443	8304	1350	1789
2007	52358	306	11889	9104	1381	1404
2008	62759	316	13885	10537	1740	1608
2009	79816	298	15862	12720	1813	1329
2010	69251	316	16786	13770	1778	1238
2011	78954	258	18310	15507	1877	926
2012	76127	241	20079	16528	2443	1108
2013	66317	231	20853	17429	2177	1247
2014	69709	213	21147	17007	1945	2195
2015	58187	133	22007	18183	2019	1805
2016	55272		25287	20108	2022	3157
2017	52453		30472	24360	2958	3154
2018	51914		26885	24122	1719	1044
2019	47787		28279	23380	3760	1139

3－8 历年在岗职工人数与工资

年　份	年末人数(人)	年平均人数(人)	工资总额(万元)	年平均工资(元)
1998	732766	737636	559561	7586
1999	693863	695666	596986	8582
2000	662207	661120	670168	10137
2001	593964	598389	733898	12265
2002	625839	628383	901247	14342
2003	598370	600425	1019924	16987
2004	631679	628634	1190857	18944
2005	684154	677171	1455835	21499
2006	741106	729237	1795041	24615
2007	782838	769253	2151481	27968
2008	816795	810169	2579185	31835
2009	931149	919382	3207591	34889
2010	1037487	1014399	3888976	38338
2011	1162124	1143753	5089361	44497
2012	1177512	1177222	5992566	50904
2013	1221088	1206441	6802064	56381
2014	1239662	1237767	7655378	61848
2015	1232744	1233405	8296622	67266
2016	1143208	1125463	8754046	77782
2017	1161485	1134512	9664535	85187
2018	1113835	1107296	10330331	93293
2019	1261395	1240641	12215173	98459

注:1. 因为统计制度改革,在岗职工指标从1998年年报开始使用。

2. 3－8表至3－13表统计口径为城镇非私营单位。

3-9 历年市区在岗职工人数与工资

年 份	年末人数(人)	年平均人数(人)	工资总额(万元)	年平均工资(元)
1998	552018	557168	442090	7935
1999	527978	531626	475812	8950
2000	506733	505917	540794	10689
2001	444879	449278	584165	13002
2002	479088	481051	715969	14883
2003	449920	452303	795129	17580
2004	458026	456312	912810	20004
2005	489713	485936	1089144	22413
2006	529329	526011	1351710	25697
2007	543329	536916	1554223	28947
2008	557777	555166	1799291	32410
2009	619898	614190	2241291	36492
2010	668105	657800	2641521	40157
2011	791751	775786	3554995	45824
2012	802520	793221	4183751	52744
2013	820361	809542	4793347	59211
2014	833122	826930	5347681	64669
2015	847560	837806	5986297	71452
2016	810254	800345	6653933	83138
2017	789733	777807	7118639	91522
2018	798478	784900	7860487	100146
2019	817534	808759	8575608	106034

3－10 单位从业人员和劳动报酬情况(2019年)

项目	单位从业人员年末人数	在岗职工	其他从业人员
总计	**1368477**	**1261395**	**107082**
一、按注册类型分组			
1. 国有单位	366128	344162	21966
2. 集体单位	16802	16284	518
3. 其他单位	985547	900949	84598
二、按企业、事业、机关分组			
1. 企业	987874	902339	85535
2. 事业	246003	230960	15043
3. 机关	107561	102103	5458
4. 民间非营利组织	25912	25164	748
5. 其他	1127	829	298
三、按国民经济行业分组			
(一)农、林、牧、渔业	986	917	69
(二)采矿业	388	385	3
(三)制造业	268376	264222	4154
(四)电力、热力、燃气及水生产和供应业	8571	8438	133
(五)建筑业	218270	187274	30996
(六)批发和零售业	80041	77393	2648
(七)交通运输、仓储和邮政业	62607	62176	431
(八)住宿和餐饮业	29959	29474	485
(九)信息传输、软件和信息技术服务业	32259	31911	348
(十)金融业	101878	64045	37833
(十一)房地产业	52632	50365	2267
(十二)租赁和商务服务业	41320	40191	1129
(十三)科学研究和技术服务业	63594	59698	3896
(十四)水利、环境和公共设施管理业	12395	10952	1443
(十五)居民服务、修理和其他服务业	7006	6898	108
(十六)教育	157029	148080	8949
(十七)卫生和社会工作	85705	83270	2435
(十八)文化、体育和娱乐业	25635	23551	2084
(十九)公共管理、社会保障和社会组织	119826	112155	7671
(二十)国际组织			

单位：人、万元

单位从业人员平均人数	在岗职工	其他从业人员	单位从业人员劳动报酬	在岗职工	其他从业人员
1347543	**1240641**	**106902**	**12722502**	**12215173**	**507329**
363553	341914	21639	4441104	4336977	104127
16206	15675	531	110388	108175	2214
967784	883052	84732	8171010	7770022	400988
969294	883749	85545	8466775	8054958	411817
244603	229755	14848	2995081	2931271	63810
107093	101656	5437	1120521	1092879	27641
25453	24669	784	133270	130628	2642
1100	812	288	6856	5437	1419
969	900	69	4699	4522	177
380	375	5	3314	3279	36
263876	260019	3857	1988725	1969949	18776
8595	8460	135	82698	82369	329
209627	179320	30307	1532855	1361371	171484
78973	76399	2574	562168	555357	6812
61151	60696	455	531939	530154	1785
29824	29316	508	119854	118269	1585
31654	31333	321	359159	357435	1725
103038	63799	39239	1414606	1254728	159878
52335	50123	2212	479061	465486	13575
40468	39323	1145	319930	314965	4965
62327	58657	3670	703406	680155	23251
12412	11022	1390	91359	84673	6686
6617	6514	103	51813	51414	399
155574	146698	8876	1584601	1551393	33207
84854	82473	2381	1288965	1273224	15741
25434	23432	2002	384353	373956	10397
119435	111782	7653	1218998	1182478	36520

3－11 年末分行业在岗职工人数

行　　业	2003年	2004年	2005年	2006年	2007年	2008年	2009年
总　　计	**598370**	**631679**	**684154**	**741106**	**782838**	**816795**	**931149**
# 国有经济单位	396717	378460	331003	367600	363384	367771	361869
城镇集体经济单位	41593	45649	41990	42679	44705	44564	44693
按国民经济行业分组							
(一)农、林、牧、渔业	2913	2804	3003	2576	1784	1502	109
(二)采矿业	6434	10751	11596	11954	9107	8187	10098
(三)制造业	127853	146675	166184	173092	190189	199707	253295
(四)电力、热力、燃气及水生产和供应业	9702	7436	7569	8169	11929	12184	13825
(五)建筑业	68965	72073	94224	119117	131732	135895	145429
(六)批发和零售业	41023	49481	44314	48692	54058	53847	60818
(七)交通运输、仓储和邮政业	30084	28839	29279	30405	30470	30230	28582
(八)住宿和餐饮业	20896	22459	31506	34215	32743	32255	34429
(九)信息传输、软件和信息技术服务业	12647	9895	9943	10241	9065	9029	9507
(十)金融业	20407	21696	19249	21033	24420	22955	31290
(十一)房地产业	9838	12269	22051	23816	22519	27311	34433
(十二)租赁和商务服务业	13540	15428	15762	15189	12333	13524	15718
(十三)科学研究和技术服务业	24917	24395	23121	25070	25536	28684	32705
(十四)水利、环境和公共设施管理业	6483	7216	7430	9056	9340	10778	13193
(十五)居民服务、修理和其他服务业	1966	2295	2388	2737	4140	4348	3863
(十六)教育	82925	82419	80410	83246	87654	97593	100022
(十七)卫生和社会工作	30868	32060	33868	37479	38950	41398	51228
(十八)文化、体育和娱乐业	19483	15345	15498	18503	18754	17109	16704
(十九)公共管理、社会保障和社会组织	67426	68143	66759	66516	68115	70259	75901
(二十)国际组织							

单位:人

2010年	2011年	2012年	2013年	2014年	2015年	2016年	2017年	2018年	2019年
1037487	**1162124**	**1177512**	**1221088**	**1239662**	**1232744**	**1143208**	**1161485**	**1113835**	**1261395**
382313	381401	387797	339566	315810	305922	305677	284300	291077	344162
46098	39455	36059	27745	23931	20584	19992	15183	13925	16284
464	1446	1219	1070	768	974	935	1366	1075	917
9918	12087	12055	12112	4789	3716	1387	421	264	385
296984	366112	363083	371804	384988	368837	300104	331971	265453	264222
15849	6518	7822	7262	7482	8012	7985	8089	7917	8438
153193	174571	168026	182446	198622	209827	192915	190540	195041	187274
63755	72676	74866	81543	75977	78176	71857	66958	69398	77393
26773	43777	45294	49567	49570	47074	47014	44333	41931	62176
39177	42418	44399	44326	37241	34402	27474	25793	21980	29474
13299	18867	19455	20262	22019	22118	24423	19722	22178	31911
46108	48197	50538	54716	57461	61284	62500	66142	60371	64045
39674	41037	42671	44934	46982	47251	41951	43888	48185	50365
20618	22370	28453	25791	25925	27948	26193	27284	31706	40191
34998	38592	43548	49470	50284	42916	44514	46080	48232	59698
13224	10692	11537	9277	9135	9193	10232	9907	9502	10952
4987	6007	7248	5314	3937	4290	3817	3877	5349	6898
103590	107471	105352	102571	105185	93848	98001	102594	104510	148080
54962	56478	59349	60686	62561	65684	69726	71121	73615	83270
18710	22600	22094	22142	22812	21521	20981	21836	20970	23551
81204	70208	70503	75795	73924	85673	91199	79563	86158	112155

3－12 年末按行业分组的女性从业人员(2019年)

单位:人

行业	合计	国有经济	城镇集体经济	其他经济
总计	**565407**	**180393**	**8449**	**376565**
(一)农、林、牧、渔业	348	117	34	197
(二)采矿业	74		43	31
(三)制造业	92983	246	1194	91543
(四)电力、热力、燃气及水生产和供应业	2729	244	23	2462
(五)建筑业	34060	399	280	33381
(六)批发和零售业	47630	572	129	46929
(七)交通运输、仓储和邮政业	19270	2327	63	16880
(八)住宿和餐饮业	17711	1395	375	15941
(九)信息传输、软件和信息技术服务业	13360	192		13168
(十)金融业	59110	4987		54123
(十一)房地产业	21986	460	597	20929
(十二)租赁和商务服务业	16879	1415	79	15385
(十三)科学研究和技术服务业	17722	7359	97	10266
(十四)水利、环境和公共设施管理业	4294	2208	39	2047
(十五)居民服务、修理和其他服务业	2923	129	24	2770
(十六)教育	99797	66827	1974	30996
(十七)卫生和社会工作	62013	47494	3373	11146
(十八)文化、体育和娱乐业	12799	5058	56	7685
(十九)公共管理、社会保障和社会组织	39719	38964	69	686
(二十)国际组织				

3-13 市区从业人员及工资总额(2019年)

单位:人、万元

项目	单位从业人员年末人数	在岗职工	其他从业人员	单位从业人员平均人数	在岗职工	其他从业人员	单位从业人员劳动报酬	在岗职工	其他从业人员
总计	**903451**	**817534**	**85917**	**895846**	**808759**	**87087**	**8988787**	**8575608**	**413179**
一、按企业、事业、机关分组									
1. 企业	633761	563040	70721	627514	555642	71872	5795933	5452995	342937
2. 事业	179106	168056	11050	178255	167223	11032	2319418	2272024	47394
3. 机关	71807	68266	3541	71628	68064	3564	774736	754180	20556
4. 民间非营利组织	17967	17578	389	17659	17245	414	93318	92071	1247
5. 其他	810	594	216	790	585	205	5382	4338	1045
二、按国民经济行业分组									
(一)农、林、牧、渔业	217	182	35	213	178	35	1252	1162	90
(二)采矿业	140	137	3	136	133	3	2145	2120	25
(三)制造业	51977	51412	565	55543	54928	615	395494	393197	2297
(四)电力、热力、燃气及水生产和供应业	5596	5557	39	5618	5579	39	59305	59157	149
(五)建筑业	176549	154476	22073	170361	148196	22165	1288302	1159744	128558
(六)批发和零售业	65334	62998	2336	64200	62049	2151	446495	441006	5489
(七)交通运输、仓储和邮政业	45933	45713	220	44404	44172	232	402700	401427	1273
(八)住宿和餐饮业	28159	27899	260	28079	27770	309	111721	110755	966
(九)信息传输、软件和信息技术服务业	14372	14290	82	14412	14308	104	188243	187531	712
(十)金融业	99239	61538	37701	100397	61289	39108	1369306	1210272	159034
(十一)房地产业	44289	42089	2200	44144	42002	2142	389907	376810	13097
(十二)租赁和商务服务业	28893	28010	883	28522	27620	902	249161	245304	3857
(十三)科学研究和技术服务业	56022	52517	3505	55232	51865	3367	620151	598473	21678
(十四)水利、环境和公共设施管理业	7966	7118	848	7902	7084	818	61447	57611	3836
(十五)居民服务、修理和其他服务业	6173	6073	100	5781	5686	95	48023	47636	387
(十六)教育	106821	100341	6480	106055	99590	6465	1147066	1122549	24517
(十七)卫生和社会工作	61649	60568	1081	61092	60004	1088	987145	978699	8446
(十八)文化、体育和娱乐业	22973	21120	1853	22774	21004	1770	366321	356679	9643
(十九)公共管理、社会保障和社会组织	81149	75496	5653	80981	75302	5679	854605	825479	29127
(二十)国际组织									

3－14 全社会从业人员(2019年)

单位:万人

项　　目	2019年	2018年
从业人员合计	**489.95**	**480.43**
1. 按就业身份分组		
城镇非私营在岗职工	126.14	111.38
个体工商户	120.97	114.51
私营企业从业人员	125.34	120.26
农村从业人员	87.13	90.40
其他从业人员	30.37	43.88
2. 按产业分组		
第一产业	87.13	90.40
第二产业	156.57	158.78
第三产业	246.25	231.25

3－15 历年城镇失业情况

年　　份	年末城镇登记失业人数(人)	年末城镇登记失业率(%)
2000	39565	3.5
2001	44035	3.8
2002	50066	4.2
2003	52310	4.2
2004	53805	3.87
2005	49001	3.8
2006	47673	3.62
2007	38129	3.12
2008	43939	3.41
2009	46067	3.47
2010	41335	2.89
2011	54764	2.86
2012	58748	2.88
2013	60751	2.89
2014	59065	2.85
2015	34011	2.6
2016	40223	2.74
2017	38988	2.67
2018	36877	2.46
2019	58080	2.65

4 固定资产投资、建筑业

长沙统计年鉴

4-1 2011-2019年固定资产投资分类别增长情况

单位:%

指标	2011年	2012年	2013年	2014年	2015年	2016年	2017年	2018年	2019年
固定资产投资	26.1	20.3	20.1	18.3	17.1	13.9	13.1	11.5	10.1
按经济类型分									
国有投资	2.5	16.0	14.0	8.6	26.1	23.2	1.0	15.2	2.6
非国有投资	35.9	21.8	22.1	21.4	14.5	10.9	17.7	8.5	9.7
# 民间投资	5.1	2.4	23.5	21.0	14.8	3.1	18.0	12.3	12.5
按隶属关系分									
中央项目	27.1	49.3	-26.9	97.2	-10.7	8.9	-10.4	-0.3	46.3
地方项目	26.1	19.5	21.7	16.6	18.1	14.1	13.7	10.4	6.9
按产业分									
第一产业	-25.2	35.8	18.7	10.7	-10.5	2.9	19.9	59.8	83.3
第二产业	28.2	25.5	25.2	20.6	23.4	9.7	6.3	22.0	10.1
第三产业	27.1	17.8	17.7	17.4	14.3	16.1	16.1	5.0	6.1
按投资方向分									
工业投资	27.3	23.7	26.2	18.9	23.4	10.7	6.7	22.1	10.9
工业技改投资	46.2	17.5	25.5	11.1	20.0	-30.5	3.3	3.7	25.4
产业投资	30.2	15.3	21.7	17.0	21.7	5.5		25.6	10.9
民生投资	-5.3	16.9	25.7	32.4	39.3	67.5	4.4	1.2	-2.0
生态投资	81.7	11.0	77.6	27.9	13.3	18.1	-6.8	52.5	23.5
基础设施	10.0	1.3	30.8	24.6	34.0	15.4	-2.7	12.7	6.4
高技术产业投资		117.4	-14.2	-2.7	35.3	36.8	37.6	5.7	5.0
房地产开发投资	29.7	16.4	11.8	13.6	-24.0	26.5	18.2	0.7	11.2
按结构分									
建筑工程	24.9	10.0	22.5	18.4	26.0	12.8	17.8	5.5	6.9
安装工程	15.8	37.8	11.1	31.5	11.2	3.4	23.6	-5.7	-9.8
设备工器具购置	-3.6	30.3	22.5	19.0	12.0	-7.3	20.4	47.4	32.1

4-2 2011-2019年固定资产投资分行业增长情况

单位:%

指 标	2011年	2012年	2013年	2014年	2015年	2016年	2017年	2018年	2019年
固定资产投资按行业分	26.1	20.3	20.1	18.3	17.1	13.9	13.1	11.5	10.1
农、林、牧、渔业	-37.9	35.8	18.7	-6.1	4.2	-8.2	-6.3	56.4	69.0
采矿业	-13.8	30.0	-5.8	18.1	2.7	-37.7	-24.7	-20.4	78.9
制造业	30.5	27.7	27.7	18.4	26.2	11.7	8.8	17.3	6.7
电力、热力、燃气及水的生产和供应业	39.3	-16.9	16.3	28.1	-13.8	5.8	-34.2	187.8	62.7
建筑业	-69.5	189.2	-13.0	29.6	24.9	-33.3	-17.0	0.2	-63.1
批发和零售业	-1.6	4.4	20.4	44.7	11.5	-25.3	62.6	-34.5	-16.1
交通运输、仓储和邮政业	-3.4	50.1	21.8	21.8	20.0	2.2	12.0	20.1	4.1
住宿和餐饮业	-30.1	21.9	14.9	11.8	20.7	-50.0	41.4	22.8	29.8
信息传输、软件和信息技术服务业	36.1	-38.7	65.0	31.0	208.5	-14.1	46.4	-37.0	75.9
金融业	11.0	116.5	11.9	19.9	15.4	-25.1	-20.8	85.7	-42.2
房地产业	24.6	21.3	6.6	10.9	-13.3	35.2	11.7	-6.7	9.4
租赁和商务服务业	58.5	-3.3	37.4	-1.9	43.4	17.9	11.4	53.2	32.2
科学研究和技术服务业	66.6	-2.8	19.8	47.1	53.7	-8.4	21.1	46.5	-31.9
水利、环境和公共设施管理业	0.5	-4.0	44.6	27.8	49.1	25.0	-2.7	20.2	-0.3
居民服务和其他服务业	-14.4	35.3	23.7	-33.4	14.0	-6.4	37.1	118.5	4.2
教育	-16.4	28.9	34.7	18.7	14.1	36.4	25.3	35.0	10.2
卫生和社会工作	7.3	3.6	23.0	28.2	8.0	42.0	60.3	24.4	-9.4
文化、体育和娱乐业	-42.9	67.6	37.3	73.8	10.2	117.4	31.9	3.8	-2.8
公共管理和社会组织	103.9	129.7	-2.9	-30.4	-9.0	-11.4	72.2	76.7	18.2

4－3 主要年份房地产开发及商品房销售主要指标

年份	完成投资额(万元)	#住宅	新增固定资产(万元)	建筑面积(万 m^2)		商品房销售情况		土地开发情况		
				施工房屋面积	竣工房屋面积	商品房销售额(万元)	商品房销售面积(万 m^2)	本年购置土地面积(万 m^2)	本年完成开发土地面积(万 m^2)	土地开发投资额(万元)
1998	174078	77797	121802	339.0	98.4	67692	40.0	35.1	118.1	26757
1999	225765	131260	205616	336.7	156.3	137043	80.0	28.9	61.7	39059
2000	330238	151091	166677	385.3	147.7	178455	92.7	49.6	176.2	85418
2001	631878	305549	377131	634.0	215.0	305217	163.9	262.9	221.3	92344
2002	817883	442655	525566	833.9	332.1	418141	232.1	544.4	358.6	130367
2003	1225551	732833	743987	1102.1	443.2	666279	325.8	789.7	562.1	216418
2004	1755376	1167921	932398	1462.4	591.9	1072486	520.0	807.6	543.5	224325
2005	2563500	2011118	828971	1913.6	515.2	1162249	537.0	1007.6	246.8	196384
2006	3038612	2305640	1048277	2411.9	547.1	1961129	741.7	1186.1	707.7	477218
2007	4129929	3408702	1268230	3270.3	699.9	3258716	985.1	973.2	645.9	626022
2008	4694654	3688740	1900755	4225.3	750.6	2733593	822.6	965.5	581.8	601574
2009	4974692	3929930	3686224	6168.6	1314.7	5130956	1406.6	392.9	640.5	337539
2010	6841481	5163283	4293394	6687.3	1392.6	7423283	1680.2	288.5	216.8	327188
2011	8869232	6843026	5294334	7671.0	1451.8	8824072	1500.2	331.7		
2012	10320003	6988572	5602631	7361.7	1402.3	9315598	1526.9	311.2		
2013	11536073	7665970	5930203	8668.2	1400.4	11603801	1840.6	459.0		
2014	13104995	8556727	5650417	9647.2	1438.9	9289202	1519.2	279.5		
2015	9966008	6391805	6899198	9208.6	1349.3	11166104	1904.9	106.7		
2016	12605475	6899559	6153304	9586.4	1670.6	16614055	2593.7	204.8		
2017	14896906	8077656	4820787	9715.0	1143.9	17367424	2259.2	205.9		
2018	15007609	9066397	5479710	10619.8	1441.3	19510052	2387.4	354.1		
2019	16684029	10208477	5414268	11775.4	1286.1	20210846	2334.9	232.5		

4-4 房地产开发投资完成情况(2019年)

单位:万元

指 标	总计	其中:地方
计划总投资	128387796	9762510
本年完成投资	16684029	1023933
# 土地购置费	3305653	206767
按登记注册类型分		
内资	15993866	996797
国有	1555	1555
集体		
股份合作		
联营		
# 其他联营		
有限责任公司	10792910	981567
国有独资公司	861118	428786
其他有限责任公司	9931792	552781
股份有限公司	513452	
私营	4685949	13675
港澳台投资	620408	27136
港澳台合资经营	310580	27136
港澳台合作经营	26505	
港澳台独资	141436	
外商投资	69755	
中外合资经营企业	31469	
外资企业	19930	
按构成分		
建筑工程	10429446	654648
安装工程	1791762	93648
设备工器具购置	313883	11734
其他费用	4148938	263903
按工程用途分		
住宅	10208477	627964
办公楼	1353322	96929
商业营业用房	2505748	124218
其他	2616482	174822
本年新增固定资产	5414268	458142
上年末结余资金	8876308	799750
本年实际到位资金	24087976	1927928
国内贷款	3896145	510254
利用外资		
自筹资金	6056573	576306
定金及预收款	4385889	275101
本年各项应付款合计	5932826	517203
# 工程款	3345219	259413

4－5 房地产施工竣工及销售主要指标(2019 年)

指　　标	单位	合计	按用途分 商品住宅	#90 平方米以下	#140 平方米以上住房	#别墅、高档公寓	办公楼	商业营业用房	其他
房屋施工面积	万㎡	11775.4	7466.8	987.1	1254.7	248.3	818.7	1624.3	1865.5
# 新开工面积	万㎡	3478.9	2210.5	154.1	341.4	74.7	260.9	472.1	535.4
房屋竣工面积	万㎡	1286.1	901.8	96.6	126.6	24.1	55.8	121.0	207.5
竣工房屋价值	万元	485.4	344.5	28.1	54.5	6.8	22.7	56.2	62.1
商品房销售面积	万㎡	2334.9	2006.2	126.6	383.7	36.9	92.3	187.4	49.0
商品房销售额	万元	2021.1	1650.3	85.2	379.0	49.9	124.8	221.4	24.6
商品房待售面积	万㎡	521.6	186.2	29.4	48.1	20.1	59.0	171.7	104.7
# 待售 1－3 年面积(含一年)	万㎡	238.8	93.8	11.7	27.4	11.8	42.8	65.3	37.0
待售 3 年以上面积(含三年)	万㎡	178.3	59.1	15.1	18.2	6.8	5.1	62.9	51.2

4－6　主要年份建筑业生产主要指标完成情况

项　目	单位	2007年	2008年	2009年	2010年	2011年	2012年	2013年
一、企业个数	个	447	501	481	517	540	555	592
二、建筑业总产值	万元	9601564	11091958	13394211	17401686	21002701	23299080	27637110
1. 建筑工程产值	万元	8172834	9503215	11660263	15073216	18474160	20611794	23998080
2. 安装工程产值	万元	601774	599862	606981	712116	814652	952003	1235752
3. 其他产值	万元	826956	988881	1126967	1616354	1713889	1735283	2403279
三、竣工产值	万元	5528176	6881158	7996605	9003006	11581484	15036364	17642193
四、房屋建筑施工面积	万 m^2	9500.7	10910.1	10998.63	15052.19	18325.65	19728.7	23775.93
# 本年新开工面积	万 m^2	5237.54	4715.3	4736.42	7149.8	7299.01	6540.38	8813.35
# 实行投标承包面积	万 m^2	8242.84	10179.8	10349.69	14298.23	14931.5	16099.54	19301.8
五、房屋建筑竣工面积	万 m^2	3045.6	3565.23	3757.24	4267.59	4523.29	5005.64	6517.54
六、年末自有施工机械设备								
1. 净值	万元	446669	568426	608749	610815	706808	533180	735361
2. 总台数	台	121980	133226	136815	176855	160030	144560	146421
3. 总功率	万千瓦	244.35	278.69	327.69	368.86	422.21	424.8	414.55
七、计算劳动生产率平均人数	万人	56.86	64.95	64.42	72.74	75.98	78.62	91.27

4－6 续表

项　目	单位	2014年	2015年	2016年	2017年	2018年	2019年
一、企业个数	个	564	552	545	584	693	857
二、建筑业总产值	万元	31938738	34781817	37864479	43745344	49764570	54692126
1. 建筑工程产值	万元	27104990	30051017	33252557	38609049	43416603	47838813
2. 安装工程产值	万元	1613458	1672813	1779164	1991298	2758962	3272571
3. 其他产值	万元	3220289	3057987	2832758	3144997	3589005	3580742
三、竣工产值	万元	17984470	20216497	21999213	22731199	24123527	24635118
四、房屋建筑施工面积	万 m^2	26251.72	25848.26	27980.19	30115.1	33042.15	37341.16
# 本年新开工面积	万 m^2	9275.52	7965.95	8885.55	9734.52	10859.75	11527.39
# 实行投标承包面积	万 m^2	23972.89	23665.58	25374.59			
五、房屋建筑竣工面积	万 m^2	6697.81	6537.11	7370.01	7443.17	7531.67	7753.05
六、年末自有施工机械设备							
1. 净值	万元	946082	1075868	12357011	1666937	1660987	781685
2. 总台数	台	149930	156653	152527	199670	237028	339528
3. 总功率	万千瓦	419.99	500.2	452.49	443.43	469.53	431.62
七、计算劳动生产率平均人数	万人	100.27	110.22	107.01	112.33	119.71	125.27

4－7 建筑业企业生产情况(2019年)

项目	企业个数(个)	建筑业总产值(万元)	#装饰装修产值	#在外省完成的产值	#装配式建筑工程产值	建筑工程产值
总计	**857**	**54692126**	**2438426**	**24088650**	**679907**	**47838813**
# 国有控股企业	81	28419934	776307	18385232	319911	26816274
一、按登记注册类型分组						
内资企业	855	54496475	2404620	23954139	679907	47681396
国有企业	9	260768	5906	64621		190925
集体企业	5	130554	2572	48946		86265
联营企业	1	7676	6876	1000		6876
有限责任公司	214	36203757	1455909	20014938	430280	33130574
国有独资公司	23	8738190	261483	4354883	100833	8369871
其他有限责任公司	191	27465567	1194427	15660055	329447	24760703
股份有限公司	21	3053918	127094	462014	2200	2308749
私营企业	605	14839803	806264	3362620	247427	11958008
私营有限责任公司	594	14201933	796619	3094388	185550	11373051
私营股份有限公司	11	637870	9645	268232	61876	584957
港、澳、台商投资企业	1	33806	33806	1743		33806
外商投资企业	1	161845		132769		123611
二、按企业资质等级分组						
总承包	516	50005063	1329876	22322302	611655	44990091
特级	13	22516610	79101	14810589	258486	21418349
一级	162	21339073	991189	6608930	140024	18420379
二级	166	4864582	212297	756232	182213	4066322
三级及以下	175	1284798	47290	146551	30931	1085040
专业承包	341	4687062	1108550	1766349	68252	2848723
一级	158	3424627	1033341	1273436	60493	2154618
二级	110	895494	30768	425636	10	474435
三级及以下	73	366941	44442	67276	7749	219670

		竣工产值（万元）	房屋建筑施工面积（m²）		房屋建筑竣工面积（m²）	直接从事生产经营活动的平均人数（人）	工程技术人员（人）
安装工程产值	其他产值			#本年新开工面积			
3272571	**3580742**	**24635118**	**373411627**	**115273905**	**77530513**	**1252613**	**144300**
1006057	597603	12085024	240218515	66889316	39506991	545347	52899
3272571	3542508	24446228	373411627	115273905	77530513	1246634	143871
	69842	83194	478386			7777	1420
44289		63443	533756	133210	205003	5981	369
	800					37	25
1464640	1608543	16142051	284529894	86466360	53419316	774128	76941
226340	141979	3015999	64928641	20615326	8644992	144164	16655
1238300	1466564	13126052	219601253	65851034	44774324	629964	60286
232110	513059	989441	18942103	5498916	3647821	81607	7629
1531532	1350264	7168098	68927488	23175419	20258373	377104	57487
1483697	1345185	6900902	64611594	21995056	19453846	368222	56570
47835	5079	267196	4315894	1180363	804527	8882	917
		27045				1150	36
	38234	161845				4829	393
2009500	3005473	22339017	367289137	113499053	75869829	1134434	126178
303950	794311	10245396	226257452	63071163	37084055	422186	35840
1292069	1626625	9379004	105282858	34888217	29435122	538891	58313
302831	495430	2152228	27687150	10187080	7724047	124068	23256
110650	89108	562389	8061677	5352593	1626605	49289	8769
1263071	575269	2296100	6122490	1774852	1660684	118179	18122
789782	480228	1573054	3369557	1205057	1138741	81431	12270
353819	67241	496907	685710	459313	277656	23420	3672
119471	27800	226139	2067223	110482	244287	13328	2180

4－7 续表

项　　目	企业个数（个）	建筑业总产值（万元）	#装饰装修产　　值	#在外省完成的产值	#装配式建筑工程产值	建筑工程产　　值
三、按建筑业行业中类分组						
房屋建筑业	389	38379278	1216528	15546624	496095	34596734
住宅房屋建筑	359	35028220	1151663	14060983	484095	31391898
其他房屋建筑业	30	3351059	64866	1485641	12000	3204837
土木工程建筑业	248	13443606	80676	7395732	169947	11487303
铁路、道路、隧道和桥梁工程建筑	101	8964849	40369	5077982	847	7978808
水利和水运工程建筑	27	2421256		1689929	154311	2352859
工矿工程建筑	6	113065		75258		55702
架线和管道工程建筑	35	840229	5879	363752		373251
节能环保工程施工	12	76587		18366	300	53415
电力工程施工	9	67141		6505		32801
其他土木工程建筑	58	960479	34427	163941	14489	640466
建筑安装业	97	1303575	15836	527035	337	720097
电气安装	31	201006		53569		45220
管道和设备安装	11	95067	9002	18630		61188
其他建筑安装业	55	1007502	6834	454836	337	613689
建筑装饰、装修和其他建筑业	123	1565667	1125387	619259	13527	1034679
建筑装饰和装修业	93	1244534	1114204	493719	13527	980829
建筑物拆除和场地准备活动	7	137336		79932		1592
提供施工设备服务	3	74100		20570		3487
其他未列明建筑业	20	109697	11183	25038		48770

安装工程产值	其他产值	竣工产值（万元）	房屋建筑施工面积（m^2）	#本年新开工面积	房屋建筑竣工面积（m^2）	直接从事生产经营活动的平均人数（人）	工程技术人员（人）
1339227	2443317	18454261	361399930	108793083	73658568	922173	98440
1270901	2365421	17258241	326763843	97728828	68884007	816724	91085
68326	77896	1196021	34636087	11064255	4774561	105449	7355
1166414	789889	4665293	11348003	6158828	3444151	262563	35257
643939	342102	2660687	5584071	3335901	2214624	157676	20082
24662	43734	848987	4299395	2107253	506583	49360	6683
13020	44344	25367	110532	42621	1825	3054	383
276181	190797	459639	134454	113586	104114	20288	3746
13984	9187	41259				1995	614
34340		30636	86907			757	135
160288	159725	5987178	113264	559467	617005	29433	3614
527783	55695	5094444	41989	163943	229639	33398	4829
155108	679	812916				4600	927
32506	1373	551360	2337			2197	496
340169	53643	3730168	39652	163943	229639	26601	3406
239147	291841	10061192	24380	158051	198155	34479	5774
164914	98791	8051612	17279	115651	156332	27897	4392
4481	131262	1204918				1914	643
35094	35520	111682	6940	42000		1598	217
34658	26268	692980	1610	400	41823	3070	522

4－8 主要年份建筑业财务状况

项　　目	单位	2005 年	2006 年	2007 年	2008 年	2009 年
一、年末资产负债						
流动资产合计	万元	2837325	3314982	4270154	5122164	6252585
固定资产合计	万元	853474	987386	1242267	1408123	1458198
固定资产原价	万元	1014513	1184889	1612399	1785749	1962253
# 生产经营用	万元	829613	1002572	1409999	1466618	1299391
累计折旧	万元	373969	438718	551166	602533	694491
# 本年折旧	万元	69070	72647	75814	132602	139803
资产合计	万元	3983250	4633015	5996227	7078559	8350689
流动负债合计	万元	2233802	2685378	3751735	4250492	5210629
长期负债合计	万元	300389	335771	402464	469312	556174
所有者权益合计	万元	1449059	1611867	1842028	2358755	2583886
# 实收资本	万元	1058647	1169051	1271429	1478953	1595580
二、损益及分配						
工程结算收入	万元	5373740	6954650	8987932	10454726	12713365
工程结算成本	万元	4840714	6258321	8086699	9270280	11440235
工程结算税金	万元	192859	242343	320945	410904	444092
工程结算利润	万元	328120	428752	531138	721953	770303
管理费用	万元	197115	234888	271463	277710	329378
利润总额	万元	120833	181684	245663	477409	418620
# 应交所得税	万元	35207	49380	63394	63536	87801
应付利润	万元	33505	64611	77834	122978	187868
# 应交增值税	万元					
三、工资福利费						
本年应付工资总额	万元	658688	892361	972833	1412042	1183888
本年应付福利费总额	万元	73090	105268	104317	187003	120383
应付职工薪酬	万元					
四、建筑业增加值	万元			2132700	2561400	3027543
五、亏损企业个数	个	100	107	82	50	69

2010 年	2011 年	2012 年	2013 年	2014 年	2015 年	2016 年	2017 年	2018 年	2019 年
8001811	9709347	11483057	13600316	15879020	18371152	22082517	24984789	29040378	32754813
1337343	1296658	1577538	1547066	1645353	1682273	1615510	1739552		
1875495	2026409	2152809	2341521	2574911	2670440	2616760	2763772	2999758	3469527
1537300									
775604	891674	1010130	1125930	1222525	1342849	1340516	1403635	1499799	1500972
172206	186788	187878	178722	223529	234960	209190	224505	277283	301937
10402388	12540899	14979997	17815511	20658175	23665787	28570473	33113744	39649127	45076693
6760187	7637066	8783469	10516791	12044082	13413952	16462656	19526859	23056383	26907975
507208	753704	951942	1030037	1284100	1550722	2601079	2360007	3676892	31222598
3135023	4024090	4874075	5966979	7072768	8194043	8970403	10591487	12428130	13854095
1917221	2170676	2474991	2963173	3554730	3917093	4352833	5634836	6222832	6753292
16904511	19993351	21974786	26653588	31139757	33379898	36755907	41360815	47236383	52431992
15254694	18001663	19734193	23614205	27828963	29902777	33428524	38168137	43627150	48497353
580124	694310	742423	978091	1175188	1126043	821344	546811	451476	468471
1011895									
438016	507585	570283	793192	888405	954001	1050216	1197040	1444057	1404652
574081	712628	828360	1129347	1102611	1125163	1181762	1273773	1550371	1679801
91193	127590	163997	218115	198906	219279	232523	229813	246324	252528
173645									
						436039	715342	1086525	1089212
1573560									
137333									
	1487379	1700926	4666217	4027362	3855556	3697098	3591991	6995783	5916631
4163506	4892120	5405771	5946348	6707481	7378229	7909461	9021531	9977814	
82	65	101	69	76	80	84	81	76	

4－9 建筑业企业财务状况(2019年)

指标	资产总计	流动资产合计	应收工程款	#存货	固定资产原价
总计	**45076693**	**32754813**	**9617472**	**4690379**	**3469527**
一、按登记注册类型分组					
内资企业	44838999	32531773	9494883	4675604	3460332
国有企业	218972	169385	99791	7449	12515
集体企业	105521	67790	34641	14458	7905
联营企业	11865	9597	2040	1415	1900
有限责任公司	35048998	24302198	6796810	3062250	2344711
国有独资公司	8543568	5740479	1548623	1359751	375598
其他有限责任公司	26505431	18561719	5248187	1702499	1969113
股份有限公司	694447	587088	201094	123795	153153
私营企业	8759195	7395715	2360508	1466237	940148
私营有限责任公司	8064091	6808636	2197992	1328487	845457
私营股份有限公司	695104	587079	162515	137751	94691
港、澳、台商投资企业	57077	56969	5886	2708	261
外商投资企业	180618	166072	116703	12067	8934
二、按企业资质等级分组					
总承包	41233150	29476774	8345161	4330972	3019205
特级	23095421	14219645	3714315	1278338	1352965
一级	14235279	12048779	3489933	2379999	1143103
二级	2965798	2402090	832063	560420	426942
三级及以下	936653	806261	308850	112216	96195
专业承包	3843543	3278039	1272311	359407	450323
一级	2694054	2293970	879286	244477	331750
二级	839428	735265	312165	86030	56096
三级及以下	310061	248804	80859	28900	62476
三、按建筑业行业中类分组					
房屋建筑业	30328710	22069409	5897996	3309542	1551557
住宅房屋建筑	28727377	20836159	5671184	3149827	1442145
其他房屋建筑业	1601333	1233250	226813	159715	109412
土木工程建筑业	12466354	8785290	2966494	1189995	1692519
铁路、道路、隧道和桥梁工程建筑	6865302	5427693	1848348	587540	774909
水利和水运工程建筑	3883214	1861085	516529	397456	718365
工矿工程建筑	83789	71351	30516	4742	10607
架线和管道工程建筑	860918	750756	387689	64897	114533
节能环保工程施工	111002	91304	25885	23051	6696
电力工程施工	45006	42853	17509	555	2883
其他土木工程建筑	617124	540249	140018	111754	64527
建筑安装业	1069668	869355	338636	107188	62936
电气安装	191004	171699	48349	20899	17394
管道和设备安装	72792	56694	28474	6018	10506
其他建筑安装业	805872	640962	261813	80272	35035
建筑装饰、装修和其他建筑业	1211960	1030759	414346	83654	162515
建筑装饰和装修业	842395	758009	270861	54173	46989
建筑物拆除和场地准备活动	148929	110953	67172	2749	26100
提供施工设备服务	97722	45617	31307	3767	79538
其他未列明建筑业	122914	116180	45006	22966	9888

单位:万元

累计折旧	#本年折旧	在建工程	流动负债合计	应付账款	非流动负债合计	负债合计	所有者权益合计	#实收资本
1500972	**301937**	**279934**	**26907975**	**11903199**	**3894250**	**31222598**	**13854095**	**6753292**
1496798	301927	279934	26770716	11862902	3894250	31085340	13753659	6745901
7743	430	951	170845	79730	2616	173732	45240	38907
4175	370	598	60719	11552	3988	72468	33053	36696
1056		46	4999	3721	435	5434	6431	6033
999394	227856	125303	21970556	10138177	3639813	25697724	9351274	4426902
149671	22440	7028	5199782	2355170	829792	6030169	2513399	1699105
849722	205416	118275	16770774	7783007	2810021	19667555	6837876	2727797
86069	9743	1341	244239	62164	488	295072	399375	154596
398363	63527	151695	4319358	1567558	246910	4840910	3918285	2082768
351780	60335	151695	4019654	1489980	197987	4478150	3585942	1958219
46583	3193		299704	77578	48923	362761	332343	124549
153	11		52290	15827		52290	4787	1700
4021			84969	24470		84969	95649	5691
1309384	234054	256566	24386568	10784015	3830225	28583793	12649357	6076496
488269	120755	89033	13853154	6584788	3202005	17065610	6029810	2901811
583038	76877	43831	8555199	3478259	524813	9337418	4897861	2208917
208020	30852	113484	1519041	596253	87531	1692525	1273273	674396
30057	5570	10218	459174	124716	15876	488240	448414	291373
191589	67883	23368	2521407	1119184	64025	2638806	1204738	676796
141678	62168	17702	1815831	826737	56370	1915180	778874	427719
28068	3000	2775	539575	244026	4149	552502	286926	140378
21843	2715	2891	166001	48421	3506	171124	138938	108699
665967	138604	127684	17909528	7749795	2397459	20600010	9728701	4439624
640764	131974	116362	17114986	7624441	2230032	19615160	9112217	4056743
25203	6630	11322	794542	125354	167427	984849	616484	382881
751527	153065	136309	7616618	3579910	1394995	9096570	3369785	1825686
434026	115166	1617	4819975	2313792	280924	5143023	1722279	1058836
222528	25939	87020	1838073	877333	1107008	2984851	898363	327452
5478	773		63498	29836	1884	65382	18407	22503
63113	6034	2937	438660	153280	1849	441710	419208	192710
467	216	204	66476	41544	2700	69288	41714	26867
1331	361	1075	27620	14940	77	27847	17159	14088
24583	4578	43457	362318	149187	554	364469	252655	183229
27117	3746	3236	570625	225214	55016	635556	434113	298038
7097	1030	107	80433	36243	1250	81683	109321	74915
2755	892	30	35823	7281	386	38565	34227	23351
17265	1824	3099	454369	181690	53381	515308	290565	199772
56362	6523	12704	811204	348280	46779	890464	321497	189945
16497	2769	11982	575121	255320	33270	622752	219643	123712
6893	902	667	91755	27261	10052	101807	47122	31926
29112	2427		50175	27103	3223	71132	26591	15460
3860	426	55	94153	38596	234	94773	28141	18848

4－9 续表 1

指　　标	营业收入	主营业务收入	营业成本	主营业务成本
总　　计	**52431992**	**52350598**	**48497353**	**48094766**
一、按登记注册类型分组				
内资企业	52239887	52158500	48367359	47964772
国有企业	254719	254529	239560	239560
集体企业	134285	134285	123252	123149
联营企业	1451	1304	1007	1007
有限责任公司	35317165	35248158	32973939	32661059
国有独资公司	7705399	7694968	7213669	7081216
其他有限责任公司	27611766	27553190	25760270	25579843
股份有限公司	2294851	2294511	2111781	2111697
私营企业	14237417	14225713	12917820	12828300
私营有限责任公司	13108969	13097924	11916560	11827051
私营股份有限公司	1128448	1127789	1001259	1001249
港、澳、台商投资企业	30259	30253	29283	29283
外商投资企业	161845	161845	100711	100711
二、按企业资质等级分组				
总承包	47757571	47690466	44325140	43947809
特　　级	21829282	21805782	20443156	20329326
一　　级	20563647	20542537	19091871	18833961
二　　级	4075805	4056194	3656203	3651607
三级及以下	1288837	1285953	1133911	1132915
专业承包	4674421	4660132	4172212	4146957
一　　级	3444342	3437391	3127390	3108301
二　　级	877016	872066	743752	739713
三级及以下	353063	350674	301070	298943
三、按建筑业行业中类分组				
房屋建筑业	37376499	37342695	34768333	34431356
住宅房屋建筑	34111056	34078314	31744453	31460134
其他房屋建筑业	3265443	3264382	3023880	2971222
土木工程建筑业	12163502	12121163	11117683	11067659
铁路、道路、隧道和桥梁工程建筑	7471449	7441391	6930065	6888941
水利和水运工程建筑	2460605	2455697	2216669	2212242
工矿工程建筑	114925	113721	108431	108431
架线和管道工程建筑	877608	874793	741749	740205
节能环保工程施工	89113	87898	61289	60041
电力工程施工	78148	77845	71326	70852
其他土木工程建筑	1071655	1069818	988156	986948
建筑安装业	1422016	1419294	1295293	1287860
电气安装	205500	205350	176900	176699
管道和设备安装	89448	87654	79563	74073
其他建筑安装业	1127069	1126290	1038830	1037087
建筑装饰、装修和其他建筑业	1469975	1467446	1316043	1307891
建筑装饰和装修业	1177780	1176399	1070367	1064326
建筑物拆除和场地准备活动	114671	113573	98860	96949
提供施工设备服务	67798	67789	50712	50706
其他未列明建筑业	109726	109685	96104	95910

单位:万元

营业税金及附加	主营业务税金及附加	其他业务利润	销售费用	管理费用	财务费用	#利息收入	#利息支出
468471	**455466**	**6240**	**97090**	**1404652**	**243058**	**152216**	**298190**
467024	454018	6240	96804	1398434	243652	152214	298190
2049	2049	191	1478	6216	699	2	1
2752	2752		1650	5036	678	170	69
8	8	6		52	4	2	6
245171	236955	3606	24175	884233	167488	148768	259394
33460	27836	208	929	195948	42330	71833	87305
211712	209120	3398	23246	688286	125157	76935	172089
29643	27045	231	2392	37741	4510	302	2890
187400	185209	2207	67109	465157	70274	2971	35831
182288	180099	1572	61326	392583	65524	1624	33102
5112	5110	635	5784	72574	4750	1347	2729
201	201		261	340	-4	2	
1246	1246		25	5878	-591		
419647	408433	3962	72124	1223001	224295	148275	284112
71676	70299	480	3183	557816	106242	132267	204484
233420	225039	2537	43508	475131	94141	14081	67164
78799	77696	853	18285	122666	19360	1820	10541
35753	35399	92	7149	67388	4552	108	1923
48824	47033	2278	24966	181652	18763	3941	14078
30471	29474	1343	14859	126525	16524	2538	12360
9151	8398	886	3689	35076	647	1075	940
9202	9161	49	6418	20051	1591	329	779
369810	360545	2057	60007	861146	161774	121765	202573
344204	334960	1833	59630	764764	149180	98097	181795
25606	25585	224	377	96382	12594	23668	20778
75664	73411	3551	19955	404339	71853	28412	89602
30484	30089	1555	10293	143803	37005	8094	36202
18690	17656	46	1048	166415	29464	19608	49770
677	677		179	5255	695	33	604
6051	6025	1256	2090	40975	540	405	536
2178	2168	54	3085	11973	837	3	635
1202	489	29	74	3326	369	1	375
16382	16307	612	3185	32592	2943	268	1481
11226	11111	40	6488	68046	2937	224	1686
3779	3760		1933	13345	897	5	481
920	920		1259	4138	205	-26	120
6527	6432	40	3296	50563	1836	245	1086
11771	10399	592	10640	71121	6494	1816	4329
8308	7015	571	7567	49102	4901	100	3051
890	810	17	71	8800	39	1681	1181
330	330	3	2349	4812	1227	12	
2243	2243	1	652	8407	326	24	96

4－9 续表 2

指　　标	资产减值损失	公允价值变动收益	投资收益	其他收益
总　　计	**15825**	**－37**	**255507**	**44272**
一、按登记注册类型分组				
内资企业	15825	－37	255507	44267
国有企业	98		63	
集体企业			7	
联营企业				
有限责任公司	15523	－41	252591	42979
国有独资公司	3089		45271	2312
其他有限责任公司	12434	－41	207320	40667
股份有限公司	975		71	33
私营企业	－772	5	2775	1255
私营有限责任公司	1040	5	2250	1213
私营股份有限公司	－1812		526	42
港、澳、台商投资企业				5
外商投资企业				
二、按企业资质等级分组				
总承包	11936	－37	256367	42149
特　　级	8293	－24	195756	39949
一　　级	5349	－13	59932	2024
二　　级	－1710		650	168
三级及以下	4		29	8
专业承包	3889		－859	2124
一　　级	1756		－869	1960
二　　级	1701		10	144
三级及以下	431			19
三、按建筑业行业中类分组				
房屋建筑业	4733	－24	223717	4407
住宅房屋建筑	3818	－24	222143	3940
其他房屋建筑业	915		1574	467
土木工程建筑业	8940	－13	27341	37845
铁路、道路、隧道和桥梁工程建筑	－585	－17	22805	1856
水利和水运工程建筑	8476		2577	35863
工矿工程建筑	519		108	4
架线和管道工程建筑	－1061	5	384	120
节能环保工程施工	52			
电力工程施工			3	
其他土木工程建筑	1538		1464	2
建筑安装业	84		5275	62
电气安装				22
管道和设备安装				
其他建筑安装业	84		5275	40
建筑装饰、装修和其他建筑业	2068		－825	1959
建筑装饰和装修业	231		9	104
建筑物拆除和场地准备活动	1164		－834	1836
提供施工设备服务	457			19
其他未列明建筑业	215			

单位：万元

营业利润	营业外收入	营业外支出	利润总额	应交所得税	应付职工薪酬（本年贷方累计发生额）	建筑业企业在境外完成的营业收入	应交增值税
1690507	**18364**	**28301**	**1679801**	**252528**	**5916631**	**1745700**	**1089212**
1635748	18177	27979	1625177	244081	5892539	1745700	1078346
4642	279	60	4861	960	19987	998	9415
1533	4	2	1287	461	21644		3974
240		1	239	1	688		92
1032429	13882	23481	1023417	124865	3678828	1551748	647331
235037	4121	7408	232642	30403	366966	492389	162273
797392	9761	16072	790775	94462	3311862	1059359	485058
105334	226	813	104747	21428	379813		46266
491570	3786	3623	490626	96366	1791580	192954	371268
451251	3184	3181	450146	88944	1681951	192954	341287
40319	603	442	40480	7422	109629		29982
184	1	1	183	46	9954		1785
54575	186	321	54441	8401	14138		9081
1483615	15955	26493	1473895	217377	5484834	1722375	997629
680824	8672	10892	678605	80890	2500672	954449	330395
593527	5877	14124	586406	102736	2314164	596109	507685
162608	1115	914	162143	25591	507566	141283	128851
46656	291	563	46742	8159	162433	30534	30699
206892	2409	1808	205906	35152	431797	23325	91583
114347	1582	685	115381	20570	286460	22047	68266
79075	602	1010	76945	12403	101343	1278	15380
13470	224	113	13581	2179	43993		7938
1200439	9397	21514	1189564	183579	4609897	659441	793391
1128749	9214	19024	1120125	169352	4488379	647414	711171
71691	184	2490	69440	14228	121518	12027	82220
399636	8048	5779	402017	55119	1031250	1074572	232489
229377	3878	2363	231005	29024	599958	264309	110144
57707	2524	2033	58198	6716	217105	807882	49017
-723	82	20	-661	-105	21869		9482
77436	999	1195	77240	12700	91806	2381	33824
9700	201	3	9898	1291	11126		2183
1854	15	14	1855	488	4165		1847
24285	348	152	24482	5005	85223		25993
43223	406	539	42610	5380	146319	11687	36197
8668	150	253	8085	1402	23370		4274
3362	53	5	3409	621	6520		1480
31193	204	282	31116	3358	116429	11687	30443
47208	512	468	45610	8449	129165		27136
30169	243	191	30297	6201	104448		21770
5515	181	142	5554	1019	12408		3165
7929	14	21	7922	629	2593		-341
3595	75	114	1836	600	9716		2543

5 财政、金融、保险

长沙统计年鉴

5－1 主要年份财政收支情况

单位：万元

年份	辖区内一般公共预算收入	一般公共预算收入	上划中央两税	地方一般公共预算收入	国土收入	一般预算支出
1994		231865	91711	134875	5282	152093
1995	518409	287494	98314	179864	9316	216021
1996	675251	374213	119022	245965	9226	273809
1997	787809	375994	119610	250306	6078	280728
1998	910694	422279	119613	294507	8159	329659
1999	991512	454291	130630	316691	6970	362715
2000	1096493	504342	150260	344491	9591	414336
2001	1239745	617997	170220	421620	26157	523252
2002	1369867	754759	204719	460682	35768	625493
2003	1612343	1027631	234356	598930	114311	784168
2004	2051400	1331234	287636	806555	104542	1005542
2005	2524803	1730364	336548	1080572	135778	1330503
2006	2966297	2171904	401804	1328345	183528	1671873
2007	5062048	2663841	486275	1745761	550501	2181733
2008	5989800	3188656	552269	2055700	933144	2605584
2009	6856000	3729724	663675	2462933	1123813	3140820
2010	8482000	5112800	830606	3142836	1346962	4033349
2011	11014000	6889551	1024740	4257827	2395757	5208876
2012	12453330	7965760	1148368	4906482	2651327	6246207
2013	14203395	8838849	1330601	5366331	4114049	7018238
2014	16214467	10030833	1328466	6327992	5499579	8023838
2015	17621465	11134811	1359797	7189468	3721509	9249992
2016	18261529	12310190	2018282	7436954	2762966	10414331
2017	20404954	14032905	2900339	8003456	3254258	11826043
2018	21655730	15449498	3141360	8797072	5560565	13007895
2019	21761893	15927394	3169644	9502290	8102435	14259810

注：原财政总收入名称变更为一般公共预算收入。

5－2 主要年份财政收支增长速度

单位:%

年 份	辖区内一般公共预算收入	一般公共预算收入	上划中央两税	地方一般公共预算收入	一般预算支出
1995		24.0	7.2	33.4	42.0
1996	30.3	30.2	21.1	36.8	26.8
1997	16.7	0.5	0.5	1.8	2.5
1998	15.6	12.3		17.7	17.4
1999	8.9	7.6	9.2	7.5	10.0
2000	10.6	11.0	15.0	8.8	14.2
2001	13.1	22.5	13.3	22.4	26.3
2002	10.5	22.1	20.3	22.0	19.5
2003	17.7	36.2	14.5	33.2	25.4
2004	27.2	29.5	22.7	34.7	28.2
2005	23.1	30.0	17.0	34.0	32.3
2006	17.5	25.5	19.4	22.9	25.7
2007		43.3	21.0	31.4	30.5
2008	18.3	19.7	13.6	17.8	19.4
2009	14.5	17.0	20.2	19.8	20.5
2010	23.7	28.1	25.2	31.2	28.4
2011	29.9	34.8	23.4	35.5	29.1
2012	13.1	15.6	12.1	15.2	19.9
2013	14.1	11.0	15.9	9.4	12.4
2014	14.2	13.5	-0.2	17.9	14.3
2015	8.7	11.0	2.4	13.6	15.3
2016	3.6	10.6	48.4	3.4	12.6
2017	11.7	14.0	43.7	11.5	13.6
2018	6.1	10.1	8.3	9.9	10.0
2019	0.5	3.1	0.9	8.0	9.6

注:因口径变化,2006 年、2007 年辖区内一般公共预算收入不具可比性。

5－3　财　政　收　入

单位：万元

指　　标	2019 年	2018 年	2019 年比 2018 年 ±%
上划中央"两税"	3169644	3141360	0.9
地方一般公共预算收入	9502290	8797072	8.0
增值税	2073841	1981875	4.6
营业税		6734	－100.0
企业所得税	696154	709355	－1.9
企业所得税退税			
个人所得税	270212	372346	－27.4
资源税	1834	1474	24.4
固定资产投资方向调节税			
城市维护建设税	547893	526986	4.0
房产税	336261	294207	14.3
印花税	138102	119388	15.7
城镇土地使用税	160080	131563	21.7
土地增值税	1058388	610597	73.3
车船税	95678	86847	10.2
耕地占用税	189626	101176	87.4
烟叶税	5447	6117	－11.0
契税	1072214	1210746	－11.4
国有资本经营收入	546	206	165.0
国有资源（资产）有偿使用收入	746086	650198	14.7
行政性收费	302144	310510	－2.7
罚没收入	147715	140770	4.9
专项收入	1201320	1000216	20.1
其他收入	450410	533834	－15.6
基金收入	8592141	5981591	43.6

5－4 财 政 支 出

单位:万元

指 标	2019年	2018年	2019年比2018年±%
一般公共预算支出	14259810	13007895	9.6
一般公共服务	1797033	1620504	10.9
科学技术	492477	361871	36.1
交通运输	445125	430720	3.3
农林水	917806	874351	5.0
节能环保	633670	531158	19.3
城乡社区	4009113	3574186	12.2
文化旅游体育与传媒	170822	162826	4.9
教育支出	2111796	1946010	8.5
卫生健康	718398	674167	6.6
社会保障和就业	1153813	1077428	7.1
公共安全	689809	681139	1.3
外交支出			
其他支出	1119948	1073535	4.3
基金支出合计	9459393	6606264	43.2

5－5 主要年份金融统计指标

单位：亿元

年份	各项存款余额	#城乡居民储蓄存款	各项贷款余额	#短期贷款	#中长期贷款
1994	235.31	132.80	180.85	145.33	24.21
1995	306.02	183.27	240.84	176.71	31.56
1996	399.57	218.20	350.59	233.68	57.65
1997	449.56	241.43	379.24	277.16	72.28
1998	594.69	269.43	468.90	279.30	111.78
1999	723.57	346.12	588.87	382.74	159.03
2000	826.18	373.22	631.57	378.29	184.48
2001	986.84	444.10	778.28	447.47	264.61
2002	1232.98	544.99	1207.42	555.09	550.23
2003	1598.70	704.85	1629.42	680.13	859.68
2004	1960.23	800.89	1851.38	775.58	1016.02
2005	2322.32	954.42	2055.35	751.94	1209.74
2006	2756.80	1093.04	2482.50	854.34	1495.71
2007	3267.46	1177.17	2982.40	967.88	1904.50
2008	3869.21	1494.93	3516.27	1083.35	2275.10
2009	5325.84	1881.32	5200.76	1201.37	3751.76
2010	6427.95	2172.08	6353.68	1371.86	4846.59
2011	7364.26	2526.93	7483.83	1708.80	5698.04
2012	8800.66	3004.07	8518.93	1957.10	6393.43
2013	10148.76	3507.51	9633.02	2331.67	7165.55
2014	11266.10	3898.85	10712.82	2529.89	7992.60
2015	14065.66	4352.63	12323.87	2668.64	9137.69
2016	15488.77	4872.74	13866.96	2677.38	10472.19
2017	17141.83	5203.64	16027.07	3060.20	12590.62
2018	18633.60	5692.08	18360.89	3656.00	14175.01
2019	21048.45	6600.39	21248.71	4477.57	15917.02

注：从 2015 年开始人民银行不公布城乡居民储蓄存款这一指标，数据由住户存款代替。

5－6 金融机构消费贷款(2019 年)

单位：万元

指标	年末余额	比年初±额
消费贷款总计	51708307	8562969
短期个人消费贷款	9524092	3822961
住房贷款	22592	3165
汽车贷款	13889	-4881
助学贷款	1758	935
其他贷款	9485853	3823742
中长期个人消费贷款	42184215	4740008
住房贷款	38537544	4324265
汽车贷款	149743	-54198
助学贷款	281765	22674
其他贷款	3215163	447267

5－7 金融机构存贷款(本外币)(2019年)

单位:亿元

指　　标	年末余额	比年初±额	指　　标	年末余额	比年初±额
各项存款	21048.45	2412.81	各项贷款	21248.71	2854.01
一、境内存款	20994.40	2376.14	一、境内贷款	21182.47	2886.56
1.住户存款	6600.39	906.53	1.短期贷款	4477.57	810.64
2.非金融企业存款	8028.95	506.23	2.中长期贷款	15917.02	1719.14
3.广义政府存款	4267.86	697.20	3.融资租赁		
4.非银行业金融机构存款	2097.20	266.19	4.票据融资	751.16	332.03
二、境外存款	54.05	36.66	5.各项垫款	13.88	5.24
			二、境外贷款	66.25	-32.54

5－8 金融机构存贷款(人民币)(2019年)

单位:亿元

指　　标	年末余额	比年初±额	指　　标	年末余额	比年初±额
各项存款	21016.83	2408.07	各项贷款	21196.07	2841.61
一、境内存款	20967.55	2375.95	一、境内贷款	21130.10	2873.82
1.住户存款	6597.83	906.80	1.短期贷款	4455.85	808.46
2.非金融企业存款	8007.86	502.77	2.中长期贷款	15887.64	1705.51
3.广义政府存款	4267.66	698.20	3.融资租赁		
4.非银行业金融机构存款	2094.20	268.19	4.票据融资	750.09	335.11
二、境外存款	49.28	32.12	5.各项垫款	13.68	5.24
			二、境外贷款	65.97	-32.22

5-9 财产保险公司业务主要指标(2019年)

单位:万元

指标	保费收入	赔款支出
合计	**1654410**	**834584**
1. 企业财产保险	69373	31031
2. 家庭财产保险	10598	1296
3. 机动车辆保险	1051755	559465
4. 工程保险	16246	7097
5. 责任保险	79472	35636
6. 信用保险	39206	13251
7. 保证保险	152784	71579
# 机动车辆消费贷款保证保险	317	22
个人贷款抵押房屋保证保险	-1	0
8. 船舶保险	1027	701
9. 货物运输保险	4713	2786
10. 特殊风险保险	528	211
11. 农业保险	29728	24199
12. 健康险	132103	67069
13. 意外伤害保险	59022	14965
14. 其他险	7856	5298

5－10 人寿保险公司业务主要指标(2019 年)

单位:万元

指 标	合 计
一、原保险保费收入	3056605
1. 寿险小计	2383735
2. 意外伤害险小计	68634
(1)一年期以内业务	11470
(2)一年期业务	28526
(3)一年期以上业务	28638
3. 健康险小计	604235
二、赔付支出	425652
1. 赔款支出	79468
(1)意外伤害险	12416
一年期以内业务	2463
一年期业务	9953
(2)一年期以内及一年期健康险	67052
个人业务	21658
团体业务	45394
2. 死伤医疗给付	92867
(1)寿险	22983
个人业务	21051
团体业务	1932
(2)一年期以上健康险	69884
个人业务	58336
团体业务	11548
3. 满期给付	163642
(1)寿险	163450
个人业务	162811
其中:年金保险	6064
团体业务	639
其中:年金保险	
(2)一年期以上健康险	192
个人业务	192
团体业务	
4. 年金给付	89675
(1)个人业务	84333
其中:年金保险	74205
(2)团体业务	5343
其中:年金保险	5339
三、退保金	316556
1. 寿险	307860
(1)个人业务	307642
其中:年金保险	74138
(2)团体业务	218
其中:年金保险	166
2. 一年期以上健康险	8696

6 物价指数

6－1　历年物价总指数

（以上年价格为100）

年　份	商品零售价格指数	居民消费价格指数	服务项目价格指数
1951	105.6		
1952	97.4		
1953	107.6	109.6	105.7
1954	104.8	104.8	100.5
1955	100.9	100.2	100.2
1956	100.2	99.9	94.4
1957	103.9	104.9	96.2
1958	98.5	98.6	99.7
1959	101.0	100.8	99.3
1960	103.0	102.7	100.0
1961	128.8	123.6	100.5
1962	92.2	93.2	103.4
1963	84.9	85.8	95.0
1964	95.4	95.3	94.2
1965	97.9	97.7	95.9
1966	100.1	99.4	92.8
1967	100.9	100.7	98.1
1968	99.7	99.7	100.0
1969	100.5	100.5	100.0
1970	99.3	99.4	100.0
1971	99.8	99.9	100.0
1972	99.9	99.9	99.9
1973	100.3	99.8	94.7
1974	99.8	99.6	97.9
1975	100.1	100.1	100.0
1976	100.0	99.9	97.8
1977	100.1	99.5	94.0
1978	99.9	99.6	96.4
1979	101.3	101.3	101.7
1980	107.7	107.2	101.7
1981	101.6	101.7	102.9
1982	101.8	101.7	101.1
1983	101.4	101.8	106.9
1984	103.5	103.7	106.1
1985	112.7	112.2	107.0

6－1 续表

年 份	商品零售价格指数	居民消费价格指数	服务项目价格指数
1986	105.3	105.4	106.5
1987	109.8	109.6	107.7
1988	124.9	123.7	111.2
1989	115.4	115.8	120.3
1990	100.2	101.5	113.3
1991	106.5	106.9	110.3
1992	111.8	114.0	128.5
1993	118.4	119.7	127.6
1994	119.0	123.8	133.7
1995	114.0	117.1	119.2
1996	105.4	106.9	111.6
1997	100.8	103.5	112.3
1998	98.5	101.2	112.6
1999	98.4	100.2	112.6
2000	100.7	101.7	111.1
2001	98.2	98.4	103.1
2002	98.6	99.2	102.2
2003	99.2	100.9	101.1
2004	101.3	103.2	102.4
2005	100.4	101.9	102.9
2006	101.1	101.1	101.0
2007	102.3	104.9	101.9
2008	103.9	105.2	101.4
2009	97.7	99.4	100.5
2010	103.8	102.9	101.3
2011	105.4	105.5	103.6
2012	101.5	102.3	102.1
2013	101.2	102.8	104.0
2014	101.7	102.7	102.7
2015	99.6	101.1	100.6
2016	100.9	101.9	101.8
2017	101.4	101.3	102.5
2018	102.5	102.0	101.6
2019	102.2	102.9	101.2

6-2 重要年份定基物价指数

年份	基期	居民消费价格指数	商品零售价格指数
1952	以1950年为100		102.9
1957	以1950年为100	124.0	121.7
	以1952年为100	120.6	118.3
1965	以1950年为100	136.5	136.1
	以1952年为100	132.7	132.3
	以1957年为100	110.1	111.8
1970	以1950年为100	138.6	138.9
	以1952年为100	134.7	135.0
	以1957年为100	111.8	114.1
	以1965年为100	101.5	102.1
1978	以1950年为100	136.0	138.8
	以1952年为100	132.2	134.9
	以1957年为100	109.6	114.0
	以1965年为100	99.6	102.0
	以1970年为100	98.1	99.9
1980	以1950年为100	147.7	151.4
	以1952年为100	143.6	147.2
	以1957年为100	119.1	124.4
	以1965年为100	108.2	111.3
	以1970年为100	106.6	109.0
	以1978年为100	108.7	109.1
1990	以1950年为100	308.8	309.1
	以1952年为100	291.9	300.5
	以1957年为100	249.0	254.0
	以1965年为100	227.7	230.5
	以1970年为100	224.1	225.9
	以1978年为100	223.7	223.0
	以1980年为100	205.9	204.4
2000	以1950年为100	733.5	613.4
	以1952年为100	713.2	596.3
	以1957年为100	591.5	504.1
	以1965年为100	537.3	450.9
	以1970年为100	529.3	441.6
	以1978年为100	539.6	442.1
	以1980年为100	496.6	405.2
	以1990年为100	241.3	198.3
	以1995年为100	114.1	103.7
2005	以1950年为100	759.8	605.3
	以1952年为100	738.7	582.6
	以1957年为100	612.7	492.4
	以1965年为100	556.5	440.4
	以1970年为100	548.3	431.4
	以1978年为100	558.9	431.9
	以1980年为100	514.3	395.8
	以1990年为100	249.9	193.7
	以1995年为100	118.2	101.3
	以2000年为100	105.3	100.5

6－2 续表 1

年　份	基　期	居民消费价格指数	商品零售价格指数
2010	以 1950 年为 100	866.9	659.6
	以 1952 年为 100	843.0	634.8
	以 1957 年为 100	699.2	536.6
	以 1965 年为 100	635.1	479.6
	以 1970 年为 100	625.5	470.1
	以 1978 年为 100	637.8	470.6
	以 1980 年为 100	586.9	431.3
	以 1990 年为 100	285.1	211.1
	以 1995 年为 100	134.8	110.4
	以 2000 年为 100	123.0	109.6
	以 2005 年为 100	116.9	111.5
2013	以 1950 年为 100	961.8	714.1
	以 1952 年为 100	935.3	687.2
	以 1957 年为 100	775.8	581.0
	以 1965 年为 100	704.6	519.3
	以 1970 年为 100	694.0	508.9
	以 1978 年为 100	707.7	509.4
	以 1980 年为 100	651.1	466.9
	以 1990 年为 100	316.3	228.5
	以 2000 年为 100	136.4	118.6
	以 2005 年为 100	127.8	120.7
	以 2010 年为 100	112.6	109.3
2014	以 1950 年为 100	987.8	726.2
	以 1952 年为 100	960.6	698.9
	以 1957 年为 100	796.7	590.9
	以 1965 年为 100	723.6	528.1
	以 1970 年为 100	712.7	517.6
	以 1978 年为 100	726.8	518.1
	以 1980 年为 100	668.7	474.8
	以 1990 年为 100	324.8	232.4
	以 2000 年为 100	140.1	120.6
	以 2005 年为 100	131.3	122.8
	以 2010 年为 100	114.4	109.7
2015	以 1950 年为 100	998.7	723.3
	以 1952 年为 100	971.2	696.1
	以 1957 年为 100	805.5	588.5
	以 1965 年为 100	731.6	526.0
	以 1970 年为 100	720.5	515.5
	以 1978 年为 100	734.8	516.0
	以 1980 年为 100	676.1	472.9
	以 1990 年为 100	328.4	231.5
	以 2000 年为 100	141.6	120.1
	以 2005 年为 100	132.7	122.3
	以 2010 年为 100	115.7	109.9

6-2 续表2

年　　份	基　　期	居民消费价格指数	商品零售价格指数
2016	以1950年为100	1017.7	729.8
	以1952年为100	989.7	702.4
	以1957年为100	820.8	593.8
	以1965年为100	745.5	530.7
	以1970年为100	734.2	520.1
	以1978年为100	748.8	520.6
	以1980年为100	688.9	477.2
	以1990年为100	334.6	233.6
	以2000年为100	139.2	123.1
	以2005年为100	135.2	123.4
	以2010年为100	117.9	110.9
	以2015年为100	102.7	101.7
2017	以1950年为100	1030.9	740.0
	以1952年为100	1002.6	712.2
	以1957年为100	831.5	602.1
	以1965年为100	755.2	538.1
	以1970年为100	743.7	527.4
	以1978年为100	758.5	527.9
	以1980年为100	697.9	483.9
	以1990年为100	338.9	236.9
	以2000年为100	140.4	124.9
	以2005年为100	137.0	125.1
	以2010年为100	119.4	112.5
	以2015年为100	103.5	103.2
2018	以1950年为100	1051.5	758.5
	以1952年为100	1022.7	730.0
	以1957年为100	848.1	617.2
	以1965年为100	770.3	551.6
	以1970年为100	758.6	540.6
	以1978年为100	773.7	541.1
	以1980年为100	711.9	496.0
	以1990年为100	345.7	242.8
	以2000年为100	143.6	127.5
	以2005年为100	139.7	128.2
	以2010年为100	121.8	115.3
	以2015年为100	105.9	105.4
2019	以1950年为100	1082.0	775.2
	以1952年为100	1052.4	746.1
	以1957年为100	872.7	630.8
	以1965年为100	792.6	563.7
	以1970年为100	780.6	552.5
	以1978年为100	796.1	553.0
	以1980年为100	732.5	506.9
	以1990年为100	355.7	248.1
	以2000年为100	148.8	131.4
	以2005年为100	143.8	131.0
	以2010年为100	125.3	117.8
	以2015年为100	109.7	108.6

6－3 商品零售价格指数(2019年)

(以上年价格为100)

项 目	以上年价格为100	项 目	以上年价格为100
商品零售价格总指数	**102.2**	15. 在外餐饮	102.8
一、食品	108.2	二、饮料、烟酒	102.4
1. 粮食	100.6	三、服装、鞋帽	101.1
2. 薯类	110.3	四、纺织品	100.2
3. 豆类	101.6	五、家用电器及音像器材	100.0
4. 食用油	102.6	六、文化办公用品	101.1
5. 菜	106.0	七、日用品	100.7
6. 畜肉类	130.7	八、体育娱乐用品	100.2
7. 禽肉类	108.4	九、交通、通信用品	99.4
8. 水产品	100.5	十、家具	99.7
9. 蛋类	105.2	十一、化妆品	100.6
10. 奶类	100.8	十二、金银珠宝	109.9
11. 干鲜瓜果类	104.5	十三、中西药品及医疗保健用品	104.9
12. 糖果糕点类	101.9	十四、书报杂志及电子出版物	100.0
13. 调味品	104.4	十五、燃料	96.8
14. 其他食品类	100.9	十六、建筑材料及五金电料	101.4

6－4 居民消费价格指数(2019 年)

(以上年价格为 100)

项　　目	以上年价格为 100	项　　目	以上年价格为 100
居民消费价格总指数	**102.9**	5. 鞋类	100.3
一、食品烟酒	107.6	三、居住	100.6
1. 食品	109.9	1. 租赁房房租	101.2
(1)粮食	100.6	2. 住房保养维修及管理	102.3
(2)薯类	110.3	3. 水电燃料	100.6
(3)豆类	101.5	4. 自有住房	99.7
(4)食用油	102.6	四、生活用品及服务	100.6
(5)菜	106.0	1. 家具及室内装饰品	99.7
(6)畜肉类	132.5	2. 家用器具	100.3
(7)禽肉类	108.3	3. 家用纺织品	99.9
(8)水产品	100.9	4. 家庭日用杂品	101.3
(9)蛋类	105.3	5. 个人护理用品	100.6
(10)奶类	100.7	6. 家庭服务	102.8
(11)干鲜瓜果类	104.7	五、交通和通信	98.3
(12)糖果糕点类	101.9	1. 交通	98.6
(13)调味品	104.1	2. 通信	97.7
(14)其他食品类	100.8	六、教育文化和娱乐	103.2
2. 茶及饮料	100.0	1. 教育	103.9
3. 烟酒	103.5	2. 文化娱乐	102.3
4. 在外餐饮	102.7	七、医疗保健	102.0
二、衣着	101.3	1. 药品及医疗器具	104.9
1. 服装	101.3	2. 医疗服务	100.0
2. 服装材料	100.6	八、其他用品和服务	103.9
3. 其他衣着及配件	100.0	1. 其他用品类	106.0
4. 衣着加工服务费	106.8	2. 其他服务类	102.0

6－5 居民消费价格定基指数(2019年)

(以2015年价格为100)

项　　目	以2015年价格为100	项　　目	以2015年价格为100
居民消费价格总指数	**109.7**	5. 鞋类	101.9
一、食品烟酒	119.1	三、居住	111.0
1. 食品	125.0	1. 租赁房房租	112.6
(1)粮食	104.2	2. 住房保养维修及管理	107.9
(2)薯类	127.3	3. 水电燃料	104.7
(3)豆类	103.6	4. 自有住房	116.6
(4)食用油	108.0	四、生活用品及服务	102.5
(5)菜	114.5	1. 家具及室内装饰品	100.5
(6)畜肉类	181.5	2. 家用器具	100.5
(7)禽肉类	123.9	3. 家用纺织品	100.5
(8)水产品	111.0	4. 家庭日用杂品	106.1
(9)蛋类	115.7	5. 个人护理用品	102.9
(10)奶类	103.3	6. 家庭服务	104.7
(11)干鲜瓜果类	99.3	五、交通和通信	98.1
(12)糖果糕点类	104.5	1. 交通	101.8
(13)调味品	113.1	2. 通信	92.1
(14)其他食品类	102.0	六、教育文化和娱乐	105.2
2. 茶及饮料	101.4	1. 教育	105.9
3. 烟酒	108.0	2. 文化娱乐	104.4
4. 在外餐饮	107.8	七、医疗保健	108.0
二、衣着	107.5	1. 药品及医疗器具	115.0
1. 服装	108.6	2. 医疗服务	103.2
2. 服装材料	105.1	八、其他用品和服务	111.2
3. 其他衣着及配件	100.4	1. 其他用品类	116.3
4. 衣着加工服务费	133.4	2. 其他服务类	106.5

6－6 商品零售价格定基指数(2019年)

(以2015年价格为100)

项 目	以2015年价格为100	项 目	以2015年价格为100
商品零售价格总指数	**108.6**	15. 在外餐饮	108.0
一、食品	121.6	二、饮料、烟酒	106.1
1. 粮食	104.5	三、服装、鞋帽	106.7
2. 薯类	127.3	四、纺织品	101.5
3. 豆类	103.8	五、家用电器及音像器材	100.3
4. 食用油	108.0	六、文化办公用品	102.8
5. 菜	114.4	七、日用品	105.0
6. 畜肉类	180.3	八、体育娱乐用品	100.5
7. 禽肉类	124.2	九、交通、通信用品	96.7
8. 水产品	110.9	十、家具	100.9
9. 蛋类	115.5	十一、化妆品	102.8
10. 奶类	103.2	十二、金银珠宝	126.1
11. 干鲜瓜果类	99.3	十三、中西药品及医疗保健用品	115.2
12. 糖果糕点类	104.6	十四、书报杂志及电子出版物	99.9
13. 调味品	113.8	十五、燃料	113.1
14. 其他食品类	102.3	十六、建筑材料及五金电料	106.5

6－7 居民消费价格指数(分月)(2019年)

(以上年同月为100)

项　　目	一月	二月	三月	四月	五月	六月	七月	八月	九月	十月	十一月	十二月
居民消费价格总指数	**101.8**	**101.6**	**102.3**	**103.0**	**103.5**	**103.1**	**102.9**	**103.5**	**102.7**	**103.2**	**103.6**	**103.6**
一、食品烟酒	102.3	101.6	103.3	105.9	107.3	106.8	107.0	110.8	109.8	111.8	113.0	110.9
1.食品	101.8	100.8	103.3	107.2	109.3	108.5	109.1	114.8	113.3	116.8	118.6	115.7
(1)粮食	100.1	100.1	100.1	100.1	100.5	100.5	100.9	100.9	100.9	100.9	100.9	100.9
(2)薯类	117.9	122.9	109.7	108.8	109.0	101.2	105.1	110.7	109.4	110.7	111.0	110.8
(3)豆类	101.8	101.8	101.8	101.8	101.3	101.1	100.9	100.6	101.1	102.3	101.9	101.8
(4)食用油	100.9	101.4	101.6	101.4	101.4	99.9	101.0	102.2	104.8	105.6	106.1	105.4
(5)菜	99.8	103.6	111.2	124.9	124.3	110.9	108.6	104.9	94.2	91.4	100.5	102.8
(6)畜肉类	100.7	98.8	103.6	107.9	109.2	112.0	114.6	142.7	160.0	181.1	183.3	171.1
(7)禽肉类	103.9	102.7	102.4	102.5	103.1	104.3	104.2	108.5	111.9	116.3	121.2	118.4
(8)水产品	101.8	99.1	99.5	101.9	101.7	100.2	101.6	103.0	101.2	100.8	99.5	100.4
(9)蛋类	105.6	103.5	102.7	105.6	109.5	108.6	109.2	101.1	103.4	106.2	106.7	102.5
(10)奶类	101.7	101.7	101.7	101.7	101.7	101.2	100.5	99.1	99.7	99.9	99.8	99.9
(11)干鲜瓜果类	103.5	97.3	98.9	102.8	114.9	123.0	125.4	126.2	100.8	94.2	88.7	86.2
(12)糖果糕点类	103.8	103.9	103.8	103.3	103.5	103.1	99.9	100.0	100.4	100.3	100.3	100.3
(13)调味品	110.6	111.4	110.6	107.1	102.3	101.5	101.2	101.6	101.6	101.6	101.0	101.0
(14)其他食品类	101.5	101.7	101.7	101.5	101.2	101.2	101.2	100.7	99.9	99.6	99.6	99.8
2.茶及饮料	100.7	100.7	100.7	100.7	100.7	100.7	100.7	99.6	98.5	98.4	98.9	99.3
3.烟酒	103.7	103.7	103.7	103.7	103.7	103.7	102.9	103.0	103.9	103.9	103.9	101.8
4.在外餐饮	103.5	103.5	103.5	103.5	103.4	103.4	102.9	102.9	102.7	101.1	101.2	101.2
二、衣着	102.8	102.5	102.0	101.6	101.4	101.2	101.2	100.7	100.6	100.6	100.3	100.2
三、居住	100.7	101.5	101.5	101.1	102.3	101.9	101.2	99.7	98.7	98.7	98.9	101.1
四、生活用品及服务	101.7	101.2	101.4	101.1	101.0	101.0	100.4	100.1	99.9	100.0	100.0	100.0
五、交通和通信	98.5	98.6	99.5	99.3	98.9	98.2	98.3	97.8	97.2	96.6	97.2	99.2
六、教育文化和娱乐	104.7	104.0	104.3	105.1	105.2	104.9	103.7	103.2	101.1	101.0	100.7	100.4
七、医疗保健	102.5	103.0	102.9	102.7	102.7	101.9	101.7	101.6	101.7	101.7	101.4	100.7
八、其他用品和服务	102.9	102.5	102.1	102.2	102.3	103.1	103.9	104.8	106.8	106.1	105.0	105.5

6-8　商品零售价格指数(分月)(2019年)

(以上年同月为100)

项　　目	一月	二月	三月	四月	五月	六月	七月	八月	九月	十月	十一月	十二月
商品零售价格总指数	**101.5**	**101.7**	**102.4**	**102.7**	**102.9**	**102.1**	**101.9**	**102.2**	**101.7**	**101.9**	**102.6**	**103.0**
一、食品	102.1	101.3	103.3	106.4	107.8	107.1	107.4	111.6	110.5	112.9	114.7	112.8
1. 粮食	100.1	100.1	100.1	100.1	100.5	100.5	100.9	100.9	100.9	100.9	100.9	100.9
2. 薯类	117.9	122.9	109.7	108.8	109.0	101.2	105.1	110.7	109.4	110.7	111.0	110.8
3. 豆类	101.9	101.9	101.9	101.9	101.4	101.1	100.9	100.6	101.1	102.3	101.9	101.8
4. 食用油	100.9	101.4	101.6	101.4	101.4	99.9	101.0	102.2	104.8	105.6	106.1	105.4
5. 菜	99.8	103.6	111.1	124.7	124.2	110.9	108.6	104.9	94.3	91.4	100.5	102.8
6. 畜肉类	100.7	98.7	103.3	107.3	108.4	111.0	113.5	140.0	156.3	176.3	179.4	168.7
7. 禽肉类	103.7	102.5	102.2	102.4	103.0	104.3	104.2	108.7	112.1	116.7	121.8	118.8
8. 水产品	101.8	98.7	99.3	101.6	101.2	99.8	101.1	102.6	100.8	100.5	99.0	100.0
9. 蛋类	105.2	103.0	102.2	105.3	109.3	108.5	109.2	101.1	103.5	106.4	106.9	102.6
10. 奶类	101.9	101.9	101.9	101.9	101.9	101.6	100.7	99.0	99.6	100.0	99.9	100.0
11. 干鲜瓜果类	103.3	97.3	98.9	102.6	114.4	122.4	124.7	125.5	100.7	94.3	88.9	86.6
12. 糖果糕点类	103.9	103.9	103.9	103.4	103.5	103.2	99.9	100.0	100.4	100.3	100.3	100.3
13. 调味品	111.3	112.1	111.3	107.6	102.5	101.7	101.2	101.6	101.7	101.7	101.0	101.0
14. 其他食品类	101.8	102.0	102.0	101.7	101.4	101.4	101.4	100.8	99.9	99.6	99.6	99.8
15. 在外餐饮	103.6	103.6	103.6	103.5	103.5	103.5	102.9	102.9	102.8	101.2	101.2	101.2
二、饮料、烟酒	102.7	102.7	102.7	102.7	102.7	102.7	102.2	102.1	102.4	102.4	102.5	101.1
三、服装、鞋帽	102.7	102.7	101.9	101.4	101.2	101.1	101.0	100.4	100.2	100.3	100.0	99.9
四、纺织品	100.7	100.7	100.7	100.0	100.0	100.0	100.0	100.0	100.0	100.0	100.0	100.0
五、家用电器及音像器材	100.3	100.3	100.2	100.3	100.3	100.3	100.2	99.7	99.8	99.6	99.6	99.6
六、文化办公用品	100.2	100.3	100.5	101.2	101.9	101.7	101.8	101.1	101.1	101.1	101.0	101.2
七、日用品	101.9	102.2	102.1	101.3	100.8	100.6	99.8	99.9	100.0	99.8	99.9	99.9
八、体育娱乐用品	100.3	100.3	100.3	100.2	100.2	100.2	100.2	99.9	99.9	100.1	100.1	100.1
九、交通、通信用品	100.2	100.1	99.6	99.6	99.6	99.6	100.3	99.3	98.7	98.7	98.4	98.4
十、家具	100.0	100.0	100.0	100.0	100.0	100.0	100.0	100.0	99.0	99.0	99.0	99.0
十一、化妆品	101.1	101.2	101.3	100.7	100.8	101.2	100.7	99.5	99.5	100.1	100.4	100.9
十二、金银饰品	102.1	104.3	105.1	105.1	105.0	107.2	110.1	113.2	120.2	117.7	113.6	115.6
十三、中西药品及医疗保健用品	106.5	107.3	107.1	106.4	106.4	104.4	104.1	103.9	104.1	104.1	103.3	101.4
十四、书报杂志及电子出版物	99.8	99.8	99.5	99.9	99.9	99.9	99.9	100.2	100.4	100.4	100.4	100.4
十五、燃料	98.1	100.4	104.8	102.7	101.8	98.4	95.6	92.7	89.9	87.6	91.5	100.7
十六、建筑材料及五金电料	102.0	102.5	102.4	101.7	101.4	101.4	101.3	100.9	100.9	101.1	101.0	100.6

6-9　原材料、燃料、动力购进价格指数(2019年)

(以上年价格为100)

项　　目	2019年	项　　目	2019年
总指数	**100.2**		
1. 燃料、动力类	99.3	6. 建筑材料类及非金属矿类	105.0
2. 黑色金属材料类	102.8	7. 其他工业原材料及半成品类	101.0
3. 有色金属材料和电线类	96.8	8. 农副食品类	100.7
4. 化工原料类	98.1	9. 纺织原料类	99.7
5. 木材及纸浆类	100.6		

6－10 工业生产者出厂价格指数(2019年)

（以上年价格为100）

项　　目	2019年	项　　目	2019年
总指数	**99.6**		
煤炭开采和洗选业	93.9	医药制造业	102.2
黑色金属矿采选业	101.7	橡胶和塑料制品业	98.2
有色金属矿采选业	92.2	非金属矿物制品业	104.8
非金属矿采选业	105.5	黑色金属冶炼和压延加工业	97.0
农副食品加工业	101.7	有色金属冶炼和压延加工业	96.5
食品制造业	100.3	金属制品业	101.2
酒、饮料及精制茶制造业	100.2	通用设备制造业	100.9
烟草制品业	100.0	专用设备制造业	101.6
纺织业	99.3	汽车制造业	98.2
纺织服装、服饰业	101.3	铁路、船舶、航空航天和其他运输设备制造业	101.7
皮革、毛皮、羽毛及其制品和制鞋业	100.9	电气机械和器材制造业	100.3
木材加工和木、竹、藤、棕、草制品业	102.4	计算机、通信和其他电子设备制造业	95.9
造纸和纸制品业	92.3	电力、热力生产和供应业	96.9
石油、煤炭及其他燃料加工业	95.4	燃气生产和供应业	102.3
化学原料和化学制品制造业	98.2	水的生产和供应业	102.8

6－11 房地产价格指数(2019年)

项　　目	以上年同月为100	以2015年为100
一、新建住宅价格指数		
二、新建商品住宅价格指数	104.5	146.3
1.90m² 及以下	104.4	144.5
2.90－144m²	104.0	145.8
3.144m² 以上	105.4	148.3
三、二手住宅价格指数	98.8	134.5
1.90m² 及以下	97.8	132.0
2.90－144m²	99.5	134.4
3.144m² 以上	98.8	137.1

7 人民生活

长沙统计年鉴

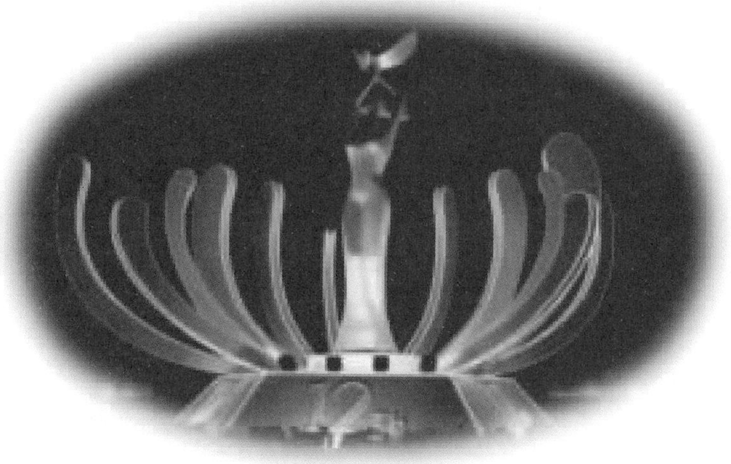

7-1 历年城市居民调查户基本情况

年份	调查户数(户)	平均每户家庭人口(人)	平均每一就业者负担人数(人)	月人均家庭总收入(元)	#可支配收入(元)	月人均消费性支出(元)	人均住房使用面积(m^2)
1980	100	3.70	1.68	44.26	43.47	39.41	7.67
1981	100	3.75	1.61	45.74	44.94	42.32	8.31
1982	100	3.75	1.60	47.05	46.25	41.68	8.93
1983	100	3.72	1.65	50.01	48.39	44.59	9.33
1984	100	3.70	1.67	55.92	55.01	47.63	10.10
1985	150	3.49	1.77	70.65	69.54	65.16	11.18
1986	150	3.44	1.82	81.99	80.87	74.59	11.85
1987	150	3.39	1.80	92.87	91.80	82.69	11.95
1988	200	3.46	1.76	118.89	117.80	114.72	11.51
1989	200	3.38	1.76	138.69	136.59	119.71	11.69
1990	200	3.30	1.71	148.74	147.51	124.64	12.07
1991	200	3.28	1.73	165.49	164.21	139.95	12.90
1992	200	3.20	1.76	208.10	206.80	162.79	13.53
1993	200	3.13	1.70	271.81	270.52	216.23	13.33
1994	200	3.39	1.60	341.58	339.08	291.85	13.22
1995	200	3.36	1.69	408.98	405.02	344.25	13.11
1996	200	3.31	1.65	470.22	440.74	391.40	13.93
1997	200	3.13	1.62	522.52	490.01	455.75	15.89
1998	200	3.07	1.57	558.43	522.84	465.38	16.66
1999	200	3.07	1.66	610.72	573.56	530.36	17.22
2000	200	3.07	1.64	670.92	627.48	587.55	18.23
2001	400	3.04	1.69	732.98	683.95	617.51	17.88
2002	400	2.99	1.85	802.87	751.72	654.52	17.82
2003	400	3.06	1.92	888.15	827.71	694.20	18.17
2004	400	3.05	1.85	993.93	918.38	752.63	18.80
2005	400	2.85	2.09	1114.26	1036.16	804.99	21.26
2006	400	2.81	2.06	1167.56	1160.34	889.98	21.40
2007	400	2.82	1.97	1472.43	1346.10	1023.99	21.64
2008	400	2.97	2.17	1611.48	1523.52	1080.00	21.23
2009	500	2.99	1.97	1859.38	1738.65	1287.28	29.33
2010	500	2.93	1.84	2062.92	1945.55	1380.25	30.88
2011	550	2.95	1.90	2364.69	2255.76	1505.76	33.10
2012	550	2.91	1.86	2698.07	2586.96	1636.59	33.08
2013	532	2.99	1.95	3007.87	2805.18	1862.18	41.42
2014	528	2.98	1.83	3614.48	3068.87	2231.55	46.74
2015	536	3.03	1.83	3565.11	3330.09	2479.42	45.34
2016	560	3.04	1.84	3974.11	3607.84	2652.13	44.77
2017	562	3.03	1.87	4791.65	3912.36	2887.06	45.48
2018	570	3.21	1.91	5239.42	4232.66	3064.62	42.72
2019	570	3.22	1.94	5676.65	4600.90	3293.03	41.30

注:1. 从2002年起,由于报表制度的变动,人均可支配收入应剔除出售财物收入、从1996年开始工资中扣除的各项社会保障支出,以及从1997年起的自有房房租折算收入。因此,本年鉴按新制度重新整理的(1980—2002年)各年的可支配收入额与原来相应年度出版的年鉴数据不一致,均以本年鉴数据为准。

2. 2012年以前数据为城市居民统计范围,从2013年起,因统计方法制度改革,统计范围调整为城镇居民统计范围,与往年数据不具有可比性。同时原人均住房使用面积指标调整为人均现住房建筑面积。

7－2 历年城市居民调查户消费性支出情况

单位：元

年份	全年人平消费性支出	食品支出	衣着支出	用品支出	燃料支出	非商品支出
1980	472.92	251.76	66.84	105.00	7.44	41.88
1981	507.90	286.69	66.61	106.92	7.68	40.00
1982	500.11	297.21	63.35	91.25	8.85	39.45
1983	535.13	316.86	73.00	96.07	8.77	40.43
1984	571.59	333.77	75.30	106.06	9.25	47.21
1985	781.95	424.80	112.76	173.87	11.29	59.23
1986	895.08	489.45	124.47	197.63	11.96	71.57
1987	992.32	561.30	129.40	204.93	11.41	85.28
1988	1376.64	672.13	173.07	402.32	12.25	116.87
1989	1436.52	788.83	184.73	307.20	17.79	137.97
1990	1495.68	823.29	202.33	287.72	22.06	160.28
1991	1679.40	879.93	227.33	357.18	24.01	190.95

年份	全年人平消费性支出	食品支出	衣着支出	家庭设备用品及服务支出	医疗保健支出	交通与通讯支出	教育、文化娱乐、服务支出	居住支出	杂项商品与服务支出
1992	1953.48	1003.40	279.11	192.23	41.82	54.19	209.56	96.17	77.00
1993	2594.76	1231.77	385.36	350.65	63.85	92.51	216.72	1540.00	99.90
1994	3502.20	1631.27	480.54	349.40	79.85	244.79	414.00	191.03	111.32
1995	4131.00	2031.19	513.42	372.25	123.91	257.41	439.72	262.95	130.15
1996	4696.80	2232.78	544.73	421.61	177.78	259.58	554.83	326.48	179.01
1997	5469.01	2408.21	645.88	394.89	186.45	432.40	856.45	356.62	188.11
1998	5584.51	2373.27	623.44	328.60	203.83	381.40	878.38	569.29	226.30
1999	6364.34	2454.35	765.00	575.22	228.58	482.08	943.56	661.06	254.49
2000	7050.55	2454.14	682.88	777.38	265.72	581.84	1057.01	964.47	267.11
2001	7410.13	2511.51	714.80	623.10	393.60	727.55	1289.36	852.51	297.70
2002	7854.24	2535.96	777.00	565.80	489.96	795.24	1402.80	1035.84	251.64
2003	8330.40	2629.44	778.08	558.24	607.92	1115.40	1574.88	792.00	274.44
2004	9031.60	3017.27	850.22	484.81	662.11	1195.27	1606.43	924.38	291.11
2005	9659.85	3229.71	969.53	613.96	788.21	1209.39	1685.70	851.56	311.78
2006	10679.74	3481.27	1055.52	669.78	867.24	1398.33	1794.97	1089.36	323.27
2007	12287.83	4286.48	1249.64	732.62	973.67	1925.14	1739.61	1074.84	305.83
2008	12960.00	4779.86	1297.81	932.80	1166.20	1614.84	1450.07	1388.04	330.38
2009	15447.36	4987.99	1487.31	1388.59	1096.78	2604.82	1870.60	1673.08	338.19
2010	16562.95	5654.76	1500.48	1261.87	981.47	2780.31	2101.30	1813.19	469.57
2011	18069.10	6498.30	1953.41	1162.05	943.05	2915.54	2410.48	1700.71	485.55
2012	19639.08	7128.28	2253.87	1297.49	882.00	2950.06	2669.97	1815.96	641.46
2013	22346.17	6589.32	1804.08	1388.03	1255.07	2990.38	2498.87	5415.40	405.02
2014	26778.55	7082.14	1915.39	1471.12	1610.42	4595.56	3807.73	5749.04	547.16
2015	29753.00	7739.98	2250.71	1853.36	1535.47	4218.87	5178.85	6462.21	513.55
2016	31825.56	7940.60	2164.87	2541.50	1983.73	4498.99	5739.09	6379.29	577.50
2017	34644.74	8549.50	2173.20	2809.96	2265.91	4813.34	6378.19	6946.71	707.93
2018	36775.43	9522.60	2399.13	2835.61	2569.19	4706.00	6876.48	7039.92	826.49
2019	39516.35	10188.39	2563.92	3049.18	2819.55	5037.18	7361.09	7628.18	868.85

注：1. 从2002年起由于报表制度的变动，人均消费性支出不包括在外就学子女费用和1997年开始的自有房房租折算支出，以及各类社会保障支出。旅游消费也从杂项商品与服务支出中按相关指标相应地调整到娱乐文教、食品、交通与通讯支出项目中。因此，本年鉴按新制度重新整理的（1988－2002年）各年的消费支出与分类支出额与原来相应年度出版的年鉴数据不一致，均以本年鉴数据为准。

2. 2012年以前数据为城市居民统计范围，从2013年起，由于统计方法制度改革，统计范围调整为城镇居民统计范围，与往年数据不具有可比性。

7－3 历年城市居民家庭全年人平主要食品、衣着及日用品消费量

指　标	单位	1980 年	1981 年	1982 年	1983 年	1984 年	1985 年	1986 年	1987 年	1988 年	1989 年	1990 年	1991 年	1992 年
粮食	公斤	146.8	143.1	144.0	144.3	142.4	139.5	138.8	135.1	137.1	137.2	134.1	119.2	114.1
油脂类	公斤	5.4	4.7	5.2	5.7	5.9	5.4	5.4	7.3	8.1	5.3	7.8	7.5	9.0
鲜菜	公斤	168.0	151.9	160.0	161.8	162.0	182.4	153.6	156.5	149.6	137.3	134.9	138.7	127.2
猪肉	公斤	22.6	27.2	26.3	28.0	26.7	29.0	28.6	29.8	28.4	24.0	24.2	23.6	20.1
家禽	公斤	1.0	1.0	1.2	1.6	1.6	2.3	2.8	1.7	2.3	2.6	2.2	3.3	3.5
鲜蛋	公斤	4.3	4.6	4.9	4.3	5.8	6.1	6.0	4.9	5.3	6.0	5.6	6.5	7.2
鱼	公斤	9.0	7.5	6.7	8.3	8.2	9.3	11.6	10.4	9.5	9.4	9.1	8.4	8.0
酒	公斤	3.2	3.0	3.1	4.0	4.1	5.4	6.4	5.8	5.3	4.1	3.9	3.7	3.2
糕点	公斤	4.3	4.5	4.6	4.6	4.4	4.4	4.3	4.0	3.8	3.5	3.6	3.6	3.2
鲜瓜果	公斤										32.3	31.8	36.9	35.2
碳酸饮料	公斤													0.8
茶叶	公斤										0.1	0.3	0.3	0.3
鲜乳品	公斤										0.8	0.6	1.5	1.9
奶粉	公斤													0.5
鞋类	双/人										2.5	2.8	3.1	3.0
男式服装	件/人													2.4
女式服装	件/人													2.9
煤炭	公斤/人	194.0	193.5	211.5	210.0	212.5	235.0	194.1	182.7	173.6	172.7	159.2	261.9	110.6
液化石油气	公斤/人	4.2	4.9	5.9	6.7	8.4	10.9	12.3	15.3	17.1	19.3	22.2	22.2	24.7
管道煤气	立方米/人													
管道天然气	立方米/人													
水	吨/人													28.6
电	度/人													115.1

7－3 续表1

指　标	单位	1993年	1994年	1995年	1996年	1997年	1998年	1999年	2000年	2001年	2002年
粮食	公斤	108.4	107.7	106.8	105.5	101.8	101.4	93.7	95.9	96.6	93.0
# 大米	公斤										
# 面粉	公斤										
油脂类	公斤	7.6	7.8	7.7	8.1	10.3	10.0	9.1	9.8	9.9	10.8
# 食用植物油	公斤										
鲜菜	公斤	126.3	116.3	115.5	130.2	112.5	113.4	110.1	115.4	120.7	129.1
猪肉	公斤	19.7	18.1	19.2	19.2	18.5	18.8	17.0	17.9	17.1	21.2
家禽	公斤	4.1	5.8	6.0	7.3	9.0	9.5	10.2	10.6	11.3	9.9
鲜蛋	公斤	7.5	7.4	7.8	7.2	7.6	7.2	6.7	7.3	7.0	6.4
鱼	公斤	8.1	7.6	8.1	8.1	8.1	7.9	8.7	9.1	9.0	8.6
酒	公斤	3.7	4.8	5.3	4.3	3.8	4.4	4.3	4.8	4.4	4.1
糕点	公斤	3.4	4.1	3.7	3.9	4.1	3.8	3.9	3.9	3.5	3.5
鲜瓜果	公斤	29.6	32.7	36.0	34.8	42.7	50.3	51.6	55.5	59.3	57.6
碳酸饮料	公斤	0.8	0.7	0.7	0.7	0.7	0.7	1.0	1.4	1.1	1.8
茶叶	公斤	0.3	0.3	0.2	0.2	0.2	0.2	0.2	0.2	0.3	0.3
鲜乳品	公斤	0.9	0.3	0.1	0.3	1.0	1.7	2.0	3.4	4.5	7.8
奶粉	公斤	0.5	0.5	0.5	0.5	0.7	0.8	1.0	1.0	1.2	1.2
鞋类	双/人	3.0	2.9	3.0	3.0	3.0	2.9	3.1	2.9	2.9	3.1
服装	件/人	5.4	5.5	5.5	6.0	7.2	6.5	7.9	7.1	7.6	7.8
煤炭	公斤/人	67.1	69.6	37.4	31.3	31.0	25.6	20.6	20.3	32.9	34.0
液化石油汽	公斤/人	25.4	26.1	29.7	36.5	34.9	33.6	34.4	35.4	39.5	40.3
管道煤气	立方米/人		0.3	1.3	4.0	6.5	13.5	14.2	15.3	23.6	22.8
管道天然气	立方米/人										
水	吨/人	24.2	29.1	26.8	36.5	41.6	42.5	41.3	43.5	54.1	49.8
电	度/人	124.9	149.7	169.2	173.0	172.8	239.3	266.4	307.3	372.2	419.0

7－3 续表 2

指　标	单位	2003 年	2004 年	2005 年	2006 年	2007 年	2008 年	2009 年	2010 年	2011 年	2012 年
粮食	公斤	93.7	92.5	95.6	91.5	80.6	85.9	82.8	71.8	70.6	71.7
# 大米	公斤				47.3	50.1	58.0	58.0	49.7	46.8	45.6
# 面粉	公斤				2.1	2.6	2.9	2.2	2.6	2.8	3.1
油脂类	公斤	11.0	15.1	13.6	12.7	15.9	15.5	13.8	13.9	12.8	14.0
# 食用植物油	公斤				11.5	14.0	13.6	12.6	12.6	11.4	12.3
鲜菜	公斤	132.5	126.0	121.7	124.2	129.0	134.6	146.7	143.0	141.5	128.3
猪肉	公斤	21.0	23.4	24.8	26.1	24.5	23.9	24.6	24.8	25.3	23.5
家禽	公斤	7.7	6.7	7.6	7.8	8.0	8.5	9.3	11.7	10.2	9.8
鲜蛋	公斤	7.1	6.6	7.2	7.3	7.7	8.1	8.9	8.3	7.9	8.1
鱼	公斤	9.4	9.0	9.9	9.3	10.9	10.8	11.5	12.0	12.0	11.6
酒	公斤	3.9	4.4	5.6	6.3	6.1	5.6	5.1	5.2	4.1	3.6
糕点	公斤	3.6	3.0	3.9	3.6	3.8	2.7	3.0	3.1	3.0	3.6
鲜瓜果	公斤	59.9	56.9	51.0	60.3	62.3	54.0	83.6	57.1	53.0	55.5
碳酸饮料	公斤	1.4	1.2	0.9	1.0	0.8	1.1	1.1	1.1	0.8	0.7
茶叶	公斤	0.3	0.2	0.4	0.4	0.5	0.6	0.6	0.5	0.5	0.5
鲜乳品	公斤	12.4	13.5	10.5	9.7	8.3	5.8	6.2	8.7	6.3	5.4
奶粉	公斤	1.0	0.9	1.4	1.3	0.8	1.5	1.6	0.9	0.7	1.0
鞋类	双/人	3.0	2.6	3.1	3.2	3.1	2.7	3.8	3.0	3.2	3.2
服装	件/人	6.8	6.9	6.5	6.4	6.9	6.5	7.1	6.5	7.2	7.9
煤炭	公斤/人	42.1	33.5	38.4	18.1	11.0	23.5	15.4	4.3	2.9	2.0
罐装液化石油汽	公斤/人	38.8	36.4	40.0	28.5	26.5	23.0	25.0	19.7	14.4	16.5
管道煤气	立方米/人	17.5	24.1	35.5	32.4	33.3			3.6	6.9	5.1
管道天然气	立方米/人							39.1	65.2	68.4	73.7
水	吨/人	49.1	58.2	54.7	59.7	54.9	59.4	70.5	76.3	86.9	83.1
电	度/人	571.7	495.3	626.9	717.9	711.4	828.4	849.2	988.8	1004.9	987.4

7－3 续表 3

指　标	单位	2013 年	2014 年	2015 年	2016 年	2017 年	2018 年	2019 年
粮食	公斤	77.8	64.3	55.7	59.8	62.1	66.4	60.6
# 大米	公斤	59.0	45.4	40.0	38.3	39.0	33.0	31.2
# 面粉	公斤	2.3	1.9	1.3	1.5	1.4	2.4	1.4
油脂类	公斤	18.5	16.8	15.5	17.1	16.2	17.5	16.5
# 食用植物油	公斤	14.4	13.4	12.1	13.3	12.2	13.8	13.1
鲜菜	公斤	118.4	99.9	93.1	97.1	102.3	132.1	113.8
猪肉	公斤	27.6	25.0	23.6	25.6	27.3	36.5	32.9
家禽	公斤	9.7	9.6	9.3	10.7	9.5	9.3	10.2
鲜蛋	公斤	9.3	8.7	7.5	8.2	7.7	8.0	8.2
鱼	公斤	15.6	14.4	12.3	13.9	12.9	16.3	13.3
酒	公斤	6.6	6.2	4.6	5.3	6.1	7.0	4.8
糕点	公斤	4.5	4.1	4.1	4.3	3.9	5.2	6.1
鲜瓜果	公斤	59.2	52.6	54.3	52.3	53.3	60.6	63.1
碳酸饮料	公斤							
茶叶	公斤	0.7	0.7	0.5	0.5	0.6	0.4	0.3
鲜乳品	公斤	8.8	12.3	8.0	6.1	6.0	8.8	8.6
奶粉	公斤	0.6	0.5	0.7	0.9	0.9	1.3	0.9
鞋类	双/人	3.2	4.1	3.6	3.5	3.5	3.1	3.3
服装	件/人							
煤炭	公斤/人	17.2	16.5	13.7	9.7	5.4	4.0	3.1
罐装液化石油汽	公斤/人	19.4	16.4	16.8	18.0	24.1	12.1	7.6
管道煤气	立方米/人	1.3	1.2	1.1	0.4	0.4	5.2	6.0
管道天然气	立方米/人	114.2	57.6	57.2	86.6	72.3	73.9	54.5
水	吨/人	88.6	82.4	85.0	90.7	95.8	96.1	96.3
电	度/人	1038.4	964.4	1041.4	1234.2	1238.6	1240.5	1233.8

注:2012 年以前数据为城市居民统计范围,从 2013 年起,因统计方法制度改革,统计范围调整为城镇居民统计范围,与往年数据不具有可比性。

7-4 历年年末城市居民家庭平均每百户耐用消费品拥有量

年份	摩托车（辆）	助力车（辆）	家用汽车（辆）	洗衣机（台）	电冰箱（台）	彩色电视机（台）	家用电脑（台）	组合音响（套）	摄像机（架）	照相机（架）
1980										3
1981				1						2
1982				7						3
1983	2			18	1	2				1
1984	2			32	1	5				2
1985	2			56	5	13				11
1986	2			65	9	21				15
1987	1			73	17	29				17
1988	1			83	45	61				23
1989	1			86	61	64		2		25
1990	1			90	68	68		2		27
1991				89	80	78		5		31
1992										
1993	1			97	86	91		9		30
1994	2			97	87	90		11		39
1995	3			103	87	93		13		42
1996	7			105	88	95		15		35
1997	10			98	91	103	6	17	1	38
1998	14			101	97	113	9	28	1	44
1999	16			102	100	123	14	36	1	51
2000	12			102	93	130	22	37		46
2001	16		0.5	102	96	132	27	40		49
2002	14	2	0.8	101	96	132	32	41	2	55
2003	18	3	0.8	102	97	134	38	41	2	55
2004	18	9	1	102	94	142	36	45	1	59
2005	19	8	4	101	94	135	49	41	6	59
2006	19	8	6	101	97	136	57	40	8	59
2007	13.5	7.8	8.8	101.0	99.5	132.8	62.3	40.5	10.8	54.3
2008	9.0	13.3	10.3	100.0	97.8	122.0	60.5	30.8	6.3	42.5
2009	7.2	16.8	14.6	97.8	97.3	121.7	65.7	32.6	8.4	45.4
2010	3.2	24.5	23.6	100.8	100.4	125.5	79.0	38.5	12.9	50.8
2011	2.9	23.6	29.7	102.7	102.6	127.8	88.1	39.3	14.3	59.1
2012	2.2	23.4	36.5	101.4	103.0	125.1	96.4	39.9	13.5	61.8
2013	33.5	16.0	37.7	97.1	97.2	116.6	78.4	17.8	10.5	43.7
2014	36.0	17.6	45.4	98.9	98.5	117.1	83.8	18.7	10.8	46.8
2015	32.6	19.5	49.0	98.7	101.3	120.7	91.5	17.2	8.4	43.3
2016	31.7	21.9	51.8	99.3	102.0	119.5	92.4	15.0	9.6	38.2
2017	32.4	27.2	55.1	100.4	103.0	124.8	91.4			35.6
2018	25.6	20.5	69.2	106.5	106.6	117.9	91.5			29.7
2019	19.5	26.1	61.8	108.9	107.7	117.5	94.0			30.5

7－4 续表

年份	钢琴（架）	中高档乐器（件）	微波炉（台）	空调器（台）	淋浴热水器（台）	消毒碗柜（台）	健身器材（套）	固定电话（部）	移动电话（部）
1980									
1981									
1982									
1983									
1984									
1985		5							
1986		6							
1987		13							
1988		8							
1989		9		1					
1990		9							
1991		7		1					
1992									
1993	0.5	13		10	22			7(1)	
1994	0.5	11		13	36			22(13)	
1995	0.5	10		18	44			29(18)	
1996	1	11		26	45			45(33)	
1997	2	11	3	38	52		4	64(58)	2
1998	2	13	8	45	63		6	72(71)	3
1999	2	17	23	63	72		11	83(82)	10
2000		14	40	71	74		11	85	26
2001	2	13	46	79	81		9	93	49
2002	4	12	58	95	82	18	4	99	84
2003	4	9	60	106	82	21	4	98	109
2004	5	8	71	114	88	24	5	98	141
2005	3	12	64	124	90	26	9	93	149
2006	2	12	65	132	91	27	9	93	159
2007	1.8	9.8	70.3	136.3	89.8	27.0	5.8	93.5	167.0
2008	3.8	3.3	65.5	133.0	95.5	26.8	7.3	87.8	166.5
2009	4.2	4.2	67.2	140.5	96.1	29.9	5.2	87.9	177.5
2010	5.6	4.8	70.1	161.8	101.6	34.2	6.1	89.7	202.5
2011	5.0	3.2	73.2	188.4	100.2	34.9	6.3	82.7	215.5
2012	3.7	4.8	75.0	192.9	100.8	35.3	6.3	77.2	224.4
2013		4.2	57.6	174.3	90.1	21.8	4.4	50.3	221.4
2014		4.6	60.5	180.2	94.1	21.4	4.0	59.8	229.9
2015		5.8	63.2	209.4	95.2	29.5	3.5	48.5	234.3
2016		7.0	64.2	223.8	102.3	26.1	7.9	43.5	245.0
2017		9.3	66.2	226.1	104.6		9.2	40.2	251.4
2018		10.7	56.5	239.1	103.5		10.0	19.0	262.3
2019		16.8	60.0	252.8	107.4		13.3	12.3	268.6

注：1. 以上固定电话数据中，1992 年至 1998 年包含公费电话，其中括号中的数为剔除公费电话后的纯私费电话数。

2. 2012 年以前数据为城市居民统计范围，从 2013 年起，因统计方法制度改革，统计范围调整为城镇居民统计范围，与往年数据不具有可比性。自 2013 年起，不再调查钢琴拥有量。

7-5 城镇居民调查户基本情况(2019年)

指标	单位	合计	按人平可支配收入比例分组				
			低收入户	中低收入户	中等收入户	中高收入户	高收入户
一、调查户数	户	570	114	114	114	114	114
二、家庭人口数	人	1835	442	417	355	334	287
平均每户	人/户	3.22	3.88	3.66	3.11	2.93	2.52
三、常住劳动力人数	人	1268	287	279	254	242	206
(一)就业人口数	人	948	220	219	193	153	163
平均每户	人/户	1.66	1.93	1.92	1.69	1.34	1.43
1. 雇主人数	人	15	3	3	0	1	8
2. 公职人员人数	人	34	9	3	6	5	11
3. 事业单位人员人数	人	89	6	19	15	20	29
4. 国有企业雇员人数	人	54	2	11	12	16	13
5. 其他雇员人数	人	571	118	157	126	99	71
6. 农业自营人数	人	57	36	8	7	0	6
7. 非农自营人数	人	128	46	18	27	12	25
(二)未就业者人数	人	320	67	60	61	89	43
四、行政事业单位离退休人数	人	50	1	2	13	24	10
其他单位离退休人数	人	152	11	26	36	52	27
五、平均每一就业者负担人数	人	1.94	2.01	1.90	1.84	2.18	1.76
六、人平可支配收入	元	55211	19427.16	37539.88	51780.43	68726.09	122467.20

7－6 年末城镇居民调查户主要消费品拥有量(2019年)

指　　标	单位	合计	按人平可支配收入比例分组				
			低收入户	中　低收入户	中　等收入户	中　高收入户	高收入户
家用汽车	辆	352	63	87	78	60	64
摩托车	辆	111	43	18	18	17	15
助力车	辆	149	44	38	24	28	15
洗衣机	台	621	126	126	122	122	125
电冰箱(柜)	台	614	132	120	121	118	123
微波炉	台	342	43	65	75	79	80
彩色电视机	台	670	138	134	140	127	131
空调	台	1441	246	290	302	297	306
热水器	台	612	115	125	127	121	124
计算机	台	536	89	115	118	97	117
照相机	台	174	19	33	38	38	46
中高档乐器	架	96	13	19	21	23	20
健身器材	台	76	8	18	19	17	14
洗碗机	台	26	3	3	7	4	9
排油烟机	台	543	97	110	116	113	107
吸尘器	台	134	14	24	25	38	33
固定电话	部	70	14	9	15	16	16
移动电话	部	1531	338	336	308	289	260

注：因报表采集指标变动，不再统计组合音响、摄像机、消毒碗柜耐用消费品拥有量，增加洗碗机、排油烟机、吸尘器耐用消费品拥有量统计指标。

7－7 城镇居民家庭人平收支情况(2019年)

单位:元

指 标	合 计	按人平可支配收入比例分组				
		低 收入户	中 低 收入户	中 等 收入户	中 高 收入户	高 收入户
一、家庭人均总收入	68119.76	35119.80	42523.19	62036.99	80818.77	146605.47
二、非收入所得	3087.21	3337.22	1932.81	2139.31	2572.62	6097.02
1. 出售资产所得	360.87	730.09	325.45	480.95	18.13	105.12
2. 非经常性转移所得	2720.54	2604.34	1607.37	1658.35	2537.66	5978.95
3. 其他非收入所得	5.80	2.80			16.83	12.94
三、借贷性所得	1372.37	1926.80	1183.03	88.30	106.15	3834.97
1. 提取储蓄存款	949.87	1392.84	1095.78	57.82	90.94	2157.59
2. 借入款	354.72	423.21				1595.45
3. 收回借出款	63.52	107.14	79.26	30.49	6.40	81.93
4. 收回储蓄性保险本金						
5. 住房贷款	2.47	3.62			8.81	
6. 汽车贷款						
7. 教育贷款						
8. 其他贷款						
9. 其他借贷所得	1.80		7.99			
四、总支出	63021.66	47917.61	42062.35	58067.30	66459.94	117083.24
# 借贷性支出	3627.62	2455.49	2600.92	3174.98	5435.87	5311.91
1. 存入储蓄款	54.81	229.98	0.08			
2. 借出款	78.35		20.77	293.84		103.65
3. 归还借款	91.26	138.26	78.72	39.71	16.67	187.36
4. 购买有价证券	338.08	10.77			1764.14	81.80
5. 其他投资支出	9.90		32.09	0.29	0.38	16.02
6. 归还住房贷款	2574.73	1739.02	1923.23	2638.84	3362.62	3764.57
7. 归还汽车贷款	438.79	318.94	446.00	202.30	263.54	1098.51
8. 归还教育贷款						
9. 归还其他贷款	40.61	18.52	97.21		28.53	57.09
10. 其他借贷支出	1.10		2.81			2.92

7－8　城镇居民家庭人平收入情况(2019 年)

单位:元

指　　标	合　计	按人平可支配收入比例分组				
		低 收入户	中　低 收入户	中　等 收入户	中　高 收入户	高 收入户
家庭总收入	**68119.76**	**35119.80**	**42523.19**	**62036.99**	**80818.77**	**146605.47**
# 可支配收入	55211.05	19427.16	37539.88	51780.43	68726.09	122467.20
一、工资性收入	30504.57	16056.56	24112.11	30673.43	36338.53	54275.56
1. 工资	29432.99	15632.28	23178.56	29744.30	34900.08	52286.70
2. 实物福利	143.75	29.78	192.61	153.23	174.96	197.78
3. 其他	927.84	394.50	740.94	775.90	1263.49	1791.08
二、经营净收入	7913.58	592.73	5291.99	6247.20	3733.83	29424.07
三、财产净收入	7095.82	2688.84	3821.32	6415.38	9317.83	16608.00
1. 利息净收入	649.98	75.09	297.59	877.14	428.80	1985.80
2. 红利收入	547.67	48.71	207.24	189.84	262.65	2541.47
3. 储蓄性保险净收益	0.77		3.43			
4. 转让承包土地经营权租金净收入	43.76	18.18		11.54	203.39	
5. 出租房屋财产性收入	2964.58	618.20	1141.25	2356.48	4791.62	7926.92
6. 出租机械、专利、版权等资产的收入	92.28	48.19	10.05		429.62	
7. 其他财产净收入	50.40	12.40	8.70	6.30	20.70	30.40
8. 房屋虚拟租金	2746.38	1868.06	2153.06	2974.08	3181.05	4123.41
四、转移净收入	9697.09	89.04	4314.45	8444.43	19335.90	22159.56
(一)转移性收入	13889.00	2989.68	6452.75	12026.95	25978.54	29121.17
1. 养老金或离退休金	10241.37	1596.76	4172.66	9667.66	20339.77	20874.30
2. 社会救济和补助	37.82	58.64	51.35	33.71	25.62	6.55
3. 政策性生活补贴	104.71	35.53	92.72	73.27	178.76	178.63
4. 报销医疗费	348.13	144.82	363.55	538.65	392.59	346.68
5. 家庭外出从业人员寄回带回收入	643.63	353.85	540.47	249.58	934.74	1370.92
6. 赡养收入	810.81	520.10	421.69	520.32	1045.88	1881.95
7. 其他经常转移收入	1662.51	214.66	784.33	903.33	3039.26	4419.87
8. 从政府和组织得到的实物产品和服务折价	19.68	20.07	18.22	17.92	21.93	20.73
9. 现金政策性惠农补贴	20.34	45.26	7.76	22.51		21.54
(二)转移性支出	4191.91	2900.64	2138.30	3582.52	6642.64	6961.60

7－9 城镇居民家庭人平支出情况(2019年)

单位:元

指标	合计	按人平可支配收入比例分组				
		低收入户	中低收入户	中等收入户	中高收入户	高收入户
家庭人均总支出	**63021.66**	**47917.61**	**42062.35**	**58067.30**	**66459.94**	**117083.24**
一、消费支出	39516.35	24822.29	29770.24	38752.32	43415.96	71439.59
二、生产经营费用支出	7935.16	11849.20	2303.32	5993.22	5070.00	15712.10
(一)第一产业经营费用支出	613.15	221.04	499.82	1799.06	5.67	608.39
(二)第二产业经营费用支出	1221.40	4633.50	342.18	141.40	3.91	76.39
(三)第三产业经营费用支出	6100.61	6994.66	1461.32	4052.76	5060.42	15027.31
三、财产性支出	261.27	164.52	167.11	42.06	253.83	815.98
(一)生活贷款利息支出	237.54	95.90	166.26	42.06	253.83	770.77
1.住房贷款利息支出	171.85	84.62	166.26	39.63	253.83	377.83
2.其他生活贷款利息支出	65.69	11.28		2.44		392.95
(二)其他财产性支出	23.73	68.62	0.85			45.21
1.非储蓄性财产保险支出	0.79		0.85			3.73
2.其他财产性支出	22.95	68.62				41.48
四、转移性支出	4191.91	2900.64	2138.30	3582.52	6642.64	6961.60
(一)个人所得税	228.19	64.51	119.74	148.28	410.81	514.66
(二)社会保障支出	1880.87	1144.60	1546.97	2219.68	1957.86	2953.06
1.个人缴纳的养老保险	1337.74	740.75	1036.31	1624.49	1432.80	2198.36
2.个人缴纳的医疗保险	435.46	370.25	416.28	469.26	400.26	559.33
3.个人缴纳的失业保险	37.54	8.40	39.83	39.31	51.46	59.79
4.其他社会保障支出	70.12	25.20	54.55	86.61	73.34	135.58
(三)外来从业人员寄给家人的支出	2.15		8.13	1.65		
(四)赡养支出	295.44	177.23	137.61	386.53	353.26	518.01
(五)其他转移性支出	1785.27	1514.31	325.85	826.39	3920.70	2975.86
五、部分商业保险支出	352.15	181.44	314.67	300.38	682.23	344.90
六、购置资产及非经常性转移支出	7137.20	5544.01	4767.79	6221.82	4959.42	16497.16
七、借贷性支出	3627.62	2455.49	2600.92	3174.98	5435.87	5311.91

7-10 城镇居民家庭人平消费支出情况(2019年)

单位:元

指标	合计	按人平可支配收入比例分组				
		低收入户	中低收入户	中等收入户	中高收入户	高收入户
全年人平消费支出	**39516.35**	**24822.29**	**29770.24**	**38752.32**	**43415.96**	**71439.59**
一、食品烟酒	10188.39	6474.88	8167.02	10048.25	11735.90	17002.89
二、衣着	2563.92	1595.53	2093.97	2439.11	3061.61	4259.82
三、居住	7628.18	5351.03	5700.26	7146.05	8856.87	12944.30
四、生活用品及服务	3049.18	1455.68	1818.68	2518.93	3248.90	7595.52
五、交通通信	5037.18	3505.48	3677.32	4771.12	4821.31	9828.48
# 通信	891.47	641.36	750.79	1006.41	1047.96	1144.74
六、教育文化娱乐	7361.09	4227.02	6000.89	7842.75	8326.06	12281.17
教育	3593.78	2591.20	3601.75	3753.23	4153.03	4246.16
文化娱乐	3767.31	1635.82	2399.14	4089.52	4173.03	8035.0
七、医疗保健	2819.55	1541.99	1816.44	3231.45	2275.85	5947.46
八、其他用品和服务	868.85	670.69	495.65	754.66	1089.44	1579.95

7-11 城镇居民家庭人平主要食品及水电燃料购买消费量(2019年)

指　标	单位	合　计	按人平可支配收入比例分组				
			低收入户	中　低收入户	中　等收入户	中　高收入户	高收入户
大米	公斤	31.25	26.67	29.58	32.27	34.33	35.68
面粉	公斤	1.37	0.79	2.55	0.97	1.37	1.02
食用植物油	公斤	13.11	10.62	11.79	9.14	16.77	19.35
猪肉	公斤	32.89	26.42	25.61	28.64	39.42	50.59
牛肉	公斤	3.44	2.38	2.89	3.75	3.54	5.33
羊肉	公斤	0.96	0.68	0.69	1.36	0.85	1.39
鸡	公斤	6.55	5.57	6.38	7.23	6.11	7.93
鸭	公斤	2.12	1.88	2.30	2.45	1.61	2.43
鲜蛋	公斤	8.16	5.87	8.38	9.41	7.63	10.40
鱼	公斤	13.29	12.80	12.89	12.97	11.29	17.24
鲜菜	公斤	113.77	67.44	90.10	119.41	150.06	168.05
白酒	公斤	1.89	0.97	1.30	1.85	4.15	1.53
果酒	公斤	0.15	0.06	0.08	0.23	0.10	0.31
啤酒	公斤	2.76	2.55	2.33	2.50	3.70	2.89
茶叶	公斤	0.35	0.26	0.26	0.33	0.46	0.51
鲜瓜果	公斤	63.10	44.50	62.10	66.25	70.84	79.65
糕点	公斤	6.12	4.68	4.91	5.67	8.70	7.60
鲜乳品	公斤	8.59	5.42	6.56	12.80	9.93	9.56
奶粉	公斤	0.93	0.76	1.20	0.90	1.05	0.68
酸奶	公斤	5.47	2.10	7.25	4.85	6.12	8.00
水	吨	96.28	75.93	60.86	78.41	115.42	176.73
电	度	1233.75	914.93	997.84	1274.28	1472.41	1721.27
煤炭	公斤	3.07	5.78	6.78		0.03	1.00
罐装液化石油汽	公斤	7.55	13.78	6.51	4.63	5.97	5.08
管道天然气	立方米	54.51	28.80	51.55	60.95	58.57	84.67

7－12 城镇居民家庭人平主要食品支出额(2019年)

单位:元

指标	合计	按人平可支配收入比例分组				
		低收入户	中低收入户	中等收入户	中高收入户	高收入户
谷物	403.05	275.50	339.63	393.44	445.50	646.79
油脂类	257.60	207.09	199.44	251.30	266.98	412.44
猪肉	1098.16	784.04	696.45	932.38	1462.43	1921.26
牛肉	213.80	137.69	178.70	241.16	210.07	348.25
羊肉	52.97	37.44	42.05	73.86	47.79	72.08
家禽	308.97	250.16	285.67	351.17	299.87	388.81
蛋类	119.43	90.04	116.06	131.97	119.19	153.13
鱼	246.19	212.26	212.07	249.99	229.58	359.73
鲜菜	744.22	426.25	564.35	740.27	989.44	1198.00
白酒	205.36	77.79	117.53	161.83	386.40	365.96
果酒	15.49	1.26	7.56	31.26	12.28	32.45
啤酒	20.33	17.03	17.62	17.92	27.07	24.29
瓶装饮用水	18.96	9.74	19.45	15.83	28.70	24.67
茶叶	49.11	25.90	30.60	48.61	71.54	84.91
干鲜瓜果类	755.32	475.54	649.19	826.03	896.44	1075.85
糕点类	155.45	104.55	121.24	162.21	193.14	228.54
鲜乳品	105.02	68.65	80.91	130.94	121.22	143.26
奶粉	185.36	176.75	242.53	141.76	206.46	146.39
酸奶	61.94	24.56	53.15	63.31	81.28	106.41
在外饮食	2994.42	1461.87	2272.56	3043.07	3464.59	5711.04

7－13　城镇居民家庭人平主要设备用品及水电燃料消费额(2019 年)

单位:元

指　　标	合　计	按人平可支配收入比例分组				
		低收入户	中　低收入户	中　等收入户	中　高收入户	高收入户
摩托车	5.86	10.03		10.68	7.63	
电动自行车	20.54	7.49	21.59	13.31	31.24	35.16
洗衣机	51.22	27.15	35.74	74.33	46.94	85.86
电冰箱	51.87	10.57	44.53	80.12	44.07	98.51
彩色电视机	55.64	19.32	12.75	106.35	63.75	99.43
计算机	141.80	45.10	113.27	177.08	127.07	300.73
组合音响	0.76	1.56	0.73		1.23	
摄像机						
照相机	8.01	0.14	9.82			36.20
微波炉	3.74	1.93	5.44	8.65	0.52	1.75
空调器	129.37	17.75	104.72	88.75	257.63	233.72
热水器	24.96	11.11	13.10	26.57	29.84	54.90
固定电话机	0.32	0.81			0.64	0.04
移动电话	309.12	219.66	230.23	380.09	428.81	330.48
水	255.13	188.61	165.67	216.28	298.69	478.80
电	776.70	575.70	657.40	796.84	910.86	1067.76
煤炭	3.35	4.39	7.29		0.02	4.13
液化石油气	56.99	90.89	54.85	38.04	47.69	43.10
管道煤气	15.84	11.60	15.81	16.79	27.96	7.15
管道天然气	146.80	75.16	132.17	165.29	162.00	234.67

7－14　年末城镇居民家庭居住情况(2019年)

指　　标	单　位	合　计	比重(%)
一、按人均可支配收入分组现住房建筑面积			
城镇低收入户	平方米	44.36	20
城镇中低收入户	平方米	36.75	20
城镇中等收入户	平方米	42.41	20
城镇中高收入户	平方米	39.34	20
城镇高收入户	平方米	57.05	20
二、现住房房屋来源			
1. 租赁公房	户	7	1.23
2. 租赁私房	户	32	5.61
3. 自建住房	户	106	18.60
4. 购买商品房	户	330	57.89
5. 购买房改住房	户	45	7.89
6. 购买保障性住房	户	17	2.98
7. 拆迁安置房	户	23	4.04
8. 继承或获赠住房	户	4	0.70
9. 免费借用房	户	2	0.35
10. 雇主提供免费住房	户	1	0.18
11. 其他来源	户	3	0.53
三、居住空间样式			
1. 单栋楼房	户	120	21.05
2. 单栋平房	户	10	1.75
3. 四居室及以上单元房	户	51	8.95
4. 三居室单元房	户	226	39.65
5. 二居室单元房	户	144	25.26
6. 一居室单元房	户	13	2.28
7. 筒子楼或连片平房	户	6	1.05
8. 其他	户		
四、住户主要饮用水来源情况			
1. 经过净化处理的自来水	户	500	87.72
2. 受保护的井水和泉水	户	56	9.82
3. 不受保护的井水和泉水	户	1	0.18
4. 江河湖泊水	户	1	0.18
5. 收集雨水	户		
6. 桶装水	户	11	1.93
7. 其他水源	户	1	0.18

7－14 续表

指　　标	单　位	合　计	比重(%)
五、住宅有管道供水情况			
1. 管道供水入户	户	546	95.79
2. 管道供水至公共取水点	户	2	0.35
3. 没有管道设施	户	22	3.86
六、住户厕所类型			
1. 水冲式卫生厕所	户	565	99.12
2. 水冲式非卫生厕所	户	3	0.53
3. 卫生旱厕	户	1	0.18
4. 普通旱厕	户		
5. 无厕所	户	1	0.18
七、住户洗澡设施情况			
1. 统一供热水	户	13	2.28
2. 家庭自装热水器	户	549	96.32
3. 其他	户	6	1.05
4. 无洗澡设施	户	2	0.35
八、住户主要取暖设备状况			
1. 由市政或小区集中供暖	户	6	1.05
2. 自行供暖	户	491	86.14
3. 无取暖设备	户	73	12.81
九、主要炊用能源状况			
1. 柴草	户		
2. 煤炭	户	2	0.35
3. 罐装液化石油气	户	122	21.40
4. 管道液化石油气	户	9	1.58
5. 管道煤气	户	18	3.16
6. 管道天然气	户	393	68.95
7. 电	户	21	3.68
8. 燃料用油	户		
9. 沼气	户	4	0.70
10. 其他	户	1	0.18
11. 无炊用行为	户		
十、信息化调查(每百户)			
1. 接入互联网的移动电话	部	241.6	
2. 接入有线电视网络的电视机	台		
3. 接入互联网的计算机	台	87.2	

7－15　城乡(镇)居民分区、县(市)家庭人平收入情况(2019年)

指　　标	合　计	芙蓉区	天心区	岳麓区
家庭人均总收入	60983.75	81518.67	92566.05	71867.26
# 可支配收入	48724.06	59033.00	59158.85	58947.79
一、工资性收入	27557.66	27235.98	30486.66	35900.11
1. 工资	26649.38	26248.42	29505.13	34797.38
2. 实物福利	158.15	25.61	43.69	367.97
3. 其他	750.13	961.96	937.84	734.76
二、经营净收入	8232.86	7704.11	8999.68	8318.55
三、财产净收入	5217.92	12306.23	7601.92	5303.07
1. 利息净收入	494.09	287.00	104.88	230.38
2. 红利收入	432.06	473.77	1657.18	75.71
3. 储蓄性保险净收益	1.08			
4. 转让承包土地经营权租金净收入	36.05			
5. 出租房屋财产性收入	2184.56	7784.74	3952.21	614.26
6. 出租机械、专利、版权等资产的收入	81.09			
7. 其他财产净收入	21.20	33.90	25.70	60.70
8. 房屋虚拟租金	1967.79	3726.82	1861.96	4322.02
四、转移净收入	7715.62	11786.68	12070.59	9426.07
(一)转移性收入	10935.61	25837.87	16043.42	12786.51
1. 养老金或离退休金	7575.64	24634.53	8435.57	10944.21
2. 社会救济和补助	64.71	91.01		
3. 政策性生活补贴	115.51	7.75	464.18	14.16
4. 报销医疗费	305.32	606.20	1291.68	60.91
5. 家庭外出从业人员寄回带回收入	689.63	314.85		980.39
6. 赡养收入	747.33	114.17	2399.79	481.82
7. 其他经常转移收入	1343.80	59.39	3442.68	294.89
8. 从政府和组织得到的实物产品和服务折价	26.41	9.96	1.63	10.13
9. 现金政策性惠农补贴	67.25		7.89	
(二)转移性支出	3219.99	14051.19	3972.83	3360.43

注:7－15表至7－17表芙蓉区、天心区、岳麓区、开福区和雨花区无农村调查点,均为城镇数据。

单位:元

开福区	雨花区	望城区	长沙县	浏阳市	宁乡市
61487.32	63844.82	47468.37	51885.87	67135.97	41930.20
58333.95	59374.97	43956.18	43919.65	43252.58	38167.54
28701.93	31334.56	26085.31	29618.46	25298.39	22185.07
27499.54	29310.35	25101.72	29141.12	24804.36	21535.85
199.35	162.87	604.05	183.24	16.73	22.38
1003.03	1861.34	379.55	294.11	477.31	626.85
4132.03	8931.75	12234.49	5919.78	11276.38	6866.99
7712.43	5230.32	2915.11	6083.74	2252.85	3644.67
-99.83	-26.88	82.97	3063.59	-8.33	101.02
981.82	75.93	458.72	526.86	62.14	260.22
		6.15		3.30	
351.59		20.22	20.59	21.42	
3217.13	1079.06	1001.17	1479.38	842.59	2442.61
		40.78	9.32	358.22	122.27
44.90	36.70	29.90	20.70	13.30	15.40
3216.81	4065.51	1275.21	963.31	960.23	703.15
17787.57	13878.33	2721.26	2297.66	4424.95	5470.81
20278.15	17582.58	4311.42	3895.25	6763.54	6662.56
18783.98	13452.20	3510.23	882.95	3499.10	1082.67
47.51	48.06	55.88	53.47	137.42	45.59
39.33	157.39	11.91	87.37	64.83	172.19
112.59	218.55	232.01	247.48	220.70	139.11
107.71	30.52	58.39	1198.71	1749.28	911.91
1020.76	791.69	99.79	406.01	758.29	775.38
159.65	2841.59	220.18	691.65	198.04	3496.90
6.62	42.58	4.39	52.24	53.10	4.36
		118.64	275.36	82.78	34.46
2490.58	3704.25	1590.15	1597.59	2338.58	1191.75

7－16 城乡(镇)居民分区、县(市)家庭人平支出情况(2019年)

指标	合计	芙蓉区	天心区	岳麓区
家庭人均总支出	56438.85	74227.11	89884.78	78362.33
一、消费支出	34859.68	44853.87	45007.14	46853.88
二、生产经营费用支出	7867.67	7400.44	27756.48	9041.00
(一)第一产业经营费用支出	603.39		1.12	126.20
(二)第二产业经营费用支出	2607.96	108.00	8815.06	
(三)第三产业经营费用支出	4656.32	7292.44	18940.29	8914.80
三、财产性支出	486.59	363.81	302.87	518.04
(一)生活贷款利息支出	183.61	363.81	302.87	516.12
(二)其他财产性支出	302.98			1.92
四、转移性支出	3219.99	14051.19	3972.83	3360.43
(一)个人所得税	168.02	144.73	260.24	561.17
(二)社会保障支出	1539.01	1472.72	2700.03	2230.93
(三)外来从业人员寄给家人的支出	4.34			
(四)赡养支出	224.64	256.53	272.21	206.57
(五)其他转移性支出	1283.98	12177.22	740.35	361.77
五、部分商业保险支出	304.10	148.93	490.39	459.06
(一)意外伤害保险	22.91	7.01	25.12	86.62
(二)商业医疗保险(含大病保险)	150.24	94.56	310.87	255.83
(三)其他非储蓄性商业保险	54.06	38.06	52.00	
(四)其他储蓄性商业保险	76.89	9.30	102.40	116.62
六、购置资产及非经常性转移支出	6783.91	4386.12	8390.99	15900.79
(一)购置资产支出	2234.57	25.39	3282.27	10995.45
(二)非经常性转移支出	4549.33	4360.72	5108.72	4905.34
七、借贷性支出	2916.91	3022.75	3964.08	2229.13

单位:元

开福区	雨花区	望城区	长沙县	浏阳市	宁乡市
44806.61	64843.58	43132.52	47228.80	55448.01	40044.33
33933.14	49202.16	29700.72	29761.31	25980.25	27028.47
397.33	257.20	1510.47	4645.24	19500.83	1118.44
10.70	0.16	379.87	488.25	2881.92	172.41
		521.56	59.45	10582.74	
386.63	257.04	609.04	4097.54	6036.18	946.03
224.52	110.87	128.28	1204.06	52.21	1197.36
224.52	110.87	116.10	189.42	52.15	122.86
		12.19	1014.64	0.05	1074.50
2490.58	3704.25	1590.15	1597.59	2338.58	1191.75
58.93	417.87	152.51	154.65	3.71	50.32
1801.28	2535.19	1013.60	1191.81	1004.03	1019.29
			9.97		19.56
476.71	669.49	112.87	202.30	21.68	88.75
153.66	81.70	311.18	38.85	1309.15	13.82
298.10	452.15	632.47	377.32	82.75	90.81
4.00	9.05	24.25	33.87	7.27	4.13
171.04	135.01	400.09	169.61	8.77	50.28
23.59	201.70	40.25	80.08	20.15	8.48
99.48	106.39	167.88	93.76	46.57	27.92
4163.14	4479.49	7067.15	6449.71	6349.94	7142.54
259.23	363.30	1716.81	1543.83	892.59	3892.00
3903.91	4116.19	5350.34	4905.88	5457.35	3250.54
3299.81	6637.45	2503.26	3193.58	1143.45	2274.95

7－17　城乡(镇)居民分区、县(市)家庭人平消费支出情况(2019年)

单位:元

指　　标	合　计	芙蓉区	天心区	岳麓区	开福区	雨花区
全年人均消费支出	34859.68	44853.87	45007.14	46853.88	33933.14	49202.16
一、食品烟酒	8961.06	11466.20	11170.32	11777.71	10524.96	12355.79
二、衣着	2193.38	3646.43	2338.57	2731.31	2157.20	3005.75
三、居住	6820.86	8479.67	7118.29	8832.26	6655.93	9338.00
四、生活用品及服务	2597.64	3214.81	2914.95	3356.37	2239.02	6303.77
五、交通通信	4784.47	4998.09	8760.37	6110.71	2551.98	4488.61
六、教育文化娱乐	6405.26	8196.39	8437.80	8462.99	6086.10	9317.48
七、医疗保健	2393.86	3253.60	3301.55	4696.88	3342.89	3462.71
八、其他用品和服务	703.15	1598.68	965.29	885.66	375.06	930.04

7－17 续表

指　　标	望城区	长沙县	浏阳市	宁乡市
全年人均消费支出	29700.72	29761.31	25980.25	27028.47
一、食品烟酒	7648.65	7674.95	6480.98	6811.06
二、衣着	1824.92	2093.45	1600.33	1620.77
三、居住	5550.43	5532.63	5994.28	5998.00
四、生活用品及服务	1789.14	2051.73	1298.42	1835.92
五、交通通信	5349.55	4856.72	3749.81	3787.62
六、教育文化娱乐	5522.45	5572.36	4591.48	5060.80
七、医疗保健	1465.29	1668.80	1610.19	1330.07
八、其他用品和服务	550.29	310.67	654.77	584.23

7－18　2000—2019年农村居民家庭调查户基本情况

项　目	单位	2000年	2005年	2006年	2007年	2008年	2009年	2010年	2011年	2012年
一、调查户数	户	560	1000	1000	1000	1000	1000	1000	980	690
常住人口	人	2249	3901	3887	3896	3833	3832	3836	3796	2648
年末人均住房面积	平方米	44.13	49.42	53.42	57.07	58.63	59.93	59.53	62.04	62.57
二、全年人均总收入	元	4558.39	7395.06	8215.63	9234.55	11097.88	12923.08	14920.03	18057.28	20648.09
（一）工资性收入	元	1107.30	2082.14	2657.13	3207.31	3707.79	4481.72	5354.01	6784.44	8751.13
（二）家庭经营收入	元	2935.69	4456.38	4659.24	5005.67	6090.95	6896.30	7623.05	8840.48	9243.61
1. 农业收入	元	1017.52	1239.05	1342.94	1439.64	1830.53	1994.15	2409.98	2800.08	3144.00
2. 林业收入	元	36.58	61.08	76.85	84.14	104.98	105.01	134.21	291.04	265.95
3. 牧业收入	元	1198.03	1958.27	1792.85	1888.64	2110.96	2262.87	2239.78	2809.87	2015.99
4. 渔业收入	元	58.40	74.09	80.74	65.91	81.98	103.27	106.29	70.71	64.02
5. 二、三产业收入	元	625.16	1123.89	1365.86	1527.34	1962.49	2430.99	2732.80	2868.79	3754.00
（三）转移性收入	元	471.08	576.88	616.14	701.38	891.75	1013.04	1346.19	1653.53	1762.10
（四）财产性收入	元	44.32	279.67	283.08	320.19	407.39	532.03	596.78	778.83	891.25
三、全年人均纯收入	元	3005.00	4908.00	5653.00	6613.36	8002.60	9431.90	11205.87	13400.42	15763.10
人均可支配收入	元	2941.00	4735.00	5438.00	6339.41	7631.67	8986.35	10639.78	12717.27	15056.55
四、全年人均总支出	元	4162.65	6773.50	7282.19	8276.29	9637.71	10635.68	11749.13	13628.59	15579.10
（一）家庭经营费用支出	元	1061.21	1934.15	1981.70	2038.91	2384.49	2692.48	2774.01	3160.06	3415.44
1. 种植业生产支出	元	225.53	336.98	353.94	366.87	397.07	471.17	524.36	638.03	691.33
2. 林业生产支出	元	1.97	8.26	10.96	18.72	15.48	27.22	32.46	62.55	193.75
3. 牧业生产支出	元	693.31	1203.10	1127.24	1075.98	1207.58	1263.44	1189.78	1426.63	1269.95
4. 渔业生产支出	元	15.02	21.98	22.69	29.72	30.26	30.95	28.34	19.49	20.44
5. 二、三产业支出	元	140.40	363.48	466.88	547.62	734.10	899.70	999.08	1013.37	1240.00
（二）购置生产用固定资产支出	元	71.83	141.00	142.32	174.31	201.11	156.08	204.65	218.36	274.25
（三）税费支出	元	76.13	15.83	14.20	9.35	20.62	14.20	31.56	4.34	4.84
（四）生活消费支出	元	2584.16	4166.23	4573.97	5413.68	6211.73	6826.35	7532.56	8579.29	10154.71
（五）其他	元	369.48	514.08	570.00	640.04	819.76	946.57	1206.36	1666.54	1729.86

7－18 续表

指　　标	单　位	2013年	2014年	2015年	2016年	2017年	2018年	2019年
一、调查户数	户	308	305	304	310	310	310	310
常住人口	人	1091	1114	1138	1188	1191	1124	1126
年末人均住房建筑面积	平方米	61.97	51.79	56.47	60.00	59.12	59.40	58.05
二、总收入(未扣除生产费用)	元	23611.93	30122.45	31114.24	32363.62	33912.37	41947.4	42948.27
(一)工资性收入	元	10311.07	10103.47	13355.44	15617.47	16708.74	18129.8	20109.67
(二)经营性收入	元	10445.96	16225.54	14635.79	13765.49	13990.73	18879.60	17839.58
1.农业	元	1810.14	2086.12	1762.50	1821.81	1663.66	1026.90	1157.41
2.林业	元	846.74	944.18	615.51	225.56	218.92	236.00	141.85
3.牧业	元	4020.20	8354.31	6943.80	2169.74	2769.48	861.40	491.88
4.渔业	元	126.81	108.82	168.88	140.83	118.33	89.80	36.92
5.农林牧渔服务业	元	77.32	189.76	39.01	28.76	47.99	1.50	11.57
6.二、三产业经营收入	元	3564.74	4732.11	5145.09	9407.55	9220.34	16665.50	16011.52
(三)财产性收入	元	557.73	632.10	331.10	345.25	484.20	1540.60	1527.77
(四)转移性收入	元	2297.17	3161.34	2791.92	2635.41	2728.69	3397.40	3471.26
(五)非收入所得	元	1420.53	3271.03	3287.44	5827.71	3372.10	2377.90	3343.86
(六)借贷性所得	元	2782.60	2135.37	2003.91	1800.98	1506.76	3493.80	1179.66
三、可支配收入	元	19712.57	21723.25	23601.02	25448.25	27359.94	29714.10	32328.88
四、全年人均总支出	元	22658.36	28381.60	30699.74	33057.00	33487.82	41749.10	39801.53
(一)消费支出	元	11585.76	13147.44	15953.98	17574.00	19188.96	20959.30	23090.46
(二)生产经营费用支出	元	3422.63	7722.55	6724.49	6046.57	5588.34	9016.70	7697.10
1.农业	元	705.81	992.31	799.85	581.41	721.77	450.60	296.83
2.林业	元	50.38	85.00	143.38	17.82	52.62	176.40	30.01
3.牧业	元	2062.18	5476.13	4590.55	1260.37	1524.79	415.70	242.48
4.渔业	元	32.02	14.85	52.03	31.89	33.00	12.10	9.42
5.农林牧渔服务业	元	36.29	37.86	6.96	14.66	13.85	16.10	3.42
6.二、三产业经营支出	元	535.95	1154.26	1138.68	4140.42	3256.15	7961.80	7118.36
(三)财产性支出	元	18.78	45.70	20.47	82.40	128.10	1154.70	1056.04
(四)转移性支出	元	344.05	242.43	340.23	332.35	377.33	806.10	763.58
(五)部分商业保险支出	元	31.08	52.07	66.88	77.69	124.65	192.20	182.67
(六)购置资产及非经常性转移支出	元	3989.66	4555.96	6252.53	7472.88	6654.91	7685.50	5891.00
(七)借贷性支出	元	3266.40	2615.46	1341.15	1471.12	1425.52	1934.70	1120.67

注:自2013年起,因统计方法制度改革,2013年统计数据与以往年度数据不具有可比性。

7－19　农村居民家庭人均收入(2019 年)

单位:元

项　　目	全　市	# 望城区	长沙县	宁乡市	浏阳市
全年人均总收入(未扣除生产费用)	42948.27	38443.49	40090.03	32708.30	63381.18
一、工资性收入	20109.67	23087.34	25764.34	18802.86	15356.58
1. 工资	19614.12	22281.93	25383.40	17927.31	15321.65
2. 实物福利	194.55	730.61	275.42	22.35	14.51
3. 其他	301.00	74.80	105.51	853.20	20.42
二、经营性收入	17839.58	12516.03	8141.49	7590.60	43355.28
1. 第一产业经营收入	1828.05	1782.27	2871.58	848.50	2955.21
(1)农业收入	1157.41	1009.74	1231.27	680.64	2302.14
(2)林业收入	141.85	73.44	199.42	33.25	328.49
(3)牧业收入	491.88	615.79	1421.62	103.94	276.98
(4)渔业收入	36.92	83.29	19.27	30.67	47.60
2. 第二产业收入	9249.66	4994.67	254.57	0.22	31619.07
(1)采矿业					
(2)制造业	8223.76				31558.58
(3)电力、热力、燃气及水生产和供应业	0.06			0.22	
(4)建筑业	1025.84	4994.67	254.57		60.49
3. 第三产业收入	6761.87	5739.10	5015.35	6741.88	8780.99
(1)批发和零售业	5264.62	3885.57	3520.16	5283.83	7047.45
(2)交通运输、仓储和邮政业	100.90	130.39		98.55	180.28
(3)住宿和餐饮业	523.01		1042.63	0.72	1172.84
(4)房地产业					
(5)租赁和商务服务业	77.81	389.01		81.21	
(6)居民服务、修理和其他服务业	344.37	631.87	452.56		367.81
(7)其他	439.60	646.29		1276.26	
(8)农林牧渔服务业	11.57	55.97		1.31	12.60
三、财产性收入	1527.77	831.08	2981.19	2158.63	82.35
四、转移性收入	3471.26	2009.05	3203.01	4156.21	4586.97
五、非收入所得	3343.86	3149.82	2358.87	2107.39	5095.78
六、借贷性所得	1179.66	62.06	939.15	2473.18	1039.63

注:7－19 表至 7－26 表芙蓉区、天心区、岳麓区、开福区和雨花区无农村调查点。

7－20　农村居民家庭人均支出(2019 年)

单位:元

项　　目	全　市	# 望城区	长沙县	宁乡市	浏阳市
全年人均总支出	39801.53	36240.95	37032.73	30926.28	54204.58
一、消费支出	23090.46	23013.63	22803.34	23319.00	20295.01
(一)食品烟酒	5859.09	6273.73	5628.66	5944.00	5014.84
(二)衣着	1256.91	1172.93	1469.60	1145.50	1032.46
(三)居住	4780.44	4934.51	4759.28	4502.00	4196.75
(四)生活用品及服务	1456.42	1335.62	2180.14	1422.00	1002.56
(五)交通通信	4145.76	3635.97	3466.42	4456.00	4025.20
(六)教育文化娱乐	3989.51	3974.40	4262.05	4298.00	3147.10
(七)医疗保健	1317.99	1410.90	833.90	1267.10	1589.17
(八)其他用品和服务	284.35	275.56	203.29	284.39	286.94
二、生产经营费用支出	7697.10	2209.67	1387.08	499.66	25043.72
(一)第一产业经营费用支出	578.74	738.79	1151.76	151.20	704.32
1. 农业	296.83	353.09	396.77	84.75	522.69
2. 林业	30.01	5.22	35.47	25.41	60.79
3. 牧业	242.48	356.75	711.61	37.16	110.65
4. 渔业	9.42	23.72	7.90	3.89	10.19
(二)第二产业经营费用支出	6112.32	1118.12	140.65		22044.70
1. 采矿业					
2. 制造业	5582.93				22044.70
3. 电力、热力、燃气及水生产和供应业					
4. 建筑业	529.39	1118.12	140.65		
(三)第三产业经营费用支出	1006.04	352.77	94.68	348.46	2294.70
1. 批发和零售业	796.25	308.06	10.61	331.92	1614.24
2. 交通运输、仓储和邮政业	12.58	3.98	0.52	0.03	46.99
3. 住宿和餐饮业	168.38				625.09
4. 房地产业	1.00			3.66	
5. 租赁和商务服务业	4.77	33.32			
6. 居民服务、修理和其他服务业	16.40	1.13	71.22	3.86	4.85
7. 其他	3.23	5.48		9.00	
8. 农林牧渔服务业	3.42	0.80	12.33		3.52
三、财产性支出	1056.04	168.82	2471.71	1947.63	45.63
四、转移性支出	763.58	467.60	1105.59	576.07	682.18
五、部分商业保险支出	182.67	89.42	308.31	166.61	119.36
六、购置资产及非经常性转移支出	5891.00	8433.73	7751.31	3321.29	6754.48
七、借贷性支出	1120.67	1858.09	1205.39	1096.01	1264.21

7-21 农村居民家庭人平可支配收入(2019年)

单位:元

项目	全市	#望城区	长沙县	宁乡市	浏阳市
可支配收入	32328.88	35105.55	34582.38	29338.00	34562.00
一、工资性收入	20109.67	23087.34	25764.34	18802.86	15356.58
(一)工资	19614.12	22281.93	25383.40	17927.31	15321.65
1.按月发放的工资	11788.53	12034.52	14931.27	10765.00	9689.31
2.补发工资	473.21	15.63	156.73	516.43	1077.75
3.不按月发放的奖金、津贴、过节费等	7352.38	10231.77	10295.40	6645.89	4554.58
(二)实物福利	194.55	730.61	275.42	22.35	14.51
1.从单位或雇主得到的实物产品折价	51.39	30.18	87.38	7.80	7.99
2.从单位或雇主得到的服务折价	143.16	700.43	188.05	14.55	6.52
3.单位或雇主实物福利报销所得					
(三)其他	301.00	74.80	105.51	853.20	20.42
1.住房公积金	35.28	33.17	43.22	67.54	0.53
2.辞退金					
3.自由职业劳动所得(如稿费、翻译费)	18.70		1.73	66.67	
4.安家费					
5.股票期权					
6.其他劳动所得	247.01	41.63	60.56	718.99	19.89
二、经营净收入	9039.81	9814.51	6211.15	6744.00	15263.91
(一)第一产业经营净收入	1145.53	954.89	1548.17	680.03	2062.49
1.农业	776.41	581.02	727.06	579.56	1610.49
2.林业	104.04	68.22	148.98	7.81	248.53
3.牧业	237.84	246.08	660.86	66.54	166.33
4.渔业	27.23	59.57	11.28	26.12	37.14
(二)第二产业经营净收入	2367.74	3556.07	113.92	-0.27	6779.87
1.采矿业					
2.制造业	1933.11				6719.38
3.电力、热力、燃气及水生产和供应业	0.06			0.22	
4.建筑业	434.57	3556.07	113.92	-0.48	60.49
(三)第三产业经营净收入	5526.54	5303.54	4549.05	6064.24	6421.54
1.批发和零售业	4376.30	3539.89	3407.02	4830.10	5428.34
2.交通运输、仓储和邮政业	79.35	119.22	-0.52	98.52	101.93
3.住宿和餐饮业	290.04		804.47	-53.42	535.21
4.房地产业	-1.00			-3.66	
5.租赁和商务服务业	62.04	336.70	-23.05	81.21	
6.居民服务、修理和其他服务业	278.62	615.31	373.68	-157.06	347.25
7.其他	433.17	637.26		1267.26	
8.农林牧渔服务业	8.03	55.17	-12.54	1.29	8.81

7－21 续表

单位:元

项　　目	全　市	#望城区	长沙县	宁乡市	浏阳市
三、财产净收入	471.73	662.26	509.48	211.00	36.72
（一）利息净收入	100.08	-24.91	-55.84	32.43	-43.50
（二）红利收入	139.88		23.34	492.43	1.15
1. 集体分配的红利	1.72			5.26	1.15
2. 其他红利收入	138.16		23.34	487.16	
（三）储蓄性保险净收益	1.86				7.34
（四）转让承包土地经营权租金净收入	16.58	4.42	19.77		47.66
（五）出租房屋净收入	150.45	622.94	502.51	-468.74	64.37
（六）出租机械、专利、版权等资产的收入	52.79	90.51		146.48	
（七）其他财产净收入	10.10	-30.70	19.70	8.40	-40.30
（八）房屋虚拟租金					
四、转移净收入	2707.68	1541.44	2097.42	3580.14	3904.79
（一）转移性收入	3471.26	2009.05	3203.01	4156.21	4586.97
1. 养老金或离退休金	838.29	1134.66	354.92	847.03	1099.53
2. 社会救济和补助	132.68	90.01	92.58	36.88	257.13
3. 政策性生活补贴	142.79	14.91	93.65	291.86	118.45
4. 报销医疗费	197.14	217.31	99.90	178.30	385.78
5. 家庭外出从业人员寄回带回收入	805.87	129.60	745.64	739.34	1736.93
6. 赡养收入	586.91	221.49	594.79	865.16	464.53
7. 其他经常转移收入	538.32	5.03	502.22	1158.54	387.35
8. 从政府和组织得到的实物产品和服务折价	43.44	4.82	73.97	6.80	61.39
9. 现金政策性惠农补贴	185.83	191.22	645.34	32.33	75.89
（二）转移性支出	763.58	467.60	1105.59	576.07	682.18

7－22 农村居民家庭人平消费支出(2019年)

单位:元

项目	全市	#望城区	长沙县	宁乡市	浏阳市
消费支出	23090.46	23013.63	22803.34	23319.00	20295.01
一、食品烟酒	5859.09	6273.73	5628.66	5944.00	5014.84
二、衣着	1256.91	1172.93	1469.60	1145.50	1032.46
三、居住	4780.44	4934.51	4759.28	4502.00	4196.75
四、生活用品及服务	1456.42	1335.62	2180.14	1422.00	1002.56
五、交通通信	4145.76	3635.97	3466.42	4456.00	4025.20
# 通信	710.94	665.20	940.90	546.00	544.20
六、教育文化娱乐	3989.51	3974.40	4262.05	4298.00	3147.10
教育	2403.12	1716.20	2359.00	3761.60	2034.40
文化娱乐	1586.39	2258.20	1903.00	536.40	1112.70
七、医疗保健	1317.99	1410.90	833.90	1267.10	1589.17
八、其他用品和服务	284.35	275.56	203.29	284.39	286.94

7－23 农村居民家庭人平粮食收支情况(2019年)

单位:公斤

项目	全市	#望城区	长沙县	浏阳市	宁乡市
一、主要农产品产量					
1.谷物	199.5	331.2	189.8	193.3	242.2
#小麦					
稻谷	199.0	331.2	189.8	193.1	240.6
玉米	0.5			0.2	1.6
其他					
2.薯类	1.7	2.2	0.4	3.2	1.7
3.豆类	0.4	0.1		0.9	0.6
二、购买粮食					
(一)购买生产资料用粮食					
1.种子用粮食	1.8	3.1	1.8	1.8	1.4
2.饲料用粮食	65.1	101.6	209.8	23.1	10.5
(二)购买生活用粮食					
1.谷物	58.4	52.2	49.6	54.8	65.5
#大米	21.5	17.4	20.1	12.6	18.8
稻谷	18.3	15.4	5.4	24.1	30.5
玉米	2.7	6.0	3.4	0.9	2.5
2.薯类	2.9	2.5	3.3	2.3	3.4
3.豆类	4.4	4.1	5.8	3.8	3.0
三、出售粮食					
1.谷物	54.9	55.5	44.7	16.8	61.4
2.薯类	0.1				0.2
3.豆类	0.1			0.1	0.1

7－24 农村居民家庭人平主要实物消费量(2019年)

单位:公斤

项目	全市	#望城区	长沙县	浏阳市	宁乡市
一、粮食消费量	144.3	169.9	121.6	175.7	133.4
1. 谷物消费量	138.1	165.2	115.1	167.4	129.1
2. 薯类消费量	1.5	0.7	0.7	3.7	1.0
3. 豆类消费量	4.7	4.1	5.8	4.5	3.3
二、油脂类消费量	17.1	14.7	11.7	14.9	13.2
1. 植物油	11.4	6.8	5.7	12.6	7.0
2. 动物油	5.7	7.9	6.0	2.3	6.2
三、烟叶消费量	47.7	60.7	56.0	39.1	45.3
四、蔬菜及菜制品消费量	83.1	129.7	69.4	87.0	74.9
五、干鲜瓜果类	50.1	37.8	57.5	40.3	62.8
1. 鲜瓜果	44.3	33.4	49.0	36.4	56.5
2. 瓜果制品	1.3	0.9	2.0	0.7	1.5
3. 坚果	4.6	3.6	6.5	3.2	4.9
六、消费茶叶	0.4	0.5	0.8	0.2	0.3
七、肉类	24.5	20.3	23.7	18.7	26.4
1. 猪肉	20.9	18.1	20.0	15.1	22.9
2. 牛肉	1.7	1.3	1.8	1.0	2.0
3. 羊肉	0.5	0.1	0.4	0.7	0.6
4. 其他肉类及制品	1.4	0.8	1.5	1.9	0.9
八、禽类	10.3	11.0	9.9	10.8	9.9
九、蛋类及蛋制品	8.1	10.2	8.5	7.2	7.5
十、奶和奶制品	7.0	5.5	9.9	2.3	7.0
十一、水产品	16.1	15.3	14.6	9.0	24.5
十二、糖果糕点	8.1	6.7	9.2	5.3	9.4
十三、酒	6.9	6.4	7.5	2.7	10.7

7－25 农村居民家庭每百户耐用消费品拥有量(2019年)

项目	单位	全市	#望城区	长沙县	浏阳市	宁乡市
1. 家用汽车	辆	51.9	41.4	67.1	50.0	45.7
2. 摩托车	辆	77.7	38.6	91.4	105.7	91.4
3. 助力车	台	40.6	101.4	21.4	18.6	20.0
4. 洗衣机	台	105.2	111.4	107.1	104.3	107.1
5. 电冰箱(柜)	台	108.1	115.7	114.3	100.0	107.1
6. 微波炉	台	19.7	24.3	27.1	10.0	17.1
7. 彩色电视机	台	125.2	137.1	110.0	125.7	137.1
# 接入有线电视	台					
8. 空调	台	170.3	208.6	174.3	165.7	140.0
9. 热水器	台	95.2	98.6	100.0	91.4	94.3
# 太阳能热水器	台	1.0	1.0			
10. 洗碗机	台					
11. 排油烟机	台	67.7	94.3	55.7	54.3	65.7
12. 固定电话	线	5.2	10.0	4.3	1.4	7.1
13. 移动电话	部	295.5	330.0	290.0	305.7	290.0
# 接入互联网	部	229.4	312.9	224.3	237.1	178.6
14. 计算机	台	39.7	45.7	42.9	22.9	51.4
# 接入互联网	台	32.3	44.3	35.7	12.9	37.1
15. 照相机	台	3.2	7.1	2.9	2.9	1.4
16. 中高档乐器	架	2.6	1.4	4.3	4.3	1.4
17. 健身器材	台	4.5	5.7	5.7	2.9	5.7
18. 吸尘器	台	1.6		2.9		2.9

注:因调查方案的调整,耐用消费品拥有量统计指标有调整。

7－26 农村居民抽样调查人口与就业期末情况(2019 年)

单位:人

项 目	全 市	# 望城区	长沙县	浏阳市	宁乡市
一、家庭常住人口	1126	286.5	243.25	255.25	245.5
二、家庭常住人口年龄状况					
1.5 岁及以下	97	30	20	21	19
2.6－15 岁	160	35	40	45	25
3.16－19 岁	35	4	10	8	12
4.20－24 岁	39	11	6	3	14
5.25－29 岁	46	18	10	7	10
6.30－34 岁	90	25	19	13	24
7.35－40 岁	87	28	21	21	4
8.41－50 岁	181	37	46	32	53
9.51－60 岁	214	53	43	48	50
10.61－65 岁	61	24	10	22	3
11.66 岁及以上	114	22	20	35	28
三、由本户供养的在校学生	198	41	49	53	40
四、农村住户劳动力素质状况					
(一)整半劳动力数	766	210	168	154	167
(二)就业劳动力文化程度					
1.未上过学	3		1		
2.小学	144	36	23	50	24
3.初中	403	111	85	84	97
4.高中	150	44	43	17	27
5.大学专科	48	14	14	3	12
6.大学本科	18	5	2	0	7
7.研究生					
五、农村住户劳动力就业状况					
(一)劳动力就业行业情况	598	168	117	126	141
1.一产业就业劳动力	143	46	18	32	43
2.非农产业就业劳动力	455	122	99	94	98
(1)二产业就业劳动力	200	53	35	66	36
(2)三产业就业劳动力	255	69	64	28	62

8 城市建设、环境保护

长沙统计年鉴

8－1 2009－2019年城市公共交通情况

年份	全年客运总量（万人次）	公共汽车营运情况				出租汽车营运情况		轨道交通营运情况		
		客运量（万人次）	年末营运车辆数（辆）	年末营运线网长度（公里）	年末营运线路条数（条）	客运量（万人次）	年末营运车辆数（辆）	客运量（万人次）	年末营运车数（辆）	年末营运线路长度（公里）
2009	104478	67305	3553	1018	129	37173	6280			
2010	101303	72222	3557	1048	129	29081	6280			
2011	106159	75433	3651	3195	135	30726	6420			
2012	105599	75844	3775	3263	140	29755	6420			
2013	104103	73943	4157	3484	141	30160	6915			
2014	115109	75221	5142	3512	150	35308	7816	4580	96	21.9
2015	116944	74324	6102	3559	180	34213	7816	8407	162	26.6
2016	112719	68162	7187	4519	187	28524	7816	16033	345	68.8
2017	121732	69118	8361	5570	226	29267	7820	23347	345	68.8
2018	120860	68457	8806	6603	266	27373	7840	25030	345	68.8
2019	142104	76644	11486	10238	284	31671	9128	33789	522	100.5

注:1. 从2011年开始,表中数据含望城区。

2. 从2011年开始,公交车年末营运线网长度统计口径变更,与以前年度数据不可比,按同口径计算,2010年为3173公里;从2014年开始全年客运总量中含有轨道交通客运量。

8－2 2000－2019年城市房屋发展状况及住房水平

年份	城市房屋建筑面积（万m^2）	#住宅	人均住房建筑面积（m^2/人）	年末危险房屋（万m^2）
2000	5283.28	2839.76	18.6	24.23
2001	5635.30	3097.40	19.6	35.41
2002	6132.40	3447.20	21.5	35.41
2003	6624.90	3771.81	23.2	33.29
2004	7352.00	4268.30	25.3	31.73
2005	8223.00	4776.00	27.2	27.73
2006	9021.62	5280.36	28.3	26.15
2007	9939.52	5883.72	28.9	22.24
2008	10891.33	6561.62	28.3	21.70
2009	10578.92	9219.11	29.5	2.96
2010	14940.70	10581.09	30.9	2.54
2011	16619.67	11813.00	32.2	3.19
2012	18583.00	13267.00	31.8	4.66
2013	17249.29	11858.72	41.4	8.64
2014	19177.00	13239.00	48.3	120.00
2015	21407.00	14836.00	45.3	120.04
2016	22904.80	15844.30	44.8	81.91
2017	25630.41	18617.19	45.5	42.00
2018	29950.63	20658.21	42.7	33.46
2019	32848.39	22750.63	41.3	32.23

注:1. 人均住房建筑面积统计指标2012年以前为城市统计口径,2013年开始调整为城镇统计口径。

2. 从2014年起年末危险住宅指标改为年末危险房屋,统计口径由危房改造面积调整为危房存量面积。

8－3　2000－2019年城市自来水、供气、用电供应情况

年份	自来水					供气情况			
						液化气			
	年末水厂个数(个)	年末供水管道长度(公里)	年末供水总量(万吨)	#生活用水	年末水厂生产能力(万吨/日)	供气总量(吨)	#生活用	用气人口(万人)	储气能力(吨)
2000	6	1087	37399	21246	132	65700	63796	106.5	3700
2001	6	1120	39872	22262	157	70200	68806	137.8	3700
2002	6	1188	36748	24199	165	72306	70870	140.3	3800
2003	6	1292	38845	29369	165	75668	74911	142.2	3800
2004	6	1338	39819	30105	165	91500	90584	149.1	3800
2005	6	1450	41969	31540	165	92600	91600	151.1	3800
2006	6	1529	43328	32441	165	85000	80300	138	3800
2007	6	1659	32840	24630	167	84000	79500	119.9	4000
2008	6	1801	44866	24870	167	82000	78000	146.5	4000
2009	6	1925	45144	26597	167	85000	80000	125	4000
2010	6	2012	46431	26611	180	83000	77000	115	4000
2011	7	2323	51224	29243	221	93000	84300	101.5	4000
2012	7	3050	41997	29950	265	76663	63385	267.3	4000
2013	7	3300	52739	31263	270	86492	72573	275	4000
2014	8	3490	55589	33880	225	101838	87210	210	6400
2015	8	3457	57652	34507	215	60876	49667	64	3770
2016	8	3647	60558	35201	215	61620	48766	64	3770
2017	9	3817	50167	37083	235	52120	38417	60	3770
2018	8	5721	67721	45300	235	58742	45405	50	3770
2019	8	5885	69466	40892	240	73572	56868	59.1	3770

注：液化气用气人口统计受加气站增减和用气人口流动性等因素影响，变动较大。

供气情况				供电(万度)					
天然气									
供气总量（万 m^3）	#生活用	用气人口（万人）	储气能力（万 m^3）	全市用电总量	#工业用电	城乡居民生活用电	其中:市区用电总量	#工业用电	居民生活用电
			480160	221763	136507	313975	131522	105952	
				529409	281711	143681	343137	156001	119738
				591319	310605	235649	375933	175375	163622
				696000	354800	360300	439000	201500	154200
				722087	375058	276637	430300	194500	215800
3418	2238	25	10	923856	384129	282458	501464	193501	205719
11947	3390	68	10	1039585	345094	423066	602611	200408	277750
19254	4647	90.1	10	1153430	368754	456961	637260	167545	247098
26607	6192	90.9	10	1265685	498417	426619	683642	198858	273759
32948	10618	164.7	100	1414653	456798	564587	817921	185517	343932
39300	12500	192	100	1603152	573315	513122	943789	223612	344333
50363	19450	246.1	100	1838972	675729	587635	1156205	308003	417589
64298	24911	264.7	100	2040474	757802	666846	1268341	332841	464827
70321	26019	311.9	100	2245429	898159	718282	1373249	383172	489662
85657	30780	337.2	1200	2274871	923598	691650	1382042	387454	465045
72731	23057	260	1280	2464961	993670	754227	1501794	423836	506081
76757	27625	290	1280	2848657	1142014	915832	1759889	527313	610681
80157	26703	320	1280	3129032	1296129	980630	1862295	558290	644786
86826	35097	319	1280	3636932	1488684	1126535	2138396	619967	737304
88998	37017	322.8	1280	3959312	1569024	1250627	2354586	661979	826907

8－4 2000－2019年城市环境卫生基本情况

年份	道路清扫保洁面积（万 m^2）	生活垃圾无害处理量（万吨）	环卫专用车辆（辆）					公共厕所（座）	#本年新建	垃圾站（个）	#本年新建
			垃圾运输车	真空吸粪车	洒水车	清扫车	专用集装式垃圾中转车				
2000	540		156	9	27			462	10	504	11
2001	566	67.7	148	7	29			461	2	504	4
2002	912	68.0	160	8	31			431	7	494	5
2003	1200	65.7	173	1	35			388	13	458	15
2004	1741	77.0	219	8	65			422	35	487	32
2005	1912	77.0	182	8	77			455	33	576	42
2006	2689	77.5	199	9	85			516	61	637	61
2007	3033	85.6	180	9	104			545	29	545	25
2008	2523	101.5	187	10	99	43	25	490	24	570	287
2009	2638	107.3	200	6	99	45	27	542	52	615	51
2010	2954	117.3	368	10	104	52	40	551	9	635	20
2011	3543	143.2	201	4	133	82	40	543		661	
2012	3608	169.4	204	4	170	73	48	567		673	
2013	5238	160.0	264	2	296	124	60	566		676	
2014	5140	206.6	368	5	307	148	63	519		620	
2015	5810	201.0	339	6	492	181	80	536		641	
2016	6846	215.0	395	8	493	195	72	549		672	
2017	6920	228.0	341	9	595	232	82	557		650	
2018	7162	251.0	627	13	549	271	80	539	26	668	23
2019	8461	285.5	594	12	490	282		549	10	670	2

8-5 2000-2019年市政设施基本情况

年份	城市道路		年末实有永久性桥梁(座)	年末实有下水道长度(公里)	路灯盏数(盏)
	年末实有道路长度(公里)	年末实有道路面积(万 m^2)			
2000	998	928	71	636	16259
2001	1098	1099	71	648	17309
2002	1150	1575	73	648	26411
2003	1188	1980	73	770	37215
2004	1323	2385	76	800	43215
2005	1415	2795	77	895	53468
2006	1466	3002	77	1046	64938
2007	1552	3131	87	1046	69731
2008	1608	3320	92	1186	77135
2009	1660	3489	93	1230	76200
2010	1781	3618	97	1842	79542
2011	2173	4258	168	2601	82423
2012	2342	3958	172	2169	87389
2013	2966	4307	174	2169	91393
2014	1698	4382	179	2698	102602
2015	1698	4596	186	2172	84848
2016	1798	4706	196	2270	86349
2017			219	2637	89943
2018	1985	4808		2742	94157
2019	1950	4950	236	3198	96001

注:路灯盏数2015年以前为城市拥有路灯统计口径,2015年统计口径开始调整为移交使用路灯盏数。

8－6 2000－2019年城市园林、绿化情况

年 份	城市园林绿化覆盖面积(公顷)	城市园林绿地面积(公里)	公共绿地面积(公里)	公园处数(处)	公园面积(公里)
2000	5508	5152	889	10	575
2001	5846	5541	1006	11	576
2002	6094	5712	1085	12	717
2003	6720	5712	1229	14	904
2004	6949	5907	1240	14	904
2005	7368	6244	1381	18	1143
2006	7876	6706	1590	19	1210
2007	8541	5656	1892	21	1302
2008	8818	7693	2142	21	1302
2009	9304	8134	2348	22	1323
2010	9857	8598	2522	22	1323
2011	10235	9188	2794	22	1323
2012	10729	9293	2804	23	1573
2013	11206	9611	2913	24	1581
2014	11813	10163	3256	26	1779
2015	12278	10586	3538	27	1809
2016	12928	11177	3779	30	2002
2017	14877	12584	4031	32	2235
2018	15157	12848	4261	36	2286
2019	15633	13324	4444	42	2476

说明:绿地面积、绿化覆盖面积均不含湿地面积。

8－7 2000－2019年城市环境污染和治理情况

年份	工业废水排放总量（万吨）	工业废水排放达标量（万吨）	工业废气排放总量（万标 m^3）	工业粉尘排放量（万吨）	工业粉尘去除量（万吨）	工业固体废物产生量（万吨）	#综合利用	工业锅炉数（台）	#达标数	工业炉窑数（台）	#达标数
2000	5532.9	4212.6	2624324	7.81	11.19	137.53	101.79	407	359	465	232
2001	4992.2	3956.9	3252834	4.81	9.32	133.95	120.83	392	321	477	149
2002	4310.7	3556.8	2762532	7.11	13.37	111.83	105.64	351	285	430	150
2003	4006.7	3510	2501271	7.22	13.34	112.72	99.67	318	245	371	309
2004	4047	3552	2679022	9.39	11.03	107.7	94	324	257	262	124
2005	4065	3562	3078324	10.06	11.83	109.7	98.4	307	243	222	117
2006	4073	3482	2891585	10.35	10.58	111.69	102.94	273	267	226	118
2007	4377	3704	2933547	10.29	19.15	107.3	101.96	229	222	251	194
2008	4162	3665	5278500	13.48	20.08	183.6	164.6	187	167	213	163
2009	3726	3354	5315831	13.35	19.19	154.6	140.1	267	254	232	178
2010	4336	3955	6269499	10.52	12.62	148.8	148.4	284	256	219	151
2011	4051		10219789	1.59	198.59	177.6	174.8	269		108	
2012	3777		5470000	1.20	131.69	103.5	94.7	259		116	
2013	4049		6233559	1.90	114.10	100.5	86.9	280		108	
2014	4397		6486474	1.73	138.90	107.0	91.5	288		117	
2015	5102		4803775	1.16	102.20	107.6	92.7	272		124	
2016	4287		4834697	0.69	40.80	141.3	132.8	264		94	
2017	4066		6360805	0.76	150.80	113.1	93.3	223		118	
2018	3475		8775533	0.55	132.00	148.7	122.0	239		147	
2019											

注：1. 2011年起工业粉尘排放量（去除量）指标改为工业烟粉尘排放量（去除量）。
2. 2019年数据因国家生态环境部未认定暂不公布。

9 农　业

长沙统计年鉴

9－1 历年农、林、牧、渔业总产值

（按现行价格计算）

单位：万元

年 份	合 计	农 业	林 业	牧 业	渔 业	服务业
1978	97658					
1980	99524					
1983	133455					
1984	139627					
1985	165803					
1986	180977					
1987	212304					
1988	274536					
1989	307534					
1990	365244					
1991	368160					
1992	409372					
1993	480104	237282	16083	205582	21157	
1994	725156	351689	17108	328777	27582	
1995	868362	426578	28951	375241	37592	
1996	1011363	509820	40193	416774	44576	
1997	1114485	561705	41906	460042	50832	
1998	1137969	596651	43425	446164	51729	
1999	1146402	635440	41800	413206	55956	
2000	1167935	628013	43598	442543	53781	
2001	1239985	672704	47407	464641	55233	
2002	1302245	700436	57148	486981	57680	
2003	1371608	694002	70917	527412	61035	18242
2004	1720668	825189	73635	734973	68050	18821
2005	1871313	926445	76257	771539	75967	21105
2006	1903000	994600	80300	712700	74700	40600
2007	2171300	1146600	94000	780900	103500	46100
2008	2818996	1367085	112079	1165305	122893	51634
2009	2946120	1465841	123699	1171296	127520	57764
2010	3236412	1735890	144988	1156629	137340	61565
2011	3877163	2082639	179791	1405473	142489	66770
2012	4197846	2303064	195535	1484271	145535	69441
2013	4546157	2518547	217452	1572730	161432	75996
2014	4905925	2849093	238930	1552892	182015	82995
2015	5371294	3173856	273543	1637130	194604	92161
2016	5042983	3121606	291856	1202878	158241	268402
2017	5141997	3239403	318304	1110648	169161	304481
2018	5269212	3327540	348683	1083731	173735	335523
2019	6076974	3782294	382424	1354874	191116	366265

注：1. 2003 年开始农林牧渔服务业从规模以下工业中划归农业统计，同时种植业中的农民家庭兼营商品性工业产值划入规模以下工业中。

2. 2006 年、2007 年、2008 年数据根据第二次全国农业普查结果予以调整。

3. 2016、2017 年数据根据第三次全国农业普查结果予以调整。

9－1 续表1 （按不变价格计算） 单位:万元

年 份	合 计	农 业	林 业	牧 业	渔 业	服务业
（按1952年不变价格计算）						
1949	17020	15081	390	1356	193	
1952	21728	18337	734	2084	573	
1957	27743	22819	504	4001	419	
（按1957年不变价格计算）						
1957	27743	22819	504	4001	419	
1962	24328	21436	527	2084	281	
1965	29799	24251	663	4499	386	
1970	38426	31441	639	6115	231	
1971	43127	35736	1137	5982	272	
（按1970年不变价格计算）						
1971	43127	35736	1137	5982	272	
1972	62622	50111	1576	10618	317	
1973	66813	54094	1730	10637	352	
1974	67157	54138	1777	10849	393	
1975	67676	54516	1675	11096	389	
1976	70920	57176	1536	11753	455	
1977	73598	59758	1771	11603	466	
1978	73800	58941	1911	12475	473	
1979	78000	61738	1726	13968	568	
1980	77400	59996	1789	14927	688	
（按1980年不变价格计算）						
1980	98260	73690	3079	20109	1382	
1981	102770	76279	3380	21494	1617	
1982	115532	85345	3406	24870	1911	
1983	125664	93427	3253	26879	2105	
1984	129025	92077	3588	30767	2593	
1985	139379	93056	3819	39692	2812	
1986	147691	97645	3586	43193	3267	
1987	152161	100216	4491	43812	3642	
1988	159036	100182	4570	50212	4072	
1989	163414	102263	5623	51134	4394	
1990	167152	104672	4217	53793	4470	

9－1 续表2　　(按不变价格计算)　　单位:万元

年　份	合　计	农　业	林　业	牧　业	渔　业	服务业
	(按1990年不变价格计算)					
1990	393694	222433	12668	143383	15210	
1991	407495	231266	13740	145338	17151	
1992	419479	222100	14341	163178	19860	
1993	442505	219393	15467	184955	22690	
1994	470439	227779	16548	201545	24567	
1995	500336	236182	23768	212214	28172	
1996	542354	267499	31460	213555	29840	
1997	584737	290795	35970	223452	34520	
1998	605182	293536	36341	238917	36388	
1999	623902	321588	34528	229693	38093	
2000	653582	336044	37905	238238	41395	
2001	692224	357291	37281	252324	45328	
2002	723725	375476	41428	259782	47039	
2003	746034	339273	57973	276659	53887	
2004	800454	361818	56654	305791	57070	
	(按可比价格计算)					
2005	1841526	882440	76519	791928	70443	20196
2006	1860893	950749	80731	713768	75825	39819
2007	1987611	1051292	87366	728379	77090	43483
2008	2318577	1179040	94567	887459	107671	49840
2009	3004722	1432889	110758	1276600	128220	56255
2010	3078386	1600565	130924	1152458	133944	60495
2011	3365918	1864808	159174	1136426	138659	66851
2012	4032356	2180591	192860	1443670	144529	70705
2013	4324845	2386699	204710	1503566	155792	74078
2014	4752645	2691186	231027	1574997	173981	81455
2015	5080925	3036773	257485	1504251	190846	91571
2016						
2017	5209402	3257593	319582	1172806	165520	293901
2018	5318095	3354143	339668	1124710	170536	329039
2019	5437824	3449518	371580	1066580	192814	357332

注:1. 根据湖南省统计局制定的2004年农林牧渔业综合统计报表制度规定,从2004年开始取消不变价计算农林牧渔业产值,改用可比价计算产值,用农产品价格指数缩减法计算农业发展速度。

2. 2006年、2007年、2008年数据根据第二次农业普查结果予以调整。

3. 2016年数据因第三次农业普查数据修正暂无核定数据。

9－2 历年粮食总产量

单位：吨

年份	合计	稻谷	小麦	折粮薯类	杂粮	大豆
1949	742990	694100	2835	30400	10980	4675
1950	836155	774735	3165	37490	11290	9475
1951	924745	858455	3965	47375	10720	4230
1952	941680	879335	4900	36270	14185	6990
1953	959055	892065	6345	39730	13800	7115
1954	855385	784730	7735	44225	13730	4965
1955	1026360	925905	12220	69045	14845	4345
1956	982635	919265	9565	42550	9210	2045
1957	1002970	911700	4480	69455	13155	4180
1958	1054150	947910	8155	82070	10645	5370
1959	962480	861870	8325	70490	14745	7050
1960	657725	622300	7280	21100	6420	625
1961	607360	543910	7650	45385	9605	810
1962	833095	729930	11180	74505	15465	2015
1963	920345	853725	5960	40875	18485	1300
1964	936420	872145	5265	39790	17200	2020
1965	1010075	929350	7675	55745	13895	3410
1966	1145640	1098985	6355	29465	7265	3570
1967	1198540	1127455	9465	48510	9910	3200
1968	1252535	1189595	6660	46560	7195	2525
1969	1166505	1100210	6735	51155	6510	1895
1970	1308655	1249270	9515	40930	6040	2900
1971	1536300	1468475	8905	47170	7480	4270
1972	1453085	1370820	8100	61575	8200	4390
1973	1562770	1487460	7040	60010	5400	2860
1974	1550020	1493725	6245	43145	4035	2870
1975	1546080	1478850	8410	50855	5220	2745
1976	1543550	1471275	14965	49300	4835	3175
1977	1537670	1465765	11240	53105	4710	2850
1978	1898070	1829940	15135	44545	3300	5150
1979	1960495	1892480	13060	44880	5000	5075
1980	2028640	1970115	7885	42590	3565	4485

9－2 续表

单位:吨

年 份	合 计	稻 谷	小 麦	折粮薯类	杂 粮	大 豆
1981	1931885	1878290	8575	35120	5525	4375
1982	2334880	2269795	8630	44360	4735	7360
1983	2558240	2487825	7335	51200	4860	7020
1984	2443660	2373670	6565	48105	7915	7405
1985	2449215	2386240	5210	45600	5215	6950
1986	2518856	2458199	5550	37918	9536	7653
1987	2554153	2469708	5487	45653	24970	8335
1988	2535020	2453928	6436	42982	23901	7773
1989	2588563	2499928	7733	47108	24606	9188
1990	2641261	2542642	6094	50715	31949	9861
1991	2693046	2586304	7760	53322	33903	11757
1992	2548991	2440907	8370	53100	33969	12645
1993	2450080	2349086	7318	50828	26659	16189
1994	2534843	2412841	5801	62742	37218	16241
1995	2448028	2325133	4928	77917	24793	15257
1996	2737179	2597117	6905	77701	40598	14858
1997	2928132	2757668	9551	85889	58636	16388
1998	2618000	2443065	10211	90492	57497	16735
1999	2750152	2503557	9372	100343	121111	15769
2000	2623327	2405899	5324	98682	98444	14978
2001	2503041	2299943	6859	97099	86043	13097
2002	2119788	1908942	5245	116868	72908	15825
2003	2163732	1939536	3091	121342	82360	17403
2004	2520412	2300549	3498	125934	74045	16386
2005	2622817	2386731	3598	131021	82366	19101
2006	2424098	2344684	607	37223	32502	9082
2007	2230293	2018315	1030	124066	73827	13055
2008	2174385	2107480	372	35998	24062	6473
2009	2155996	2052794	1698	53948	38192	9364
2010	2090484	1967873	2285	63203	46338	10785
2011	2160047	2012963	3108	69802	59573	14601
2012	2248647	2086972	2599	75314	69346	14416
2013	2303074	2158998	3239	57159	68805	14873
2014	2345703	2204677	1218	55116	68643	16049
2015	2368295	2235192	1070	49305	67944	14784
2016	2330692	2200024	448	45627	69006	15587
2017	2264435	2126581	568	47341	74460	15485
2018	2155160	1990866	627	50673	92482	20512
2019	2156812	1981479	623	53602	98291	22817

注:1. 2006 年数据根据第二次全国农业普查结果予以调整。

2. 2007－2017 年数据根据第三次全国农业普查结果予以调整。

9－3 历年耕地面积

单位：千公顷

年份	合计	水田	旱地	每一农业人口占有耕地(亩)
1949	274.27	253.77	20.50	
1950	278.19	255.97	22.22	1.60
1951	282.98	258.87	24.11	1.60
1952	287.05	264.09	22.96	1.62
1953	291.23	265.75	25.48	1.62
1954	292.94	265.89	27.05	1.62
1955	297.80	266.27	31.53	1.63
1956	298.36	265.45	32.91	1.62
1957	295.05	260.49	34.56	1.61
1958	276.36	247.11	29.25	1.54
1959	271.76	241.87	29.89	1.56
1960	266.09	234.82	31.27	1.58
1961	261.71	235.12	26.59	1.55
1962	263.38	234.45	28.93	1.53
1963	261.97	235.25	26.72	1.47
1964	264.50	235.60	28.90	1.45
1965	265.87	235.99	29.88	1.41
1966	264.43	234.05	30.38	1.36
1967	263.07	231.56	31.51	1.32
1968	257.48	231.51	25.97	1.26
1969	260.65	231.72	28.93	1.22
1970	261.79	231.55	30.24	1.19
1971	261.47	231.93	29.54	1.18
1972	260.93	231.17	29.76	1.16
1973	260.49	230.51	29.98	1.14
1974	260.03	229.66	30.37	1.14
1975	258.92	228.44	30.48	1.09
1976	257.33	227.44	29.89	1.08
1977	257.11	227.22	29.89	1.06
1978	255.91	226.27	29.64	1.05
1979	255.49	225.86	29.63	1.05
1980	254.80	225.85	28.95	1.04

9－3 续表

单位：千公顷

年 份	合 计	水 田	旱 地	每一农业人口占有耕地（亩）
1981	254.31	225.74	28.57	1.03
1982	253.96	225.77	28.19	1.02
1983	253.30	225.11	28.19	1.01
1984	251.97	224.80	27.17	1.02
1985	250.05	223.64	26.41	1.00
1986	249.58	223.65	25.93	0.97
1987	249.04	223.33	25.71	0.96
1988	248.44	222.91	25.53	0.94
1989	248.20	222.69	25.51	0.92
1990	247.93	222.47	25.46	0.91
1991	248.07	222.58	25.49	0.91
1992	247.89	220.03	27.86	0.90
1993	246.89	219.37	27.52	0.90
1994	246.00	218.36	27.64	0.90
1995	245.77	218.18	27.59	0.89
1996	244.68	217.20	27.48	0.89
1997	244.07	216.70	27.37	0.88
1998	242.99	215.73	27.26	0.88
1999	242.14	215.26	26.88	0.87
2000	242.32	215.26	27.06	0.87
2001	242.53	215.48	27.05	0.87
2002	239.99	214.73	25.26	0.87
2003	237.10	215.20	21.90	0.86
2004	246.79	224.31	22.48	0.89
2005	246.90	220.43	26.47	0.88
2006	243.66	202.19	38.02	
2007	262.20	226.24	35.96	1.01
2008	274.03			
2009	278.07	245.62	32.45	1.05
2010	276.79	244.41	32.38	1.05
2011	275.65	243.33	32.32	1.04
2012	274.89	241.62	33.27	1.04
2013	274.15	241.42	32.73	1.04
2014	273.36	241.00	32.36	
2015	271.97	236.01	35.64	
2016	270.16	234.17	35.65	
2017	274.16	240.99	32.80	
2018	273.56	240.19	33.00	
2019				

注：从2017年开始，农业用地有关数据均来自国土部门。

9－4　历年牲猪、水产品生产情况

年　份	全年出栏肉猪（万头）	年末牲猪存栏（万头）	每一农业人口出栏肉猪（头）	水产品产量（吨）	#鱼　类（吨）	#虾贝类（吨）
1950	31.14	36.44	0.12	4945	4945	
1951	34.83	39.44	0.13	4865	4865	
1952	39.97	46.42	0.15	5335	5335	
1953	43.40	48.64	0.16	5840	5840	
1954	48.56	39.24	0.18	7320	7320	
1955	45.69	41.77	0.17	6300	6300	
1956	46.70	81.19	0.17	7105	7105	
1957	72.89	123.12	0.26	7195	7175	20
1958	73.25	102.37	0.27	6635	6580	55
1959	49.19	88.98	0.19	7055	6730	325
1960	37.64	66.15	0.15	6270	5780	490
1961	15.44	37.05	0.06	4180	4125	55
1962	14.09	55.42	0.05	3875	3575	300
1963	31.27	82.81	0.12	3815	3490	325
1964	73.35	79.57	0.27	5050	4355	700
1965	68.20	76.22	0.24	7620	6170	1450
1966	55.80	101.08	0.19	8130	6805	1325
1967	80.36	104.46	0.27	3950	3925	25
1968	92.58	104.17	0.30	4220	4190	30
1969	92.69	96.31	0.29	5950	5585	365
1970	80.19	129.80	0.24	5370	5365	5
1971	97.24	150.42	0.29	5845	5835	10
1972	147.12	162.80	0.44	5350	5205	145
1973	151.93	166.88	0.44	5535	5445	90
1974	155.31	166.56	0.45	6380	6375	5
1975	132.83	165.53	0.37	6490	6480	10
1976	149.60	182.02	0.42	7415	7340	75
1977	146.23	171.03	0.40	7555	7425	130
1978	147.47	170.29	0.40	7755	7575	180
1979	154.09	199.79	0.42	9995	9510	485
1980	184.47	185.29	0.50	11865	11185	680
1981	162.53	185.15	0.44	13195	12045	1150
1982	171.95	209.23	0.46	15520	14175	1345
1983	186.52	238.51	0.49	17025	16100	925
1984	230.25	245.42	0.62	21310	21140	170
1985	273.91	265.86	0.74	23265	22785	480

9－4 续表

年　份	全年出栏肉猪(万头)	年末牲猪存栏(万头)	每一农业人口出栏肉猪(头)	水产品产量(吨)	#鱼　类(吨)	#虾贝类(吨)
1986	306.75	283.68	0.81	27050	26572	478
1987	331.33	294.08	0.87	29983	29464	519
1988	370.10	307.93	0.93	33426	32983	443
1989	378.68	313.48	0.94	36079	35585	494
1990	399.12	328.75	0.98	36669	36184	485
1991	415.00	336.04	1.02	41276	40726	550
1992	480.11	358.38	1.17	47762	47198	564
1993	537.38	396.32	1.31	53917	53234	683
1994	560.84	385.31	1.37	56256	55128	1128
1995	592.63	369.33	1.43	61664	60719	679
1996	601.34	346.91	1.50	67887	66601	710
1997	608.33	355.90	1.53	75529	73663	851
1998	622.75	345.52	1.54	77425	75451	954
1999	596.75	322.08	1.52	82195	80965	771
2000	621.28	350.78	1.58	85191	83744	1015
2001	655.78	364.91	1.67	89965	88334	1208
2002	658.26	367.07	1.69	92874	90875	1502
2003	683.13	391.77	1.77	94235	91553	2104
2004	756.66	415.30	1.96	100128	97790	1805
2005	801.54	432.77	2.08	104201	101355	2249
2006	786.94	417.29		105074	102726	1764
2007	832.20	424.90	2.13	95302	93000	1537
2008	835.90	446.26	2.13	96395	94296	1442
2009	846.00	450.70	2.14	101443	99056	1738
2010	824.65	438.00	2.08	106571	104328	1819
2011	804.68	427.60	2.02	107154	104889	1563
2012	833.20	436.20	2.01	84550	82537	1735
2013	547.44	371.74	1.38	88450	86299	1847
2014	552.03	368.81	1.42	90740	88587	1841
2015	517.10	343.28	1.33	94000	91715	1990
2016	490.31	324.91	1.32	93622	90496	2644
2017	436.94	309.36		93435	90772	2363
2018	438.53	274.94		92595	89552	2754
2019	349.50	92.09		98698	91620	6769

注:1. 2013－2017 年畜牧指标数据根据第三次农业普查结果予以调整。
2. 2012－2017 年水产指标数据根据第三次农业普查结果予以调整。

9－5　农村基层组织情况与农业生产条件(2019年)

指　　标	单　位	全　市	芙蓉区	天心区
一、农村基层组织情况				
1. 乡镇个数	个	74		
# 镇个数	个	69		
2. 村(居)民委员会个数	个	992	6	20
# 村委员会个数	个	811	6	13
二、乡村人口与从业人员				
1. 乡村户数	万户	120.34	0.35	1.26
2. 乡村人口数	万人	400.60	1.13	4.56
3. 乡村劳动力资源数	万人	264.21	0.64	2.91
4. 乡村从业人员数	万人	235.55	0.49	2.80
按性别分				
(1)男	万人	132.41	0.25	1.68
(2)女	万人	103.14	0.24	1.12
按国民经济行业分				
(1)农业从业人员	万人	86.96		0.56
(2)工业从业人员	万人	58.02	0.07	0.35
(3)建筑业从业人员	万人	28.87	0.03	0.58
(4)交运运输、仓储及邮政从业人员	万人	11.10	0.05	0.20
(5)信息传输、计算机服务和软件从业人员	万人	5.14	0.02	0.13
(6)批零零售业从业人员	万人	17.52	0.09	0.29
(7)住宿和餐饮业从业人员	万人	10.61	0.08	0.29
(8)其他从业人员	万人	17.33	0.15	0.40
三、农村基础设施				
1. 通自来水村个数	个	666	6	13
2. 通汽车村个数	个	811	6	13
3. 通公共交通村个数	个	511	6	13
4. 通电话村个数	个	811	6	13
5. 通宽带村个数	个	811	6	13
6. 通有线电视村个数	个	811	6	13
7. 垃圾集中处理村个数	个	772	6	13
8. 污水集中处理村个数	个	356	6	13

岳麓区	开福区	雨花区	望城区	长沙县	浏阳市	宁乡市
2		1	5	13	28	25
2		1	5	13	27	21
61	31	15	120	147	314	278
51	9	13	97	114	293	215
6.26	2.89	1.15	16.01	18.49	36.13	37.80
19.17	8.64	4.07	51.55	64.95	127.23	119.30
11.40	4.57	3.31	32.04	39.24	79.90	90.20
10.64	2.79	3.02	29.74	35.00	76.27	74.80
5.71	1.64	1.60	16.03	20.88	41.92	42.70
4.93	1.15	1.42	13.71	14.12	34.35	32.10
4.68	0.83	2.01	10.92	15.55	25.66	26.75
1.07	0.46	0.12	3.79	8.19	27.02	16.95
1.60	0.54	0.19	6.15	3.54	5.64	10.60
0.56	0.18	0.15	1.05	1.49	2.92	4.50
0.36	0.16	0.08	0.40	0.72	1.37	1.90
0.68	0.18	0.18	1.70	2.37	5.53	6.50
0.69	0.19	0.15	1.18	1.83	3.30	2.90
1.00	0.25	0.14	4.55	1.31	4.83	4.70
31	9	13	89	97	262	146
51	9	13	97	114	293	215
48	9	13	97	110	109	106
51	9	13	97	114	293	215
51	9	13	97	114	293	215
51	9	13	97	114	293	215
51	9	13	85	114	266	215
39	9	4	44	77	92	72

9－5 续表

指　　标	单 位	全 市	芙蓉区	天心区
四、农业主要能源及物资消耗				
（一）农村用电量情况				
农村用电量（不包括县办工业和城镇生活用电）	万千瓦小时	194488	1086	8975
（二）农用化肥施用量				
1. 按实物量计算	吨	541823		3126
（1）氮　肥	吨	187051		1355
（2）磷　肥	吨	113749		672
（3）钾　肥	吨	63629		393
（4）复合肥	吨	177393		705
2. 按折纯量计算	吨	174630		953
（1）氮　肥	吨	48446		351
（2）磷　肥	吨	15925		94
（3）钾　肥	吨	31497		195
（4）复合肥	吨	78763		313
（三）农用塑料薄膜使用量	吨	6922		41
# 地膜使用量	吨	5260		8
地膜覆盖面积	公顷	64444		97
（四）农用柴油使用量	吨	60015		175
（五）农药使用量（实物量）	吨	7304		36
五、耕地面积				
1. 水　田				
2. 水浇地				
3. 旱　地				

岳麓区	开福区	雨花区	望城区	长沙县	浏阳市	宁乡市
10013	13208	6297	10204	66593	50103	28008
15651	4586	1444	68693	93566	152690	202067
7194	2205	567	38600	32660	34412	70058
3927	804	280	15900	20186	28819	43161
1452	502	191	6805	8740	18315	27231
3078	1075	406	7388	31980	71144	61617
4498	1409	461	18872	29810	53601	65025
1863	571	147	9997	8459	8913	18145
550	113	39	2226	2826	4035	6043
719	248	95	3368	4326	9066	13479
1367	477	180	3280	14199	31588	27358
435	57	70	1000	695	2061	2563
253	57	70	945	515	1493	1919
2839	784	750	10548	8480	17279	23667
362	407	22	2153	9050	34941	12905
203	62	13	950	1427	1857	2756

9－6　主要农产品生产情况(2019年)

指　　标	单　位	全　市	芙蓉区	天心区
农作物总播种面积	**千公顷**	**583.13**		**2.52**
一、粮食作物播种面积	千公顷	324.48		1.10
单　产	公斤/亩	443		490
总产量	吨	2156812		8082
(一)谷物播种面积	千公顷	303.55		1.07
单　产	公斤/亩	455		495
总产量	吨	2069819		7919
1.稻谷播种面积	千公顷	289.57		1.05
单　产	公斤/亩	456		497
总产量	吨	1981479		7803
(1)早稻播种面积	千公顷	99.76		0.18
单　产	公斤/亩	382		368
总产量	吨	571785		986
(2)中稻与一季晚稻播种面积	千公顷	85.88		0.69
单　产	公斤/亩	522		544
总产量	吨	673069		5594
(3)晚稻播种面积	千公顷	103.93		0.18
单　产	公斤/亩	473		447
总产量	吨	736625		1223

岳麓区	开福区	雨花区	望城区	长沙县	浏阳市	宁乡市
16.44	**3.12**	**0.90**	**95.08**	**123.24**	**172.75**	**169.09**
8.35	2.12	0.24	50.63	77.34	79.80	104.91
505	423	534	448	428	461	433
63236	13447	1935	340166	496804	551312	681830
8.05	2.07	0.23	46.55	69.10	74.73	101.75
514	427	511	464	443	475	438
62043	13258	1725	323707	459634	532502	669031
7.99	2.07	0.23	46.01	64.90	70.82	96.50
514	427	511	464	447	480	436
61692	13258	1725	320289	435542	510340	630830
0.70	0.03		18.21	27.71	17.22	35.72
400	353		405	406	385	350
4205	156		110721	168730	99457	187530
6.58	2.01	0.23	9.43	8.94	34.66	23.35
527	428	511	540	526	528	512
51991	12920	1725	76445	70515	274479	179400
0.72	0.03		18.37	28.26	18.94	37.43
512	428		483	463	480	470
5496	182		133123	196297	136404	263900

9－6 续表 1

指　　标	单　位	全　市	芙蓉区	天心区
2. 小麦播种面积	千公顷	0.19		
单　产	公斤/亩	222		
总产量	吨	623		
3. 玉米播种面积	千公顷	11.41		0.02
单　产	公斤/亩	456		396
总产量	吨	78079		110
4. 高粱播种面积	千公顷	1.78		
单　产	公斤/亩	289		
总产量	吨	7714		
5. 其他谷物播种面积	千公顷	0.60		
单　产	公斤/亩	214		400
总产量	吨	1924		6
(1)其它春夏收杂粮播种面积	千公顷	0.07		
单　产	公斤/亩	304		400
总产量	吨	336		6
①大麦播种面积	千公顷	0.03		
单　产	公斤/亩	459		
总产量	吨	199		
②其他春夏收杂粮播种面积	千公顷	0.04		
单　产	公斤/亩	204		400
总产量	吨	137		6
(2)其它秋收杂粮播种面积	千公顷	0.53		
单　产	公斤/亩	201		
总产量	吨	1588		
①荞麦播种面积	千公顷	0.07		
单　产	公斤/亩	183		
总产量	吨	182		
②其他秋收杂粮播种面积	千公顷	0.46		
单　产	公斤/亩	204		
总产量	吨	1406		
(二)豆类播种面积	千公顷	9.85		0.01
单　产	公斤/亩	226		198
总产量	吨	33391		40
1. 大豆播种面积	千公顷	5.82		0.01
单　产	公斤/亩	262		195
总产量	吨	22817		39
2. 绿豆播种面积	千公顷	0.58		
单　产	公斤/亩	197		500
总产量	吨	1701		1
3. 红小豆播种面积	千公顷	0.12		
单　产	公斤	132		
总产量	吨	237		
4. 其他杂豆播种面积	千公顷	3.34		
单　产	公斤	172		
总产量	吨	8636		

岳麓区	开福区	雨花区	望城区	长沙县	浏阳市	宁乡市
					0.03	0.16
					231	220
					105	518
0.06			0.51	3.57	2.55	4.71
397			431	398	465	499
342			3268	21338	17785	35236
				0.58	0.83	0.37
375				295	218	438
9				2575	2721	2409
			0.04	0.04	0.50	0.02
			242	303	208	125
			150	179	1551	38
			0.01		0.06	
			475		273	
			76		254	
			0.01		0.02	
			475		449	
			76		123	
					0.04	
					200	
					131	
			0.03	0.04	0.44	0.02
			161	303	199	125
			74	179	1297	38
				0.02	0.03	0.02
				259	180	125
				66	78	38
			0.03	0.02	0.41	
			161	337	200	
			74	113	1219	
0.08	0.02		1.31	3.94	2.90	1.60
213	177		164	255	207	242
259	44		3208	15040	8991	5809
0.03	0.01		0.48	1.99	2.06	1.24
213	255		190	298	240	268
86	24		1358	8913	7409	4988
0.02			0.03	0.19	0.12	0.22
203			233	258	165	155
49			99	748	299	505
				0.03	0.06	0.02
250				128	130	144
2				64	125	46
0.04	0.01		0.80	1.71	0.65	0.12
217	130		146	206	118	150
122	20		1751	5315	1158	270

9-6 续表 2

指标	单位	全市	芙蓉区	天心区
(三)薯类播种面积	千公顷	11.08		0.02
单　产	公斤/亩	322		407
总产量	吨	53602		123
1. 甘薯播种面积	千公顷	6.73		0.01
单　产	公斤/亩	328		400
总产量	吨	33148		48
2. 马铃薯播种面积	千公顷	4.35		0.01
单　产	公斤/亩	313		412
总产量	吨	20454		75
二、油料播种面积	千公顷	56.25		0.05
单　产	公斤/亩	117		199
总产量	吨	98465		138
1. 花生果播种面积	千公顷	3.99		
单　产	公斤/亩	208		
总产量	吨	12430		
2. 油菜籽播种面积	千公顷	51.44		0.05
单　产	公斤/亩	109		199
总产量	吨	84460		138
3. 芝麻播种面积	千公顷	0.60		
单　产	公斤/亩	99		
总产量	吨	886		
三、棉花播种面积	千公顷	0.18		
单　产	公斤/亩	114		
总产量	吨	300		
四、生麻播种面积	千公顷	0.01		
单　产	公斤/亩	124		
总产量	吨	11		
# 生苎麻播种面积	千公顷	0.01		
单　产	公斤/亩	124		
总产量	吨	11		
五、甘蔗播种面积	千公顷	0.12		
单　产	公斤/亩	1631		
总产量	吨	3007		

岳麓区	开福区	雨花区	望城区	长沙县	浏阳市	宁乡市
0.21	0.03	0.02	2.77	4.30	2.17	1.56
295	303	840	319	343	302	299
934	145	210	13251	22130	9819	6990
0.09	0.02	0.01	1.96	2.50	1.39	0.75
296	281	950	327	349	308	300
413	90	95	9614	13085	6413	3390
0.12	0.01	0.01	0.81	1.80	0.78	0.81
295	348	767	299	335	290	298
521	55	115	3637	9045	3406	3600
1.19	0.02	0.03	5.59	9.34	31.58	8.47
168	110	73	142	116	109	121
2992	35	29	11889	16246	51803	15333
0.07			0.69	0.57	1.13	1.52
228			208	192	205	215
250			2161	1634	3485	4900
1.10	0.02	0.03	4.63	8.53	30.28	6.80
165	110	73	130	110	106	101
2730	35	29	8996	14081	48149	10302
0.01			0.13	0.15	0.16	0.15
86			147	126	70	60
12			296	278	169	131
					0.11	0.06
					130	86
					218	82
					0.01	
					124	
					11	
					0.01	
					124	
					11	
					0.08	0.05
3440					1500	1780
86					1698	1223

9－6 续表 3

指　　标	单　位	全　市	芙蓉区	天心区
六、烟叶播种面积	千公顷	5.36		
单　产	公斤/亩	134		
总产量	吨	10800		
1. 烤烟播种面积	千公顷	5.20		
单　产	公斤/亩	133		
总产量	吨	10348		
2. 晒(土)烟播种面积	千公顷	0.16		
单　产	公斤/亩	186		
总产量	吨	452		
七、药材播种面积	千公顷	2.66		
单　产	公斤/亩	556		
总产量	吨	22199		
八、蔬菜播种面积(含菜用瓜)	千公顷	151.40		1.29
单　产	公斤/亩	2324	2000	1904
总产量	吨	5276653	6	36758
九、瓜果类播种面积	千公顷	7.47		0.08
单　产	公斤/亩	1979		2368
总产量	吨	221725		2763
1. 西瓜播种面积	千公顷	5.61		0.05
单　产	公斤/亩	2083		2870
总产量	吨	175355		2253
2. 甜瓜播种面积	千公顷	1.38		
单　产	公斤/亩	1719		1932
总产量	吨	35530		85
3. 草莓播种面积	千公顷	0.34		0.02
单　产	公斤/亩	1025		1257
总产量	吨	5188		425
十、其它农作物播种面积	千公顷	35.20		0.01
# 青饲料播种面积	千公顷	7.94		

岳麓区	开福区	雨花区	望城区	长沙县	浏阳市	宁乡市
				0.01	2.90	2.45
				126	130	139
				17	5653	5130
					2.90	2.30
					130	136
					5653	4695
				0.01		0.15
				126		190
				17		435
			0.08	0.08	1.83	0.66
574			92	544	606	480
27			113	680	16603	4776
5.61	0.93	0.63	31.13	26.63	41.12	44.06
2370	2007	1290	2360	2515	2158	2365
199473	28127	12124	1101814	1004690	1330772	1562889
0.13	0.02		1.08	1.03	3.79	1.34
2769	2138	2500	2202	2134	1962	1622
5444	635	40	35752	33113	111468	32510
0.07	0.01		0.91	0.77	2.54	1.27
3260	3275	3111	2292	2300	2106	1647
3407	465	28	31166	26565	80206	31265
0.04			0.13	0.18	0.99	0.03
2648	3000	2000	1794	1911	1626	1972
1586	30	6	3364	5301	24180	978
0.02	0.01		0.03	0.05	0.17	0.04
1246	966	1500	1317	1043	1030	455
354	140	6	682	730	2605	246
1.16	0.02		6.57	8.80	11.54	7.10
0.12	0.02		2.5	1.75	2.66	0.89

9－7 茶叶、水果生产情况(2019年)

指　　标	单　位	全　市	芙蓉区	天心区
一、茶叶产量	吨	39772		
绿茶	吨	28624		
青茶	吨	88		
红茶	吨	7073		
其它茶	吨	3987		
二、水果产量	吨	395167		2910
1. 园林水果	吨	173442		147
柑	吨	32089		
桔	吨	63193		39
橙	吨	2926		36
柚	吨	9405		
桃	吨	15488		8
猕猴桃	吨	679		
李子	吨	8716		5
梨	吨	9869		27
葡萄	吨	16533		20
红枣(干枣折成鲜枣)	吨	530		2
鲜柿子(柿饼折成鲜柿)	吨	4658		3
枇杷	吨	775		
其他园林水果	吨	8581		7
2. 瓜果类水果(西瓜、甜瓜、草莓)	吨	221725		2763
三、食用坚果	吨	7508		3
# 板栗	吨	7506		3
三、年末茶园面积	千公顷	14.27		
# 当年采摘	千公顷	12.55		
四、年末果园面积	千公顷	15.37		0.02
# 柑桔园面积	千公顷	4.74		
桃园面积	千公顷	2.04		
猕猴桃园面积	千公顷	0.19		
梨园面积	千公顷	2.25		
葡萄园面积	千公顷	1.57		0.02

岳麓区	开福区	雨花区	望城区	长沙县	浏阳市	宁乡市
65			682	32750	1770	4505
61			682	23100	1293	3488
					62	26
				6500	3	570
4				3150	412	421
18029	655	40	45085	73662	193048	61738
12585	20		9333	40549	81580	29228
1725			650	1092	24492	4130
2976	20		5722	9980	27301	17155
60			460	912	1120	338
159			120	4060	4824	242
1091			640	4950	7354	1445
8			82	305	74	210
101				3610	2539	2461
332			400	1625	4832	2653
2346			1030	9880	2687	570
3			46	310	158	11
1			2	335	4317	
2			3	300	466	4
3781			178	3190	1416	9
5444	635	40	35752	33113	111468	32510
15			62	4785	2613	30
13			62	4785	2613	30
0.1			0.71	6.63	3.45	3.38
0.05			0.66	5.94	2.88	3.01
0.42			0.91	5.06	4.98	3.97
0.13			0.61	0.61	1.00	2.39
0.04			0.09	0.46	1.21	0.24
			0.01	0.07	0.07	0.04
0.04			0.04	0.44	1.38	0.35
0.11			0.15	0.54	0.51	0.23

9－8 畜牧业生产情况(2019年)

指标	单位	全市	芙蓉区	天心区
一、当年出栏猪头数	万头	349.5		0.51
1. 出栏肉猪	万头	349.5		0.51
2. 出口中仔猪	万头			
二、当年出售和自宰的肉用牛	万头	6.26		0.02
三、当年出售和自宰的肉用羊	万只	50.81		0.10
四、当年出售和自宰的肉用驴	匹	120		
五、当年出售和自宰的家禽(鸡鸭鹅)	万羽	4615.23		6.65
# 活鸡	万羽	3688.71		3.80
六、当年出售和自宰的肉用兔	万只	8.78		
七、当年出售和自宰的鹌鹑	羽	63116		
八、当年出售和自宰的肉鸽	羽	100841		
九、当年出售和自宰的狗	只	126310		46
十、当年肉类总产量	吨	352523		449
1. 猪肉产量	吨	268600		313
①肉猪肉产量	吨	268600		313
②出口中仔猪肉产量	吨			
2. 牛肉产量	吨	7853		25
3. 羊肉产量	吨	7697		14
4. 驴肉产量	吨	12		
5. 禽肉产量	吨	67029		97
# 鸡肉产量	吨	52235		57
6. 兔肉产量	吨	96		
7. 其他肉产量	吨	1236		
十一、当年牛奶产量	吨	5793		
十二、当年蜂蜜产量	吨	1016		

岳麓区	开福区	雨花区	望城区	长沙县	浏阳市	宁乡市
2.51	1.53	0.45	40.00	79.70	112.00	112.80
2.51	1.53	0.45	40.00	79.70	112.00	112.80
0.05	0.01		0.39	0.72	1.82	3.25
0.58	0.02	0.02	0.20	1.90	41.20	6.80
					120	
36.30	6.85	5.00	203.10	228.10	828.23	3301.00
30.23	4.11	4.12	123.50	181.40	590.55	2751.00
			0.18		6.80	1.80
			6810	2000	52716	1590
			7250	15203	63170	15218
			17822	10004	70133	28305
2539	1116	446	35411	63584	111150	137829
1831	997	360	32000	58978	89521	84600
1831	997	360	32000	58978	89521	84600
57	13		498	912	2285	4064
103	3	4	35	290	6180	1069
					12	
548	103	82	2701	3292	12341	47865
451	85	70	1745	2675	8913	38239
			2		66	27
			175	112	745	204
			1768	625		3400
		5	3	50	912	46

9－8 续表

指　　标	单　位	全　市	芙蓉区	天心区
十三、当年蜂蜡产量	公斤	27615		
十四、当年禽蛋产量	吨	45225		312
1. 鸡鸭鹅禽蛋产量	吨	44869		312
# 鸡蛋产量	吨	37066		287
2. 其他禽蛋产量	吨	355		
十五、大牲畜存栏总头数	头	99002		80
1. 牛存栏	头	98674		80
(1)肉牛	头	77902		80
# 能繁母牛	头	22597		10
当年生仔牛	头	11476		4
(2)役用牛	头	19050		
# 能繁母牛	头	6832		
当年生仔牛	头	2686		
(3)奶牛	头	1722		
# 能繁母牛	头	1009		
当年生仔牛	头	469		
2. 马存栏	匹	28		
# 能繁母马	匹	8		
当年生仔马	匹	3		
3. 驴存栏	头	300		
# 能繁母驴	头	62		
当年生仔驴	头	39		
4. 骡存栏	头			
# 当年生仔骡	头			
十六、生猪存栏	万头	92.09		0.17
# 能繁母猪	万头	8.67		0.01
十七、山羊存栏	万只	38.26		0.06
# 能繁母羊	万只	16.22		
十八、养蜂箱数	箱	57756		
十九、兔存栏	万只	5.69		
二十、家禽存笼	万羽	2431.45		7.50
# 活鸡	万羽	1950.61		5.01
# 肉鸡	万羽	851.96		3.05
蛋鸡	万羽	919.31		1.62

岳麓区	开福区	雨花区	望城区	长沙县	浏阳市	宁乡市
			430	1400	24292	1493
1460	103	180	13664	7544	10661	11301
1460	103	180	13350	7524	10640	11301
1027	67	170	9119	5860	10421	10115
			314	20	21	
638	183		6260	8446	33865	49530
638	183		6260	8446	33537	49530
451	95		4460	6014	21172	45630
151			2192	1480	7312	11452
117			1753	862	2253	6487
187	88		1510	2200	12365	2700
65	15		894	628	4173	1057
33			360	284	1587	422
			290	232		1200
			160	150		699
			60	60		349
					28	
					8	
					3	
					300	
					62	
					39	
0.40	0.42	0.33	6.10	14.00	41.86	28.81
0.05	0.08	0.03	0.80	0.70	3.79	3.21
0.63	0.01	0.01	0.99	1.63	29.23	5.70
0.44			0.59	0.30	12.69	2.20
		1015	1998	2863	47394	4486
			0.09		3.40	2.20
48.51	10.46	6.30	265.10	260.00	672.58	1161.00
36.28	7.37	6.10	177.00	199.40	526.45	993.00
12.26	2.16	1.94	55.00	101.20	241.35	435.00
24.02	5.21	4.02	121.00	72.40	261.24	429.80

9－9 渔业生产情况(2019年)

指　　标	单　位	全　市	芙蓉区	天心区
一、水产品总产量	吨	98698	54	1210
(一)淡水产品捕捞产量	吨	2509		12
1. 鱼类(含鳝鱼、泥鳅)	吨	2106		12
2. 虾蟹类	吨	328		1
3. 贝类	吨	68		
4. 其他类	吨	8		
(1)龟	公斤	1357		
(2)鳖	公斤	1259		
(3)其他	吨	5		
(二)淡水产品养殖产量	吨	96188	54	1197
1. 鱼类(含鳝鱼、泥鳅)	吨	89514	54	1197
2. 虾蟹类	吨	6197		1
3. 贝类	吨	176		
4. 其他类	吨	302		
(1)珍珠	公斤			
(2)龟	公斤	27771		
(3)鳖	公斤	66550		200
(4)牛蛙	吨	114		
二、淡水养殖面积合计	公顷	23638	20	133
(一)池塘养殖	公顷	12392	20	131
# 精养池塘	公顷	6487	20	21
(二)湖泊养殖	公顷	1420		
# 粗养	公顷	89		
(三)河沟养殖	公顷	342		
(四)水库养殖	公顷	4611		
# 粗养	公顷	2407		
(五)其他养殖	公顷	4874		2
附:1. 稻田养殖面积	公顷	1420		2
其中:养鱼面积	公顷	750		2
成鱼产量	吨	1002		2
2. 养殖水面中鱼种池面积	公顷	228		

岳麓区	开福区	雨花区	望城区	长沙县	浏阳市	宁乡市
5631	825	900	29074	13686	19610	27708
149			833	53	588	874
147			444	53	581	869
3			320		5	
			67		1	
			2		1	4
			1272			85
			1110		20	129
					1	4
5482	825	900	28241	13633	19022	26834
5218	825	900	22597	13287	18641	26795
264			5601	330	1	
			20		155	
			22	16	224	40
			6380		15241	6150
			14419	10000	28161	13770
			1	6	88	20
745	95	194	10920	2975	3849	4706
637	95	154	4394	2091	1600	3270
154	58	7	3368	479	700	1679
			1196			224
			47			42
			322	20		
51		41	207	864	2249	1200
47			67	864	1070	359
57			4803			12
106			22	373	348	570
8			14		289	436
39			249		308	403
4			55		100	69

9－10 农林牧渔业总产值(2019年)

指　　　标	全　市	芙蓉区	天心区	岳麓区
	按现行价格计算			
农林牧渔业总产值	**6076974**	**128**	**24343**	**157534**
一、农业产值	3782294	2	19074	124187
1. 谷物及其他作物	818179		2476	21385
# 粮食	699190		2377	18999
(1)谷物	658001		2316	18525
# 小麦	143			
稻谷	591906		2278	18409
玉米	26867		35	113
(2)折粮薯类	17385		34	271
(3)油料	83062		98	2355
# 花生	11758			205
油菜籽	68143		98	2135
(4)豆类	23804		27	203
# 大豆	15108		26	58
(5)棉花	234			
(6)生麻	6			
(7)糖料	1142			31
(8)烟草	33655			
(9)其他农作物	890			
# 饲料作物	303			
2. 蔬菜园艺作物	2494519	2	15508	94288
(1)蔬菜	1900240	2	12374	71128
(2)食用菌(干鲜混合)	47346		213	
(3)花卉	24330		835	4280
(4) 盆景园艺	522603		2085	18880
3. 水果、坚果、饮料和香料作物	418806		1091	8426
# 水果(含果用瓜)	132639		1088	7905
# 梨	4217		11	139
柑桔	28554		17	1166
# 茶及其他饮料	278494			510
4. 中药材	50790			88

单位:万元

开福区	雨花区	望城区	长沙县	浏阳市	宁乡市
按现行价格计算					
20530	**83289**	**830676**	**1232626**	**1843759**	**1884090**
13708	76460	544189	850896	1044572	1109206
3879	595	119616	172819	237359	260050
3854	574	109015	158535	177133	228701
3790	511	101628	142197	166826	222208
				27	117
3790	511	94004	127009	151711	194194
		1373	5868	6794	12685
32	64	4851	5932	3979	2221
25	20	10269	14244	42912	13139
		1962	1667	2398	5527
25	20	7395	11659	39578	7232
31		2535	10407	6328	4272
16		934	6016	4705	3352
				170	64
				6	
				632	479
			39	16507	17109
		333			557
		148			155
9552	75849	401228	431694	688342	778057
9552	3573	382628	344716	486552	589715
	10	1021	33124	5401	7576
	11	350	6723	7569	4561
	72255	17228	47130	188820	176205
277	16	22978	243425	83672	58920
277	16	14863	25574	64193	18724
		288	683	2029	1067
5		1729	3004	17375	5259
		8048	212684	17211	40041
		367	2958	35198	12179

9－10 续表

指标	全市	芙蓉区	天心区	岳麓区
	按现行价格计算			
二、林业产值	382424			5620
(一)林木的培育和种植	88194			402
1.育种育苗	13505			
2.造林	26338			
3.抚育和管理	22114			42
4.零星植树	26236			360
(二)竹木采运	42960			1258
(三)林产品	251270			3960
三、牧业产值	1354874		2153	11380
(一)牲畜饲养	95813		181	846
1.牛的饲养	32102		84	218
2.羊的饲养	60028		97	628
3.牛奶	3592			
(二)猪的饲养	964948		1183	6652
# 肉猪	964948		1183	6652
(三)家禽饲养	285721		787	3882
1.肉禽	202809		249	1398
2.禽蛋	82913		537	2485
(四)其他畜牧业	8392		2	
# 兔	290			
四、渔业产值	191116	85	1890	9052
1.鱼类	163313	85	1883	8540
2.虾蟹类	22781		4	512
3.贝类	193			
4.其他	4830		4	
五、农林牧渔服务业	366265	40	1225	7295

单位:万元

开福区	雨花区	望城区	长沙县	浏阳市	宁乡市
按现行价格计算					
104	30	14417	44586	244047	73620
30	30	5250	24685	34485	23311
		100	10173	2312	920
		1095	6312	10519	8412
		787	1573	12854	6858
30	30	3268	6627	8800	7121
74		3297	2940	16381	19010
		5870	16961	193181	31298
4635	1629	150068	246828	402019	536161
57	20	2967	6027	58442	27272
40		1646	3686	9136	17290
17	20	206	1953	49234	7874
		1096	388		2108
4100	1087	113000	217183	285600	336144
4100	1087	113000	217183	285600	336144
478	512	33258	22911	52968	170926
291	203	8226	9694	33543	149205
187	310	25032	13217	19424	21721
	10	844	707	5009	1819
		6		223	61
1280	1460	63349	24591	39248	50160
1280	1460	41290	23652	35465	49657
		21483	766	16	
		63		130	
		512	173	3638	502
802	3710	58653	65724	113873	114943

10 工 业

10－1 历年工业总产值

单位:万元

年份	合计	#大中型企业	#国有工业	#集体工业	#乡办工业	轻工业	重工业
1949	5791		433			4896	895
1950	9002		1630	39		7921	1081
1951	14892		4057	129		12945	1947
1952	20409		10400	201		17076	3333
1953	28847		14602	378		24199	4648
1954	30875		17846	714		24523	6352
1955	35450		19311	2234		28742	6708
1956	45732		36351	7660		35686	10046
1957	49355		39277	9360		39189	10166
按1957年不变价格计算							
1957	46096		36541	8845		36868	9228
1958	80433		58213	22109	4659	59711	20722
1959	105816		75554	30262	4455	68870	36946
1960	120489		86411	34078	3508	68554	51935
1961	63898		46444	17333	1051	46572	17326
1962	53339		38507	14580	467	40256	13083
1963	54016		40829	12992	178	38672	15344
1964	64857		49533	15219	290	45358	19499
1965	79691		58891	20797	1277	51868	27823
1966	96285		68584	27701	3073	62743	33542
1967	87318		59683	27635	3151	57524	29794
1968	78585		51981	26604	3382	54247	24338
1969	97375		68078	29297	2194	60575	36800
1970	140654		104311	36343	2948	78545	62109
1971	150535		111997	38538	3577	81623	68912
按1970年不变价格计算							
1971	132575		96260	36315	3577	72794	59781
1972	154173	48387	113309	40864	3627	86545	67628
1973	163927	50018	118714	45213	4691	93632	70295
1974	128974	34209	89526	39448	5633	82062	46912
1975	163374	51074	113325	50049	7181	94128	69246
1976	147984	37453	97010	50974	9479	88653	59331
1977	190006	50228	125967	64039	11791	106133	83873
1978	238489	55004	153188	85301	14509	132376	106113
1979	274260	63033	178564	95696	17671	155407	118853
1980	302624	69477	192773	108551	19593	180677	121947
1981	312240	67577	193803	117076	20046	199146	113094

10－1 续表

单位:万元

年份	合计	#大中型企业	#国有工业	#集体工业	#乡办工业	轻工业	重工业
				按1980年不变价格计算			
1981	305989	65529	190040	114625	20357	197536	108453
1982	318933	68386	192110	124599	22348	204500	114433
1983	339270	80644	203733	135294	24694	213291	125979
1984	387985	108532	228587	158835	30208	239867	148118
1985	463521	139538	255540	207209	42044	279040	184481
1986	524318	179662	294463	218422	46225	301104	223214
1987	635046	227241	348228	271609	65890	364015	271031
1988	763387	275958	406300	329184	90309	418990	344397
1989	837404	307890	418981	369449	68336	465656	371748
1990	864295	332217	428900	388730	79207	481316	382979
				按1990年不变价格计算			
1990	1201241	519530	685839	461738	124188	680329	520912
1991	1389702	572449	751752	561615	167332	780430	609272
1992	1655135	646830	877163	716342	219372	856131	799004
1993	1923267	828288	907141	900189	345084	988828	934439
1994	2261762	917685	950930	664639	352342	1215599	1046163
1995(原规定)	2625906	888684	1072289	635231	388926	1458138	1167768
1995(新规定)	2465662	884923	1047582	887074	410523	1347777	1117885
1996	2874962	916152	1112524	1103270	492329	1465786	1409176
1997	3366581	1029812	1169371	1147896	518527	1655539	1711042
1998	3871568	1157742	1244845	1082559	490985	1812982	2058586
1999	4316798	1322056	1338019	990848		1990907	2325891
2000	4836651	1486342	1530512	914127		2235016	2601635
2001	5349642	1975827	1208526	1011082		2404381	2945261
2002	6079083	2522050	1318284			2412608	3666475
2003	7147780	2435058	1703105			2516350	4631430
				按当年价格计算			
2003	8034980	4075032	2273348			3438771	4596209
2004	10060596	4848325	2679230			4488562	5572034
2005	13006235	6193647	3151357			5802766	7203469
2006	16509547	7667315	3998824			5978281	10531266
2007	21546411	9933579	5289693			7461083	14085328
2008	35074824	17520328	10109994			14391159	20683665
2009	41618121	20436243	11793145			16262144	25355977
2010	54877395	28190353	15158744			21443162	33434233
2011	71273582	38750233	19293574			27958192	43315390
2012	82630847	42333662	21852534			32276868	50353979
2013	89380523	49570685	22108786			31876211	57504312
2014	104445106	59472793	22111685			32681853	62765763
2015	111746223	67380196	22134390			37262597	74483626
2016	122077301	74148116	21927534			41378142	80699159
2017	124115779	76349482	26580545				

10－2 历年工业总产值指数

（以1949年为100）

年 份	工业总产值	# 国有工业	轻工业	重工业
1949	100	100	100	100
1950	155.4	376.4	161.8	120.8
1951	257.2	937.0	264.4	217.5
1952	352.4	2401.8	348.8	372.4
1953	498.1	3372.3	496.3	519.3
1954	533.2	4121.5	500.9	709.7
1955	612.2	4459.8	587.1	749.5
1956	789.1	8395.2	728.9	1122.5
1957	852.3	9070.9	800.4	1135.9
1958	1487.1	14451.0	1296.4	2550.5
1959	1956.4	18755.9	1495.3	4547.5
1960	2227.7	21451.0	1488.4	6392.4
1961	1181.4	11529.6	1011.2	2132.5
1962	986.2	9559.1	874.0	1610.3
1963	998.7	10135.6	839.6	1888.6
1964	1199.1	12296.3	984.8	2400.0
1965	1473.4	14619.4	1126.1	3424.6
1966	1780.2	17025.6	1362.3	4128.5
1967	1614.4	14815.9	1248.9	3667.2
1968	1453.0	12903.9	1177.8	2995.6
1969	1800.4	16900.0	1315.2	4529.5
1970	2600.6	25894.7	1705.3	7544.6
1971	2783.3	27802.8	1772.2	8481.9
1972	3236.5	32726.1	2106.9	9595.6
1973	3441.3	34287.3	2279.4	9974.1
1974	2707.5	25857.0	1997.8	6656.3
1975	3429.7	32730.7	2291.5	9825.1
1976	3106.6	28018.7	2158.2	8418.3
1977	3988.8	36382.0	2583.7	11900.6
1978	5006.7	44180.5	3280.2	15302.0
1979	5757.7	51499.1	3860.0	17181.1
1980	6353.2	55597.1	4477.1	17585.4
1981	6555.0	55894.1	4934.7	16308.7
1982	6832.3	56502.9	5108.7	17208.0
1983	7268.0	59921.5	5328.3	18944.2
1984	8311.6	67231.5	5992.2	22273.4
1985	9929.8	75158.8	6970.8	27741.5

10－2 续表 1

（以 1949 年为 100）

年份	工业总产值	# 国有工业	轻工业	重工业
1986	11232.2	86606.8	7522.0	33566.0
1987	13604.2	102420.0	9093.6	40756.5
1988	16353.6	119500.0	10466.6	51789.0
1989	17939.4	123387.3	11764.7	56626.4
1990	18514.8	126305.5	12159.6	58332.8
1991	21419.6	138444.2	13948.7	68227.5
1992	25510.7	161540.1	15301.7	89446.2
1993	29643.5	167061.0	17673.5	104562.7
1994	34860.7	175125.0	21720.7	117057.9
1995	40473.3	181107.4	26043.1	130636.7
1996	47191.9	192334.7	28334.9	164732.8
1997	55261.7	202162.5	31990.1	199985.6
1998	63550.9	215210.6	35029.2	240582.7
1999	70859.3	237359.0	38462.1	271858.5
2000	79362.4	271506.4	43191.8	303937.8
2001	87774.8	214490.1	46474.4	344057.6
2002	99712.2	234008.7	46613.8	428351.1
2003	120950.9	302339.2	48618.2	541007.4
2004	151430.5	367946.9	63461.3	655863.3
2005	192771.0	484954.0	80215.1	847375.4
2006	251951.7	614921.7	101632.5	1129551.4
2007	328819.1	813425.8	126840.5	1510749.0
2008	433712.4	1002954.0	160326.4	2870788.7
2009	514643.1	1169945.8	181168.8	3519299.9
2010	618774.0	1515874.4	214431.6	4343423.3
2011	803787.4	1929708.1	279618.8	5629076.6
2012	931589.6	2186359.3	322680.1	6540987.0
2013	1007686.2	2202992.9	318674.6	7469816.0
2014	1177526.0	2203281.8	326728.8	8153279.0
2015	1259839.6	2201714.9	372523.7	9675430.6
2016	1376313.3	2181138.9	413667.9	10482829.0
2017	1399295.3	2643975.4		

10－2 续表 2

（以上年为 100）

年份	工业总产值	#国有工业	轻工业	重工业
1950	155.4	376.4	161.8	120.8
1951	165.4	248.9	163.4	180.1
1952	137.0	256.3	131.9	171.2
1953	141.3	140.4	141.7	139.5
1954	107.0	122.2	101.3	136.7
1955	114.8	108.2	117.2	105.6
1956	129.0	188.2	124.2	149.8
1957	107.9	108.0	109.8	101.2
1958	174.5	159.3	162.0	224.5
1959	131.6	129.8	115.3	178.3
1960	113.9	114.4	99.5	140.6
1961	53.0	53.7	67.9	33.4
1962	83.5	82.9	86.4	75.5
1963	101.3	106.0	96.1	117.3
1964	120.1	121.3	117.3	127.1
1965	122.9	118.9	114.4	142.7
1966	120.8	116.5	121.0	120.6
1967	90.7	87.0	91.7	88.8
1968	90.0	87.1	94.3	81.7
1969	123.9	131.0	111.7	151.2
1970	144.4	153.2	129.7	168.8
1971	107.0	107.4	103.9	110.0
1972	116.3	117.7	118.9	113.1
1973	106.3	104.8	108.2	103.9
1974	78.7	75.4	87.6	66.7
1975	126.7	126.6	114.7	147.6
1976	90.6	85.6	94.2	85.7
1977	128.4	129.8	119.7	141.4
1978	125.5	121.6	124.7	126.5
1979	115.0	116.6	117.4	112.0
1980	110.3	108.0	110.2	102.6
1981	103.2	100.5	110.2	92.1
1982	104.2	101.1	103.5	105.5
1983	106.4	106.1	104.3	110.1
1984	114.4	112.2	112.5	117.6
1985	119.5	111.8	116.3	124.6
1986	113.1	115.2	107.9	121.0
1987	121.1	118.3	120.9	121.4
1988	120.2	116.7	115.1	127.1
1989	109.7	103.1	111.1	107.9
1990	103.2	102.4	103.4	103.0

10－2 续表 3

（以上年为100）

年份	工业总产值	#国有工业	轻工业	重工业
1991	115.7	109.6	114.7	117.0
1992	119.1	116.7	109.7	131.1
1993	116.2	103.4	115.5	116.9
1994	117.6	104.8	122.9	112.0
1995	116.1	112.8	119.9	111.6
1996	116.6	106.2	108.8	126.1
1997	117.1	105.1	112.9	121.4
1998	115.0	111.0	109.5	120.3
1999	111.5	110.3	109.8	113.0
2000	112.0	112.8	112.3	111.8
2001	110.6	79.0	107.6	113.2
2002	113.6	109.1	100.3	124.5
2003	121.3	129.2	104.3	126.3
2004	125.2	121.7	130.5	121.2
2005	127.3	131.8	126.4	129.2
2006	130.7	126.8	126.7	133.3
2007	130.5	132.3	124.8	133.7
2008	131.9	123.3	126.4	137.4
2009	118.7	116.7	113.0	122.6
2010	131.9	128.5	131.9	131.9
2011	129.9	127.3	130.4	129.6
2012	115.9	113.3	115.4	116.2
2013	108.2	100.8	98.8	114.2
2014	116.9	100.0	102.5	109.1
2015	107.0	99.9	114.0	118.7
2016	109.2	99.1	111.0	108.3
2017	101.7	121.2		

10－3 规模以上工业主要产品产量

产　　品	单　位	2019 年	2018 年	2019 年为 2018 年的%
饲料	万吨	207.24	258.14	80.3
精制食用植物油	万吨	12.95	11.43	113.3
酱油	万吨	25.96	23.39	111.0
大米	万吨	20.91	77.50	27.0
乳制品	万吨	25.67	11.51	223.0
软饮料	万吨	305.49	226.43	134.9
精制茶	万吨	3.34	2.34	142.5
卷烟	亿支	1651.46	1635.56	101.0
服装	万件	2304.00	1772.94	130.0
涂料	万吨	30.99	16.53	187.5
化学药品原药	万吨	4.01	4.12	97.2
化学试剂	万吨	16.91	9.51	177.8
焰火制品	亿元	379.82	424.69	89.4
家具	万件	120.32	100.61	119.6
水泥	万吨	694.17	623.40	111.4
商品混凝土	万立方米	1669.74	1302.06	128.2
铝材	万吨	12.22	47.03	26.0
起重机	万吨	78.06	85.44	91.4
挖掘、铲土运输机械	万台	7.60	6.43	118.2
压实机械	台	4172.00	3490.00	119.5
混凝土机械	万台	4.09	3.64	112.3
环境污染防治专用设备	万台	2.77	0.18	1541.1
汽车	万辆	43.70	58.62	74.5
印制电路板	万平方米	90.15	68.10	132.4
电力电缆	亿米	6.16	14.81	41.6
自来水生产量	亿立方米	10.47	9.10	115.0
发电量	万千瓦小时	838000	933000	89.8

10－4　1998－2017年规模以上工业企业主要经济指标

指　　标	1998年	1999年	2000年	2001年	2002年	2003年	2004年	2005年	2006年
企业单位数(个)	602	672	657	744	895	1096	1464	1691	1920
# 亏损企业	273	241	223	230	258	226	263	217	165
工业总产值(当年价格)	2656096	3098178	3301641	3700281	4441769	5643301	7699353	9733713	12717585
工业销售产值(当年价格)	2560872	3007318	3229826	3636080	4391451	5578889	7594852	9551244	12673496
工业增加值(当年价格)	990023	1071758	1178774	1325474	1603271	2031020	2718925	3523338	4411148
流动资产合计	1889708	2097902	2456692	2742156	3077790	3772809	4574168	5102554	6357110
存货	713805	726300	849283	917658	1073247	1291700	1607995	1838326	2267629
# 产成品	238900	259808	313282	314616	387805	443290	478979	507981	718122
固定资产合计	1905649	2113116	2364939	2416425	2673026	2775924	3283857	3955661	4259095
固定资产原价合计	2337912	2590306	2909204	3153749	3496219	3817462	4300092	5051470	5542976
固定资产净值平均余额	1582335	1756358	1888985	2076331	2298696	2411178	2748064	3167717	3820512
资产总计	4277157	4722014	5406433	5891896	6629858	7582870	9251983	10675036	12728342
流动负债合计	1954242	2101611	2306733	2551023	2729096	3220482	3871544	4505124	4881277
负债合计	2666746	2859586	3148273	3328496	3637202	4148846	5014353	5802134	6722111
主营业务收入	2531715	2916883	3212467	3538980	4296915	5679012	7490187	9351579	12350206
主营业务成本	1714194	1963016	2171292	2399290	2944484	3842496	5428851	6753573	8770195
主营业务税金及附加	322040	348163	370445	356460	356106	402640	580931	648061	714015
营业利润	363206	455412	506053	579018	759425	1115558	558645	688131	1172544
利润总额	99866	176898	211786	240180	332138	470195	569891	640280	950519
亏损企业亏损额	94747	79032	55843	60056	66425	60483	80676	62222	48274
应交增值税	173616	192623	207553	237311	248126	285078	347826	482333	572429

注:1. 从1998年起工业企业主要经济指标为规模以上工业企业(即年主营业务收入500万元以上独立核算工业企业)主要经济指标。

2. 2008年数据按第二次经济普查数据修正。

3. 从2011年起,规模以上工业企业统计标准由年主营业务收入500万元以上变更为2000万元及以上。

单位:万元

2007 年	2008 年	2009 年	2010 年	2011 年	2012 年	2013 年	2014 年	2015 年	2016 年	2017 年
2047	2575	2527	2617	2219	2282	2407	2593	2708	2793	2886
133	139	172	83	107	133	133	162	215	162	221
17326728	28153645	33728555	45716906	59756609	70583246	82891332	95447615	105459223	115582830	117562858
17105805	27807656	33256951	45390816	59014457	69289554	81506860	91924403	101995173	116536722	111368232
5845815	11296207	12360165	15722264	21092400	23098396	26532834	30420534	32282141	32530272	35332603
7761100	12471386	14094846	21065939	24386980	31078962	34637238	41059381	44827621	48302600	53668587
2564681	4130906	4820399	5985926	6907187	8391415	9349379	11166999	12561060	13521522	14516957
1010958	1154176	1377478	1833303	1894490	2589496	2360520	3473773	3851748	4090793	4372825
5181152	9879593	12853030	13662049	14022082	16886035		23249698	24152862	25806732	25404048
6435469	12819906	14421067	15780005	18563250	21314194		31458658	34316223	38403910	42442237
4112795	7985703	10379476	11360425	13364154						
15679718	27347526	30867064	40568029	47623577	58250722	62596081	74286273	80761003	89110901	99104880
5891835	8910948	9765456	13402078	17902397	21572983		25564713	28907233	31729208	36023466
8464062	14926586	16705263	21315603	25903355	32693115	33628362	40306440	42917138	48558797	50384464
17518483	27181162	32754428	45087877	58597585	68645424	77588408	90240638	99478355	108795018	111472203
12115525	19484114	23391354	33142414	42733271	51359043	59274178	69004779	76844816	85833548	87343048
899198	2452071	2617761	3388886	4043661	4748995	5385138	5950556	6377474	6304222	6422320
1756969	3356097	4234120	5160913	5882254	5977448	5615275	6321657	6432841	5896892	7193825
1704861	2924227	3341951	4962418	5632994	6084527	5896607	6549215	6754329	6355174	7515701
161573	124990	101164	28593	157392	197853	190173	258971	476813	527415	147362
792824	1657657	1504850	2296193	2558087	2697660	3029488	3719432	3944615	3685395	3693179

10－5　规模以上工业企业主要经济指标(2019年)

指　　标	企业单位数（个）	#亏损企业（个）	流动资产合计	#应收账款
总　　计	**2974**	**326**	**59942184**	**17497804**
按登记注册类型分组				
内资企业	2834	298	51117961	15356131
国有企业	7	1	6087630	121277
集体企业	13		18930	11824
股份合作企业	2		3684	1462
联营企业	1		567	483
集体联营企业	1		567	483
有限责任公司	394	84	8914212	3268938
国有独资公司	26	4	1015309	319299
其他有限责任公司	368	80	7898903	2949639
股份有限公司	81	18	11943283	5001632
私营企业	2336	195	24149656	6950514
私营独资企业	147	1	228692	112141
私营合伙企业	100	1	131482	49774
私营有限责任公司	1969	181	20779208	5902657
私营股份有限公司	120	12	3010275	885943
港、澳、台商投资企业	64	11	4716122	998018
合资经营企业(港或澳、台资)	30	6	1943164	615677
合作经营企业(港或澳、台资)	1		7405	491
港、澳、台商独资经营企业	28	5	787934	293401
港、澳、台商投资股份有限公司	4		1975150	87840
其他港、澳、台商投资企业	1		2469	608
外商投资企业	76	17	4108101	1143655
中外合资经营企业	38	8	2533273	560250
中外合作经营企业	2		4472	2105
外资企业	34	9	1202864	560514
外商投资股份有限公司	2		367491	20786

单位:万元

存货	#产成品	资产总计	固定资产原价	累计折旧	固定资产净额	负债合计	流动负债合计	应付账款	所有者权益合计
13100904	**4633058**	**107688948**	**42938269**	**17695405**	**24513780**	**57578623**	**43756717**	**13334815**	**50017881**
11821222	4027780	86525881	28442405	11655086	16388580	45291139	35710574	10607249	41142299
3882997	76424	10516581	6630161	3757864	2871354	2885097	2249696	792501	7631484
4316	1929	39956	46965	28460	15658	19980	16594	5341	19975
489	412	7589	2922	950	1917	2986	2036	1055	4603
84	82	2187	1962	342	1620	932	932	418	1255
84	82	2187	1962	342	1620	932	932	418	1255
1594948	644908	17216593	7907946	3011951	4782321	10634646	8414735	2583355	6542202
145812	84117	2101472	1147267	380629	779237	1509111	858139	351849	592361
1449136	560792	15115121	6760679	2631322	4003084	9125534	7556596	2231506	5949841
1471189	756446	19227462	1730559	606777	1071720	10183437	7678176	2548225	9008730
4867198	2547579	39515514	12121891	4248742	7643990	21564061	17348404	4676355	17934050
65857	46724	469897	258104	75223	154450	228292	192420	89998	241086
34302	25268	339773	179378	38152	107318	145148	87843	33054	193514
4216709	2298123	33100721	10400710	3766155	6515107	18904316	15110899	3815822	14195732
550331	177465	5605123	1283698	369212	867116	2286305	1957242	737481	3303718
524451	251169	13424072	10376897	3941557	6418203	7608336	4978956	1571594	5815735
254135	89603	8108822	8352462	3195333	5146790	5465570	3248164	804532	2643251
392	23	11841	4039	862	3177	4308	4308	2520	7533
120371	68922	1120817	410867	177145	228843	518824	476538	214223	601993
149476	92621	4161826	1609316	568079	1039318	1610856	1246759	550319	2550970
77		20766	214	139	75	8780	3187		11987
755232	354109	7738996	4118966	2098762	1706998	4679148	3067188	1155972	3059847
470486	194993	5244148	2909348	1599153	1120978	3422533	1976283	665522	1821615
901	633	14448	2545	440	2070	6687	4271		7761
224610	101621	2035215	1048104	477041	565595	1073172	910847	439385	962042
59234	56862	445185	158969	22128	18355	176756	175787	51066	268429

10－5 续表 1

指　　标	企业单位数（个）	#亏损企业（个）	流动资产合计	#应收账款
按经济组织类型分组				
独资企业	229	16	8326049	1099157
国有企业	7	1	6087630	121277
集体企业	13		18930	11824
私营独资企业	147	1	228692	112141
港澳台商独资经营企业	28	5	787934	293401
外资企业	34	9	1202864	560514
合作合伙企业	107	1	150079	54923
股份合作企业	2		3684	1462
集体联营企业	1		567	483
私营合伙企业	100	1	131482	49774
合作经营企业（港或澳、台资）	2		9874	1099
中外合作经营企业	2		4472	2105
股份有限公司	207	30	17296200	5996202
股份有限公司（内资）	81	18	11943283	5001632
私营股份有限公司	120	12	3010275	885943
港澳台商投资股份有限公司	4		1975150	87840
外商投资股份有限公司	2		367491	20786
有限责任公司	2431	279	34169857	10347523
国有独资公司	26	4	1015309	319299
私营有限责任公司	1969	181	20779208	5902657
合资经营企业（港或澳、台资）	30	6	1943164	615677
中外合资经营企业	38	8	2533273	560250
其他有限责任公司	368	80	7898903	2949639
在总计中：国有控股企业	145	41	14121971	2195525
在总计中：大型企业	40	2	36416807	10227887
中型企业	240	20	9085140	2678823
小型企业	2492	252	12072550	4121684
微型企业	202	52	2367688	469410
在总计中：园区工业	1451	223	47927594	15140687
在总计中：亏损企业	326	326	4374089	1184807

单位:万元

存货	#产成品	资产总计	固定资产原价	累计折旧	固定资产净额	负债合计	流动负债合计	应付账款	所有者权益合计
4298151	295619	14182465	8394201	4515732	3835900	4725365	3846096	1541447	9456580
3882997	76424	10516581	6630161	3757864	2871354	2885097	2249696	792501	7631484
4316	1929	39956	46965	28460	15658	19980	16594	5341	19975
65857	46724	469897	258104	75223	154450	228292	192420	89998	241086
120371	68922	1120817	410867	177145	228843	518824	476538	214223	601993
224610	101621	2035215	1048104	477041	565595	1073172	910847	439385	962042
36246	26418	396604	191059	40885	116177	168841	102576	37046	226653
489	412	7589	2922	950	1917	2986	2036	1055	4603
84	82	2187	1962	342	1620	932	932	418	1255
34302	25268	339773	179378	38152	107318	145148	87843	33054	193514
469	23	32607	4253	1001	3252	13087	7494	2520	19520
901	633	14448	2545	440	2070	6687	4271		7761
2230231	1083393	29439595	4782542	1566196	2996509	14257353	11057964	3887091	15131847
1471189	756446	19227462	1730559	606777	1071720	10183437	7678176	2548225	9008730
550331	177465	5605123	1283698	369212	867116	2286305	1957242	737481	3303718
149476	92621	4161826	1609316	568079	1039318	1610856	1246759	550319	2550970
59234	56862	445185	158969	22128	18355	176756	175787	51066	268429
6536278	3227628	63670284	29570466	11572592	17565195	38427065	28750081	7869230	25202801
145812	84117	2101472	1147267	380629	779237	1509111	858139	351849	592361
4216709	2298123	33100721	10400710	3766155	6515107	18904316	15110899	3815822	14195732
254135	89603	8108822	8352462	3195333	5146790	5465570	3248164	804532	2643251
470486	194993	5244148	2909348	1599153	1120978	3422533	1976283	665522	1821615
1449136	560792	15115121	6760679	2631322	4003084	9125534	7556596	2231506	5949841
5331028	563405	31692578	19929607	9126639	10544834	16434900	10031621	2761735	15185110
8611413	2594690	60460895	20769237	8499491	12203085	32373998	25878491	7049880	28086897
1826335	828125	16362479	6531268	2481442	3875092	8029399	6644182	2256089	8333079
2410662	1122861	23268926	9766044	3314731	6044335	12421941	9297751	3300423	10848190
252494	87382	7596648	5871719	3399742	2391268	4753286	1936293	728423	2749715
8222596	4062666	80979551	25171981	9882146	14876138	44526499	35342622	10625035	36380101
931353	367288	12209213	8277400	3735033	4439416	8832706	6384633	1661872	3305156

10－5 续表 2

指　　标	企业单位数（个）	#亏损企业（个）	流动资产合计	#应收账款
按行业大类分组				
采矿业	24	4	46572	14154
黑色金属矿采选业	2	1	5076	225
有色金属矿采选业	3	2	7184	4559
非金属矿采选业	19	1	34312	9370
制造业	2893	318	58330745	17112465
农副食品加工业	191	28	891738	205659
食品制造业	106	17	1027016	140195
酒、饮料和精制茶制造业	49	6	348919	100694
烟草制品业	2		6011089	105556
纺织业	21	8	722851	243041
纺织服装、服饰业	16	2	92438	14388
皮革、毛皮、羽毛及其制品和制鞋业	5	1	11304	2309
木材加工和木、竹、藤、棕、草制品业	44		63901	14135
家具制造业	39	1	103418	26735
造纸和纸制品业	77	3	218255	92151
印刷和记录媒介复制业	76	2	300339	93116
文教、工美、体育和娱乐用品制造业	15	1	47046	6272
石油、煤炭及其他燃料加工业	11		22717	8553
化学原料和化学制品制造业	535	21	1816519	559719
医药制造业	96	16	1255459	258716
橡胶和塑料制品业	94	7	491420	125972
非金属矿物制品业	269	22	2218426	1021541
黑色金属冶炼和压延加工业	6	1	56144	12310
有色金属冶炼和压延加工业	47	7	1136403	257410
金属制品业	176	19	942121	302041
通用设备制造业	252	28	2058018	536286
专用设备制造业	213	30	23386502	8275208
汽车制造业	155	36	4043428	1030290
铁路、船舶、航空航天和其他运输设备制造业	22	9	1054176	479162
电气机械和器材制造业	158	21	3006829	970282
计算机、通信和其他电子设备制造业	134	25	5923601	1872471
仪器仪表制造业	66	5	892838	276578
其他制造业	8	1	97042	30472
废弃资源综合利用业	10	1	90786	51204
电力、热力、燃气及水生产和供应业	57	4	1564868	371185
电力、热力生产和供应业	21	2	839006	98700
燃气生产和供应业	15	1	261770	174672
水的生产和供应业	21	1	464092	97814

单位：万元

存货	#产成品	资产总计	固定资产原价	累计折旧	固定资产净额	负债合计	流动负债合计	应付账款	所有者权益合计
10239	7838	129727	119000	62258	50453	78670	62463	16702	51057
2027	862	9139	12646	8674	3972	3718	3433	117	5422
1408	401	16112	10449	5637	4812	14974	13682	3911	1138
6804	6575	104476	95905	47948	41668	59979	45348	12673	44498
13013960	4620269	95189543	28700669	11758599	16224944	48680149	38912427	12468559	46416950
279491	150237	1779482	786653	217121	521924	794562	660870	204018	984920
202040	95722	1861252	1001866	281335	533392	791080	662606	176714	1070171
78925	53708	659759	341295	141107	186916	285702	227255	70264	374057
3878196	74655	7920206	2130368	1411560	718808	1066630	1066618	422021	6853577
128231	79826	1860883	465979	109848	344308	769383	700501	289313	1091500
42893	32620	148716	61300	22915	36969	69862	66070	11784	78854
4437	3485	36873	21795	3393	18485	5605	5300	618	31267
16278	8894	137090	60021	15077	37052	50387	31026	8369	86703
14130	8067	179769	74288	22680	44286	91646	64043	13002	88123
51656	23544	466642	243560	77014	149997	244838	168259	72046	221803
80859	21115	641839	484047	228465	249274	270518	231055	89694	371321
22003	17042	81810	26970	7802	15308	48013	40545	3922	33797
3724	2322	41795	22340	9758	12371	15503	8313	2108	26292
430134	273251	3649553	1507373	452608	942906	1550562	1177716	451526	2094891
248820	129597	3166008	940109	419233	642330	773091	599926	127364	2392916
103940	56493	1040471	682793	255103	404163	454799	314734	107918	585672
265389	125476	3771118	1300108	476234	754583	2088723	1704657	665568	1668887
4493	2479	113478	14961	5424	9052	25258	24897	3965	88220
313195	103684	2390442	1688627	895660	774424	1190704	842489	170834	1199738
188587	84623	1769417	633078	191578	428067	946278	724189	253603	823138
573406	226000	3186728	1087738	414362	622064	1684606	1344476	519431	1500240
3654051	2010424	32909389	5022240	2151147	2864248	20034005	16659149	4150717	12876598
813654	334471	8096946	4180250	2070490	1913881	6041693	3597813	1214814	2006903
230928	27203	1789402	451249	104431	345967	922743	794306	256822	866658
596974	297194	4850829	1350065	368336	964462	2826596	2333753	906811	1998422
630845	319756	10874848	3780710	1301214	2456141	4990122	4370350	2114784	5884726
121697	34415	1361478	141964	37506	102784	455430	349177	107111	906047
23534	19159	169016	39878	11875	28002	65406	53931	10302	103610
11451	4809	234307	159047	55323	102778	126406	88404	43118	107900
76706	4951	12369678	14118600	5874548	8238383	8819804	4781828	849554	3549874
53907	378	8838352	11905949	5277890	6623090	6179137	3080309	559156	2659215
18391	3395	656063	339909	90958	248613	443918	392571	167040	212145
4408	1177	2875263	1872742	505699	1366680	2196750	1308948	123358	678513

10－5 续表 3

指　　标	#实收资本	国家资本	集体资本	法人资本
总　　计	**15831668**	**3762610**	**219279**	**6033565**
按登记注册类型分组				
内资企业	11468095	2783256	195008	4812230
国有企业	1120314	1118714		600
集体企业	10114		4129	3129
股份合作企业	3009			
联营企业	500			
集体联营企业	500			
有限责任公司	3569107	1208954	43213	2008624
国有独资公司	462938	311499	2141	149199
其他有限责任公司	3106169	897455	41072	1859425
股份有限公司	2378992	423785	57593	694877
私营企业	4386059	31803	90073	2104999
私营独资企业	82620		272	34421
私营合伙企业	61427		1592	18020
私营有限责任公司	3171508	27352	66016	1604833
私营股份有限公司	1070504	4450	22193	447726
港、澳、台商投资企业	2740070	657829		801930
合资经营企业（港或澳、台资）	1908433	648443		671945
合作经营企业（港或澳、台资）	1500			
港、澳、台商独资经营企业	294443	9386		4958
港、澳、台商投资股份有限公司	527694			117026
其他港、澳、台商投资企业	8000			8000
外商投资企业	1623503	321524	24271	419406
中外合资经营企业	1124219	321524	24271	226833
中外合作经营企业	7158			600
外资企业	479293			186965
外商投资股份有限公司	12833			5008

单位:万元

个人资本	港澳台资本	外商资本	营业收入	营业成本	销售费用	管理费用	财务费用	利息费用	利息收入
3695920	**805378**	**1314525**	**93257801**	**67865950**	**3661559**	**3521384**	**845153**	**1009406**	**221989**
3517089	19213	140908	74194868	52953885	3226390	2824515	593674	728318	206426
1000			11976427	4751534	110653	384966	-13533	19605	32759
2856			99362	85635	2888	3664	385	225	39
3009			55542	42307	1687	1768	260	145	3
500			11939	9399	152	103	90		
500			11939	9399	152	103	90		
299420	8896		12178902	9818938	496053	456118	158619	155069	18909
100			869022	715173	16668	31454	38580	32523	883
299320	8896		11309880	9103765	479384	424664	120039	122546	18026
1061304	2521	138912	5794835	4394149	477031	275837	176376	241218	35142
2149001	7796	1996	44077862	33851923	2137927	1702059	271477	312057	119573
47926			1695364	1385471	41015	46330	6532	2764	157
41816			1557790	1289663	31259	33991	5735	3641	278
1463124	7796	1996	37586453	28912754	1725973	1453157	237362	284586	111182
596135			3238256	2264034	339680	168582	21848	21067	7957
121450	772707	386154	9859967	7780403	235292	321640	219147	235618	14124
14750	257657	315638	3141670	2284632	68380	104620	185417	178074	1910
	1500		6829	4802	467	231	6	7	1
	209582	70517	1006151	784017	86282	36466	-236	5662	2964
106701	303968		5698802	4704147	80163	177584	33750	51656	9240
			6516	2805		2740	210	220	9
57382	13458	787462	9202966	7131662	199878	375229	32332	45470	1439
50088	13458	488045	5985875	4773077	51751	262627	31732	39144	4186
6558			11799	9684	415	709	66	72	
		292328	2307591	1824056	112637	99400	1878	5008	-273
736		7090	897701	524845	35074	12493	-1344	1247	-2474

10－5 续表 4

指　　标	#实收资本	国家资本	集体资本	法人资本
按经济组织类型分组				
独资企业	1986784	1128100	4401	230074
国有企业	1120314	1118714		600
集体企业	10114		4129	3129
私营独资企业	82620		272	34421
港澳台商独资经营企业	294443	9386		4958
外资企业	479293			186965
合作合伙企业	81593		1592	26620
股份合作企业	3009			
集体联营企业	500			
私营合伙企业	61427		1592	18020
合作经营企业(港或澳、台资)	9500			8000
中外合作经营企业	7158			600
股份有限公司	3990024	428236	79786	1264636
股份有限公司(内资)	2378992	423785	57593	694877
私营股份有限公司	1070504	4450	22193	447726
港澳台商投资股份有限公司	527694			117026
外商投资股份有限公司	12833			5008
有限责任公司	9773267	2206274	133501	4512236
国有独资公司	462938	311499	2141	149199
私营有限责任公司	3171508	27352	66016	1604833
合资经营企业(港或澳、台资)	1908433	648443		671945
中外合资经营企业	1124219	321524	24271	226833
其他有限责任公司	3106169	897455	41072	1859425
在总计中:国有控股企业	5570899	3559010	13396	1177352
在总计中:大型企业	6049595	1680514		1912084
中型企业	3271950	834333	84640	1312297
小型企业	5414968	550817	121758	2533103
微型企业	1095155	696946	12881	276082
在总计中:园区工业	11677521	1745350	163163	5144864
在总计中:亏损企业	3084279	1170935	43686	1019947

单位:万元

			营业收入	营业成本	销售费用	管理费用	财务费用		
个人资本	港澳台资本	外商资本						利息费用	利息收入
51782	209582	362845	17084893	8830713	353474	570825	-4973	33262	35646
1000			11976427	4751534	110653	384966	-13533	19605	32759
2856			99362	85635	2888	3664	385	225	39
47926			1695364	1385471	41015	46330	6532	2764	157
	209582	70517	1006151	784017	86282	36466	-236	5662	2964
		292328	2307591	1824056	112637	99400	1878	5008	-273
51882	1500		1650415	1358661	33980	39542	6367	4084	291
3009			55542	42307	1687	1768	260	145	3
500			11939	9399	152	103	90		
41816			1557790	1289663	31259	33991	5735	3641	278
	1500		13344	7608	467	2971	216	226	10
6558			11799	9684	415	709	66	72	
1764875	306489	146002	15629593	11887175	931949	634496	230630	315187	49864
1061304	2521	138912	5794835	4394149	477031	275837	176376	241218	35142
596135			3238256	2264034	339680	168582	21848	21067	7957
106701	303968		5698802	4704147	80163	177584	33750	51656	9240
736		7090	897701	524845	35074	12493	-1344	1247	-2474
1827381	287806	805679	58892900	45789400	2342156	2276521	613129	656872	136187
100			869022	715173	16668	31454	38580	32523	883
1463124	7796	1996	37586453	28912754	1725973	1453157	237362	284586	111182
14750	257657	315638	3141670	2284632	68380	104620	185417	178074	1910
50088	13458	488045	5985875	4773077	51751	262627	31732	39144	4186
299320	8896		11309880	9103765	479384	424664	120039	122546	18026
182488	5892	632763	21573203	12168999	424493	805633	302124	327249	48455
902471	609405	945121	40519821	25919480	1611618	1357327	391499	615681	185287
755205	84065	201411	15046430	11339340	792819	647505	106151	110244	18211
1939140	101800	167959	31304900	25145860	1165335	1302079	312294	243627	15727
99104	10108	34	6386651	5461271	91788	214473	35209	39854	2763
2854011	784799	985333	61549242	47162428	2998295	2458712	521340	710285	181727
406651	70895	372166	7379397	6957835	230783	351517	167701	160888	4687

10－5 续表 5

指　　标	#实收资本	国家资本	集体资本	法人资本
按行业大类分组				
采矿业	37111	13000		2020
黑色金属矿采选业	1020			520
有色金属矿采选业	3208			1000
非金属矿采选业	32883	13000		500
制造业	13446290	2075763	199279	5737453
农副食品加工业	380630	27070	9906	187619
食品制造业	439078	10000	8308	124257
酒、饮料和精制茶制造业	140137	22996	1659	42631
烟草制品业	446000	446000		
纺织业	296811		3000	186731
纺织服装、服饰业	33626	1070	500	1683
皮革、毛皮、羽毛及其制品和制鞋业	10141	490	490	6290
木材加工和木、竹、藤、棕、草制品业	23854			3215
家具制造业	35603			13605
造纸和纸制品业	83423	2538	6607	31709
印刷和记录媒介复制业	139578	7550	2660	90790
文教、工美、体育和娱乐用品制造业	26040			13631
石油、煤炭及其他燃料加工业	10810			3416
化学原料和化学制品制造业	846024	241329	48630	215216
医药制造业	838090	5121	10495	345797
橡胶和塑料制品业	347232		300	253919
非金属矿物制品业	614147	53543	13196	323753
黑色金属冶炼和压延加工业	71089			67444
有色金属冶炼和压延加工业	529168	249118	2240	208556
金属制品业	341904	27643	5552	126540
通用设备制造业	692965	23451	1022	420836
专用设备制造业	1672590	174553	16442	603067
汽车制造业	1426832	340186	18696	411867
铁路、船舶、航空航天和其他运输设备制造业	511864	12554		476919
电气机械和器材制造业	974921	155090	17143	397465
计算机、通信和其他电子设备制造业	2193430	273402	16748	1021861
仪器仪表制造业	236396	2060	12241	100674
其他制造业	43934		3308	39039
废弃资源综合利用业	39975		138	18924
电力、热力、燃气及水生产和供应业	2348266	1673847	20000	294092
电力、热力生产和供应业	1918940	1414543	20000	159854
燃气生产和供应业	41209	14510		12752
水的生产和供应业	388118	244794		121486

单位:万元

个人资本	港澳台资本	外商资本	营业收入	营业成本	销售费用	管理费用	财务费用	利息费用	利息收入
22091			284755	233236	8080	11211	1886	1118	3
500			13954	11860	164	1400	91	19	
2208			24344	17485	1034	3522	224	49	3
19383			246457	203891	6882	6290	1571	1050	1
3648254	786203	998947	88614079	64065396	3620802	3377085	563745	756652	218643
135587	3903	16546	2817326	2352418	121347	103271	16260	13721	2532
202141	30461	63912	2703390	1942924	158692	95776	11536	9223	-3471
19736	17075	36040	984045	752981	96990	30074	4028	3229	-443
			9858177	2696970	110429	343463	-33816		31697
107080			874172	651457	83887	35078	4475	4621	486
27555		2818	181269	136783	17214	15547	938	1064	95
1890	490	490	93246	71437	4732	5325	565	470	-48
20639			456708	390475	10638	13797	2420	915	521
21998			408259	342781	11704	18083	1458	1036	147
39927	2642		1496734	1218231	46825	39709	6950	4431	442
27143	6000	5436	1203494	976940	32564	58011	6781	5790	758
9899	1500	1010	236937	203811	6132	7244	1503	1435	4
7394			89011	67601	3482	3266	744	511	135
318723	100	22027	8108239	6513937	230573	253799	40123	28269	2451
472204	3004	1470	2307408	1390531	463016	138881	7700	10081	3661
69686	2610	20326	1597095	1272190	58130	67831	6480	4442	1124
210361	13204	90	4218834	3354963	174193	172274	47622	37800	2632
3645			86074	73402	1840	2801	1366	1387	28
69254			2868739	2426438	52737	70932	20078	17585	870
170406	11763		2451542	1959112	80557	105697	21668	18264	2236
237987	3219	6451	3498768	2782090	145506	151928	24908	18784	1645
705839	16793	155897	15810025	11111212	1110835	584076	217635	389080	141243
57570	21729	576784	9806857	8214568	188542	436594	52320	59758	4694
15354		7037	928415	641912	36293	49957	1750	3650	3142
309904	38314	57004	4526932	3697021	169231	162632	26033	26543	5656
251379	604950	25090	10021736	8229977	153589	339690	65455	87946	15397
120255	647	520	588871	321576	43360	41689	3189	3781	822
1587			204798	148053	5272	18661	2088	1749	49
13112	7801		186978	123606	2494	10999	1486	1087	140
25575	19175	315578	4358967	3567318	32678	133088	279522	251635	3342
4540	4425	315578	3300567	2802911	983	71057	207004	187067	946
8197	5750		554337	450628	13973	20860	3090	4154	1235
12838	9000		504063	313779	17722	41172	69428	60415	1162

10－5 续表6

指　　标	税金及附加	营业利润	投资收益	其他收益	营业外收入
总　　计	**6818488**	**7990235**	**492513**	**430239**	**307467**
按登记注册类型分组					
内资企业	6378976	6398334	439710	311141	255396
国有企业	5596732	849927	12695	1392	20716
集体企业	1391	4899	17		299
股份合作企业	2890	6631			
联营企业	277	1920			
集体联营企业	277	1920			
有限责任公司	110193	803025	60525	90269	54280
国有独资公司	5624	24969	－579	11396	7559
其他有限责任公司	104569	778056	61104	78873	46720
股份有限公司	45551	365102	185685	37400	29987
私营企业	621942	4366830	180788	182080	150115
私营独资企业	81423	127514			181
私营合伙企业	72005	118032		－283	320
私营有限责任公司	439809	3801818	151530	138895	126132
私营股份有限公司	28705	319466	29257	43468	23481
港、澳、台商投资企业	286023	707396	8490	88606	25323
合资经营企业(港或澳、台资)	35157	389203	5244	64332	10198
合作经营企业(港或澳、台资)	29	1368		74	
港、澳、台商独资经营企业	8795	77973	2509	13917	10574
港、澳、台商投资股份有限公司	241948	237406	737	9434	4551
其他港、澳、台商投资企业	94	1446		850	
外商投资企业	153490	884506	44314	30492	26748
中外合资经营企业	131193	591139	44657	25425	8970
中外合作经营企业	195	515			91
外资企业	20426	153005	－1193	4952	11543
外商投资股份有限公司	1675	139846	849	114	6145

单位:万元

营业外支出	利润总额	所得税费用	亏损企业亏损额	本年应付职工薪酬	本年应交增值税	平均用工人数（人）	总资产贡献率（%）	资　产负债率（%）	流动资产周转率（次/年）
206387	**8091315**	**1025716**	**622296**	**6514368**	**4013497**	**620155**	**18.51**	**53.47**	**1.56**
188769	6464960	888729	450473	4760833	2888145	472325	19.02	52.34	1.45
39771	830873	250176	10381	595311	1129902	24198	72.05	27.43	1.97
2	5196	312		13272	2603	2069	23.56	50.01	5.25
	6631			2569	2391	372	158.88	39.35	15.08
	1920			39	92	40	104.63	42.61	21.05
	1920			39	92	40	104.63	42.61	21.05
28264	829040	105330	158960	935830	277631	90787	7.97	61.77	1.37
1764	30764	3489	11611	65449	21383	6112	4.3	71.81	0.86
26500	798276	101840	147349	870381	256249	84675	8.48	60.37	1.43
21353	373736	55141	201968	439150	204245	36443	4.5	52.96	0.49
99379	4417565	477770	79164	2774661	1271281	318416	16.76	54.57	1.83
635	127060	2325	14	104357	59233	18380	57.56	48.58	7.41
647	117706	2243	189	96200	62018	15213	75.16	42.72	11.85
87163	3840786	441292	58980	2263847	1049327	254430	16.96	57.11	1.81
10934	332014	31909	19981	310258	100703	30393	8.61	40.79	1.08
7781	724937	117517	10773	1250535	875769	106323	15.81	56.68	2.09
5173	394227	73694	8809	449785	117761	52492	8.94	67.4	1.62
	1368	354		320	168	52	13.28	36.38	0.92
467	88080	21400	1964	82407	30484	9271	11.87	46.29	1.28
2140	239817	21853		716037	726606	44407	30.28	38.71	2.89
1	1445	217		1986	750	101	12.08	42.28	2.64
9837	901418	19470	161050	503000	249583	41507	17.44	60.46	2.24
3193	596916	-14805	140132	233266	108081	18226	16.69	65.26	2.36
	606			1740	614	257	10.29	46.28	2.64
5458	159090	27313	20917	211682	41285	19656	11.1	52.73	1.92
1186	144806	6961		56313	99603	3368	55.56	39.7	2.44

10－5 续表7

指　　标	税金及附加	营业利润	投资收益	其他收益	营业外收入
按经济组织类型分组					
独资企业	5708767	1213319	14028	20261	43312
国有企业	5596732	849927	12695	1392	20716
集体企业	1391	4899	17		299
私营独资企业	81423	127514			181
港澳台商独资经营企业	8795	77973	2509	13917	10574
外资企业	20426	153005	－1193	4952	11543
合作合伙企业	75490	129912		641	411
股份合作企业	2890	6631			
集体联营企业	277	1920			
私营合伙企业	72005	118032		－283	320
合作经营企业(港或澳、台资)	123	2814		924	
中外合作经营企业	195	515			91
股份有限公司	317879	1061820	216528	90417	64165
股份有限公司(内资)	45551	365102	185685	37400	29987
私营股份有限公司	28705	319466	29257	43468	23481
港澳台商投资股份有限公司	241948	237406	737	9434	4551
外商投资股份有限公司	1675	139846	849	114	6145
有限责任公司	716352	5585185	261957	318920	199579
国有独资公司	5624	24969	－579	11396	7559
私营有限责任公司	439809	3801818	151530	138895	126132
合资经营企业(港或澳、台资)	35157	389203	5244	64332	10198
中外合资经营企业	131193	591139	44657	25425	8970
其他有限责任公司	104569	778056	61104	78873	46720
在总计中:国有控股企业	5676420	1573318	55332	86757	55525
在总计中:大型企业	6103874	3947705	345103	255774	97998
中型企业	137904	1479648	92650	88949	65623
小型企业	539465	2108367	52104	82764	126480
微型企业	37245	454515	2656	2752	17367
在总计中:园区工业	704839	5778623	458988	401587	233667
在总计中:亏损企业	68428	－616609	6124	53371	35586

单位:万元

营业外支出	利润总额	所得税费用	亏损企业亏损额	本年应付职工薪酬	本年应交增值税	平均用工人数（人）	总资产贡献率（%）	资产负债率（%）	流动资产周转率（次/年）
46332	1210298	301527	33276	1007029	1263506	73574	57.93	33.32	2.05
39771	830873	250176	10381	595311	1129902	24198	72.05	27.43	1.97
2	5196	312		13272	2603	2069	23.56	50.01	5.25
635	127060	2325	14	104357	59233	18380	57.56	48.58	7.41
467	88080	21400	1964	82407	30484	9271	11.87	46.29	1.28
5458	159090	27313	20917	211682	41285	19656	11.1	52.73	1.92
648	129675	2814	189	102854	66034	16035	69.41	42.57	11
	6631			2569	2391	372	158.88	39.35	15.08
	1920			39	92	40	104.63	42.61	21.05
647	117706	2243	189	96200	62018	15213	75.16	42.72	11.85
1	2813	571		2306	918	153	12.51	40.14	1.35
	606			1740	614	257	10.29	46.28	2.64
35613	1090373	115865	221949	1521758	1131157	114611	9.7	48.43	0.9
21353	373736	55141	201968	439150	204245	36443	4.5	52.96	0.49
10934	332014	31909	19981	310258	100703	30393	8.61	40.79	1.08
2140	239817	21853		716037	726606	44407	30.28	38.71	2.89
1186	144806	6961		56313	99603	3368	55.56	39.7	2.44
123794	5660970	605510	366881	3882728	1552800	415935	13.49	60.35	1.72
1764	30764	3489	11611	65449	21383	6112	4.3	71.81	0.86
87163	3840786	441292	58980	2263847	1049327	254430	16.96	57.11	1.81
5173	394227	73694	8809	449785	117761	52492	8.94	67.4	1.62
3193	596916	-14805	140132	233266	108081	18226	16.69	65.26	2.36
26500	798276	101840	147349	870381	256249	84675	8.48	60.37	1.43
56890	1571952	290098	333496	1283591	1382487	77255	28.27	51.86	1.53
128819	3916884	646549	158689	3081434	2412412	209259	21.58	53.55	1.11
17848	1527424	183272	39934	1200705	501259	123204	13.91	49.07	1.66
45647	2189199	188314	285475	1908751	934039	256488	16.79	53.38	2.59
14073	457809	7581	138197	323478	165788	31204	9.22	62.57	2.7
147008	5865284	687794	532602	4607150	2226395	416196	11.74	54.98	1.28
41275	-622296	-34959	622296	684575	161849	73491	-1.89	72.34	1.69

10－5 续表 8

指　　标	税金及附加	营业利润	投资收益	其他收益	营业外收入
按行业大类分组					
采矿业	4468	21881		220	87
黑色金属矿采选业	222	－493			1
有色金属矿采选业	650	204			70
非金属矿采选业	3597	22170		220	17
制造业	6773770	7664174	459871	400484	290440
农副食品加工业	20339	155811	9610	4457	9067
食品制造业	17330	275940	10378	11471	14051
酒、饮料和精制茶制造业	10821	87122	4755	3320	10787
烟草制品业	5584812	860476	12239	457	12759
纺织业	7432	62698	1202	23	1437
纺织服装、服饰业	1671	6042		137	1190
皮革、毛皮、羽毛及其制品和制鞋业	1199	9904			126
木材加工和木、竹、藤、棕、草制品业	4271	32083			79
家具制造业	3048	25711		37	428
造纸和纸制品业	48684	118755		264	2826
印刷和记录媒介复制业	12822	89839	1924	845	4191
文教、工美、体育和娱乐用品制造业	3081	10515	65	1	167
石油、煤炭及其他燃料加工业	800	10932	15	33	8
化学原料和化学制品制造业	345569	608874	13614	2769	8170
医药制造业	25992	221394	34795	8650	10257
橡胶和塑料制品业	10800	137264	17	144	11432
非金属矿物制品业	44661	286544	20640	4206	10356
黑色金属冶炼和压延加工业	825	11131	393	2107	819
有色金属冶炼和压延加工业	24000	196550	5949	19923	9745
金属制品业	13371	200835	10990	1951	5580
通用设备制造业	25736	267859	5239	4280	19741
专用设备制造业	100048	2189699	246628	144047	73316
汽车制造业	156842	505418	6080	33843	25885
铁路、船舶、航空航天和其他运输设备制造业	7100	157135	26491	15857	1277
电气机械和器材制造业	26657	286499	20658	18329	16814
计算机、通信和其他电子设备制造业	265702	637556	12929	104772	25786
仪器仪表制造业	6141	148923	11774	12774	9906
其他制造业	2064	19603	3486	2395	752
废弃资源综合利用业	1954	43060		3393	3488
电力、热力、燃气及水生产和供应业	40250	304180	32642	29534	16940
电力、热力生产和供应业	30529	144527	11333	2446	12053
燃气生产和供应业	1454	64855	5470	89	3395
水的生产和供应业	8268	94798	15840	27000	1492

单位:万元

营业外支出	利润总额	所得税费用	亏损企业亏损额	本年应付职工薪酬	本年应交增值税	平均用工人数(人)	总资产贡献率(%)	资产负债率(%)	流动资产周转率(次/年)
161	21807	298	2156	20729	7593	2505	26.97	60.64	6.11
	-493	47	887	3505	1106	498	9.34	40.68	2.75
84	190	173	1252	3762	1028	547	11.9	92.94	3.39
77	22109	78	17	13462	5459	1460	30.84	57.41	7.18
193705	7760909	965341	599863	6088009	3809011	591036	20.07	51.14	1.52
4787	160091	14683	11836	163797	52609	22309	13.87	44.65	3.16
3317	286675	31687	6176	190072	142376	20805	24.48	42.5	2.63
793	97116	16139	3107	70846	27221	8181	20.98	43.3	2.82
35586	837649	250425		376628	1054318	9399	94.4	13.47	1.64
328	63807	7743	3017	52454	19873	5734	5.14	41.35	1.21
134	7099	464	490	22644	4873	4060	9.89	46.98	1.96
12	10017	782	27	12055	5270	1837	45.99	15.2	8.25
15	32147	2213		29367	8084	4710	33.13	36.75	7.15
146	25993	1346	20	29442	6377	3982	20.28	50.98	3.95
284	121296	2977	857	76888	46860	10020	47.42	52.47	6.86
396	93635	5442	137	74862	25208	9974	21.42	42.15	4.01
106	10576	450	398	20247	4374	2490	23.79	58.69	5.04
	10940	927		4129	3123	745	36.78	37.09	3.92
5785	611259	26607	14010	566997	288705	83849	34.9	42.49	4.46
4801	226849	19468	9988	164504	143966	19066	12.85	24.42	1.84
1426	147271	17432	2565	88293	34897	10547	18.97	43.71	3.25
6149	290751	27726	78761	185797	132810	24386	13.42	55.39	1.9
165	11784	342	5	3190	810	390	13.05	22.26	1.53
10072	196223	20307	6262	90142	44548	8789	11.81	49.81	2.52
1991	204424	21695	9647	153504	60351	20082	16.75	53.48	2.6
5063	282538	39465	22068	269448	129122	31826	14.31	52.86	1.7
87085	2175931	312050	75276	1066234	467531	67300	9.52	60.88	0.68
5931	525371	258	288098	533091	155304	55110	11.08	74.62	2.43
333	158080	15161	9135	130977	25579	9303	10.86	51.57	0.88
3198	300115	35727	14569	282082	89788	27586	9.13	58.27	1.51
7051	656292	70061	29516	1326434	786127	118892	16.52	45.89	1.69
7897	150933	15360	12363	73530	27610	7021	13.84	33.45	0.66
184	20171	1153	1289	14202	7215	1267	18.46	38.7	2.11
669	45879	7252	247	16155	14081	1376	26.89	53.95	2.06
12521	308599	60077	20277	405630	196893	26614	6.45	71.3	2.79
11483	145098	36409	13098	320709	165858	19820	5.98	69.91	3.93
239	68011	11272	6	28051	5884	2428	12.12	67.66	2.12
800	95490	12396	7173	56869	25151	4366	6.58	76.4	1.09

10－6 规模以上国有及国有控股工业企业主要经济指标(2019年)

指　　标	企业单位数(个)	#亏损企业(个)	流动资产合计	#应收账款
总　　计	**145**	**41**	**14121971**	**2195525**
按登记注册类型分组				
内资企业	135	39	12539462	2037045
国有企业	7	1	6087630	121277
有限责任公司	114	33	4126945	1310987
国有独资公司	26	4	1015309	319299
其他有限责任公司	88	29	3111636	991688
股份有限公司	12	4	2272470	576358
私营企业	2	1	52418	28423
私营有限责任公司	1	0	8449	3209
私营股份有限公司	1	1	43969	25214
港、澳、台商投资企业	5		598395	85519
合资经营企业(港或澳、台资)	4		590990	85028
合作经营企业(港或澳、台资)	1		7405	491
外商投资企业	5	2	984114	72962
中外合资经营企业	5	2	984114	72962
按经济组织类型分组				
独资企业	7	1	6087630	121277
国有企业	7	1	6087630	121277
合作合伙企业	1		7405	491
合作经营企业(港或澳、台资)	1		7405	491
股份有限公司	13	5	2316439	601572
股份有限公司(内资)	12	4	2272470	576358
私营股份有限公司	1	1	43969	25214
有限责任公司	124	35	5710497	1472185
国有独资公司	26	4	1015309	319299
私营有限责任公司	1		8449	3209
合资经营企业(港或澳、台资)	4		590990	85028
中外合资经营企业	5	2	984114	72962
其他有限责任公司	88	29	3111636	991688
在总计中:国有控股企业	145	41	14121971	2195525
在总计中:大型企业	8	1	8815231	1024642
中型企业	29	8	2240444	742860
小型企业	97	26	1475279	349331
微型企业	11	6	1591018	78691
在总计中:园区工业	102	28	6625923	1791249
在总计中:亏损企业	41	41	1816474	232253

单位:万元

存货	#产成品	资产总计	固定资产原价	累计折旧	固定资产净额	负债合计	流动负债合计	应付账款	所有者权益合计
5331028	**563405**	**31692578**	**19929607**	**9126639**	**10544834**	**16434900**	**10031621**	**2761735**	**15185110**
5124732	507317	24317384	11652208	5407977	6171552	11018492	7922322	2450534	13226324
3882997	76424	10516581	6630161	3757864	2871354	2885097	2249696	792501	7631484
805407	269814	8948155	4493960	1506635	2944419	5692614	4268383	1170834	3216222
145812	84117	2101472	1147267	380629	779237	1509111	858139	351849	592361
659595	185697	6846682	3346693	1126006	2165182	4183502	3410244	818985	2623861
426338	155876	4727212	468185	123108	314243	2320708	1298880	456570	2373255
9990	5204	125437	59903	20370	41536	120073	105362	30629	5364
5204	5204	31402	23841	4037	21808	22948	16689		8454
4786		94035	36061	16333	19728	97125	88674	30629	-3090
42545	4386	5084730	6341703	2493252	3848451	3636854	1604109	152793	1447876
42152	4363	5072889	6337664	2492390	3845274	3632547	1599801	150273	1440342
392	23	11841	4039	862	3177	4308	4308	2520	7533
163752	51702	2290464	1935696	1225410	524832	1779554	505191	158408	510910
163752	51702	2290464	1935696	1225410	524832	1779554	505191	158408	510910
3882997	76424	10516581	6630161	3757864	2871354	2885097	2249696	792501	7631484
3882997	76424	10516581	6630161	3757864	2871354	2885097	2249696	792501	7631484
392	23	11841	4039	862	3177	4308	4308	2520	7533
392	23	11841	4039	862	3177	4308	4308	2520	7533
431125	155876	4821246	504246	139441	333971	2417833	1387553	487199	2370165
426338	155876	4727212	468185	123108	314243	2320708	1298880	456570	2373255
4786		94035	36061	16333	19728	97125	88674	30629	-3090
1016514	331082	16342910	12791161	5228472	7336332	11127663	6390064	1479515	5175928
145812	84117	2101472	1147267	380629	779237	1509111	858139	351849	592361
5204	5204	31402	23841	4037	21808	22948	16689		8454
42152	4363	5072889	6337664	2492390	3845274	3632547	1599801	150273	1440342
163752	51702	2290464	1935696	1225410	524832	1779554	505191	158408	510910
659595	185697	6846682	3346693	1126006	2165182	4183502	3410244	818985	2623861
5331028	563405	31692578	19929607	9126639	10544834	16434900	10031621	2761735	15185110
4451965	263216	17707110	10642683	4608621	6015441	7825778	5026023	1151186	9881332
484817	162144	4272936	1789489	656807	1125431	2570730	2240714	834315	1702206
239579	97186	3628666	1949686	684220	1232993	2149091	1457913	374921	1479574
154667	40860	6083866	5547751	3176990	2170968	3889301	1306972	401314	2121999
1308668	451320	13818080	5468934	2433181	2812050	8118303	5084934	1578414	5640718
357371	142613	6824882	6151873	3016927	3081820	4722808	2634311	758933	2029508

10－6 续表 1

指　　标	企业单位数（个）	#亏损企业（个）	流动资产合计	#应收账款
按行业大类分组				
采矿业	1		8449	3209
非金属矿采选业	1		8449	3209
制造业	125	39	13176316	2063171
农副食品加工业	9	3	52410	4329
食品制造业	4	2	15135	1474
酒、饮料和精制茶制造业	2		18345	4158
烟草制品业	2		6011089	105556
纺织业	2	2	4804	146
纺织服装、服饰业	1		10103	1312
造纸和纸制品业	1		14287	4530
印刷和记录媒介复制业	3		52446	26261
化学原料和化学制品制造业	4	2	276274	53679
医药制造业	5	2	53659	5427
非金属矿物制品业	18	5	442358	190253
有色金属冶炼和压延加工业	6	1	263900	68450
金属制品业	4	2	114217	18914
通用设备制造业	9	4	213982	60072
专用设备制造业	12	2	1479678	539224
汽车制造业	14	5	1745418	183426
铁路、船舶、航空航天和其他运输设备制造业	6	3	991594	450822
电气机械和器材制造业	5	2	576497	180148
计算机、通信和其他电子设备制造业	14	4	784910	153869
仪器仪表制造业	3		48064	9900
其他制造业	1		7146	1222
电力、热力、燃气及水生产和供应业	19	2	937207	129145
电力、热力生产和供应业	6	1	659882	70224
燃气生产和供应业	3		10363	955
水的生产和供应业	10	1	266962	57966

单位:万元

存货	#产成品	资产总计	固定资产原价	累计折旧	固定资产净额	负债合计	流动负债合计	应付账款	所有者权益合计
5204	5204	31402	23841	4037	21808	22948	16689		8454
5204	5204	31402	23841	4037	21808	22948	16689		8454
5272170	557837	21356931	6408590	3405488	2743207	8784366	5921668	2217055	12499997
25356	7408	128537	62445	14640	47045	86226	78239	32032	42311
3249	2268	53434	30798	3033	27765	33645	21549	2345	19789
9083	7770	59501	20636	2390	20177	22639	18359	6486	36862
3878196	74655	7920206	2130368	1411560	718808	1066630	1066618	422021	6853577
479	373	690553	49935	10436	9133	14334	13006	221	676219
2631	1269	12048	1751	373		4774	4689	1770	7275
4843		15835	3185	1808	1377	8389	8389	3595	7446
14166	813	95617	69522	44806	24715	35547	35477	16449	60070
35934	25805	585782	138213	13908	121466	191101	175614	42520	394681
6678	2731	97729	42683	18029	24635	34250	28418	5749	63480
47997	31266	659117	305658	141449	134570	407050	351861	182742	238559
46210	17141	632537	194840	48800	145895	257218	222599	64230	375319
27208	14387	239837	64624	30304	34309	43668	38489	6708	196169
119624	41941	285026	126063	88321	43572	287882	246133	124137	-2856
343893	99158	2190745	279919	91722	187708	1489219	1331828	439667	701525
247760	70837	3470343	2006135	1260235	558217	2837255	721106	285263	599839
214123	22683	1673448	410601	92249	318148	861778	747107	241160	811669
132375	57092	912984	316379	87119	215859	652144	444639	200654	235030
98413	77007	1556170	147613	41696	105194	418378	339560	134152	1137792
13849	3234	60985	6734	2575	4159	25604	21552	4737	35381
102		16497	490	34	456	6636	6436	418	9861
53655	364	10304245	13497176	5717115	7779820	7627586	4093265	544680	2676660
51182		8191583	11704927	5228373	6476313	5845505	2918518	488084	2346077
527	158	23658	16853	6599	10254	8484	7755	2852	15173
1946	206	2089005	1775396	482143	1293253	1773596	1166992	53743	315409

10－6 续表 2

指　　标	#实收资本	国家资本	集体资本	法人资本
总　　计	**5570899**	**3559010**	**13396**	**1177352**
按登记注册类型分组				
内资企业	3932429	2611718	13396	1124428
国有企业	1120314	1118714		600
有限责任公司	2114225	1190766	11258	889582
国有独资公司	462938	311499	2141	149199
其他有限责任公司	1651286	879267	9117	740383
股份有限公司	684890	289238	2138	234246
私营企业	13000	13000		
私营有限责任公司	13000	13000		
私营股份有限公司				
港、澳、台商投资企业	972881	635873		15538
合资经营企业(港或澳、台资)	971381	635873		15538
合作经营企业(港或澳、台资)	1500			
外商投资企业	665589	311418		37386
中外合资经营企业	665589	311418		37386
按经济组织类型分组				
独资企业	1120314	1118714		600
国有企业	1120314	1118714		600
合作合伙企业	1500			
合作经营企业(港或澳、台资)	1500			
股份有限公司	684890	289238	2138	234246
股份有限公司(内资)	684890	289238	2138	234246
私营股份有限公司				
有限责任公司	3764195	2151057	11258	942506
国有独资公司	462938	311499	2141	149199
私营有限责任公司	13000	13000		
合资经营企业(港或澳、台资)	971381	635873		15538
中外合资经营企业	665589	311418		37386
其他有限责任公司	1651286	879267	9117	740383
在总计中:国有控股企业	5570899	3559010	13396	1177352
在总计中:大型企业	2655702	1545797		407649
中型企业	1128589	813998	785	244380
小型企业	902013	507836	12610	332824
微型企业	884595	691379		192499
在总计中:园区工业	3050416	1562361	5708	981243
在总计中:亏损企业	1800014	1153302	10608	305145

单位:万元

个人资本	港澳台资本	外商资本	营业收入	营业成本	销售费用	管理费用	财务费用	利息费用	利息收入
182488	**5892**	**632763**	**21573203**	**12168999**	**424493**	**805633**	**302124**	**327249**	**48455**
182488		400	17577446	9246573	403866	628944	132610	157475	47010
1000			11976427	4751534	110653	384966	－13533	19605	32759
22619			3874629	2998588	172654	174462	111174	99546	9160
100			869022	715173	16668	31454	38580	32523	883
22519			3005607	2283415	155986	143008	72595	67024	8277
158868		400	1520708	1313234	117604	64166	35405	38484	5729
			205683	183216	2955	5352	－436	－160	－639
			76086	54391	2988	914	360		
			129597	128826	－33	4437	－796	－160	－639
	5892	315578	925124	563924	14928	26268	157381	152416	926
	4392	315578	918295	559122	14461	26038	157375	152409	926
	1500		6829	4802	467	231	6	7	1
		316785	3070633	2358502	5699	150421	12134	17359	519
		316785	3070633	2358502	5699	150421	12134	17359	519
1000			11976427	4751534	110653	384966	－13533	19605	32759
1000			11976427	4751534	110653	384966	－13533	19605	32759
	1500		6829	4802	467	231	6	7	1
	1500		6829	4802	467	231	6	7	1
158868		400	1650305	1442059	117571	68603	34608	38324	5090
158868		400	1520708	1313234	117604	64166	35405	38484	5729
			129597	128826	－33	4437	－796	－160	－639
22619	4392	632363	7939642	5970603	195803	351834	281043	269315	10605
100			869022	715173	16668	31454	38580	32523	883
			76086	54391	2988	914	360		
	4392	315578	918295	559122	14461	26038	157375	152409	926
		316785	3070633	2358502	5699	150421	12134	17359	519
22519			3005607	2283415	155986	143008	72595	67024	8277
182488	5892	632763	21573203	12168999	424493	805633	302124	327249	48455
86280		615978	12740332	4821143	216114	454623	175966	207314	38252
50891	1750	16785	2062980	1656949	84341	94053	45603	41455	3999
44600	4142		1810281	1475919	69514	85259	54782	46348	3730
717			4959610	4214988	54525	171698	25773	32132	2474
179528	4392	317185	7841503	6154016	277381	349140	115774	115720	13964
25146		305814	3542242	3432791	90032	139814	78675	76637	3056

10－6 续表 3

指　　标	#实收资本	国家资本	集体资本	法人资本
按行业大类分组				
采矿业	13000	13000		
非金属矿采选业	13000	13000		
制造业	3487411	1885573	13396	1084378
农副食品加工业	30875	22264		2283
食品制造业	26596	10000		16596
酒、饮料和精制茶制造业	19500	13500		6000
烟草制品业	446000	446000		
纺织业	108185			108185
纺织服装、服饰业	1070	1070		
造纸和纸制品业	5180	2538		
印刷和记录媒介复制业	23475	6601		16874
化学原料和化学制品制造业	248589	240264	4275	3850
医药制造业	29146	524	4950	23169
非金属矿物制品业	144331	46410	603	95174
有色金属冶炼和压延加工业	264284	249118		15166
金属制品业	78155	27643		19178
通用设备制造业	42806	19180	782	21443
专用设备制造业	226913	48198		59090
汽车制造业	696802	324443	195	59442
铁路、船舶、航空航天和其他运输设备制造业	483808	12554		465440
电气机械和器材制造业	154254	151915		2339
计算机、通信和其他电子设备制造业	443965	261357		162131
仪器仪表制造业	3869	1993		1000
其他制造业	9608		2590	7018
电力、热力、燃气及水生产和供应业	2070488	1660437		92974
电力、热力生产和供应业	1810195	1410243		84374
燃气生产和供应业	7500	5400		600
水的生产和供应业	252794	244794		8000

单位:万元

			营业收入	营业成本	销售费用	管理费用	财务费用		
个人资本	港澳台资本	外商资本						利息费用	利息收入
			76086	54391	2988	914	360		
			76086	54391	2988	914	360		
182488	4392	317185	18000633	9160128	405653	715547	48076	94135	47637
6328			130308	119189	5918	3441	1211	1452	127
			17489	15111	1948	1532	622	673	1
			38559	30018	2690	1903	339	421	19
			9858177	2696970	110429	343463	-33816		31697
			29515	21819	4889	4222	230	228	33
			10037	5003	644	4330	-35		37
	2642		19405	15901	826	593	-67		
			110583	96427	2102	8104	93	220	96
200			395467	359358	4450	9654	747	817	722
504			72053	37993	21570	5035	74	483	10
2144			602030	470625	25274	20299	8058	4959	388
			352420	312304	3143	10993	8692	8163	285
31334			33461	26261	1964	4056	622	1560	918
1400			110529	92056	7865	9937	4530	4227	-39
119225		400	960761	752166	68105	36909	27195	30025	5309
	1750	310971	3745262	3009297	75572	176381	21066	29289	2470
		5814	728254	484177	30548	35425	78	2659	3094
			362372	306458	5001	13738	5722	5158	277
20477			381746	289536	31431	21364	2501	3569	2168
876			39127	16751	1117	2906	105	122	25
			3079	2709	168	1263	109	110	2
	1500	315578	3496484	2954480	15852	89172	253688	233114	817
		315578	3144198	2711943	194	62505	196689	183359	720
	1500		18293	13245	2069	1163	158	152	7
			333993	229292	13589	25504	56842	49603	90

10－6 续表4

指　　标	税金及附加	营业利润	投资收益	其他收益	营业外收入
总　　计	**5676420**	**1573318**	**55332**	**86757**	**55525**
按登记注册类型分组					
内资企业	5636113	1084332	53809	70718	52255
国有企业	5596732	849927	12695	1392	20716
有限责任公司	29495	268788	27592	58149	20950
国有独资公司	5624	24969	－579	11396	7559
其他有限责任公司	23870	243819	28171	46753	13391
股份有限公司	8036	－47277	13522	11027	10492
私营企业	1849	12893		151	98
私营有限责任公司	1340	16092			
私营股份有限公司	510	－3199		151	98
港、澳、台商投资企业	14872	103662	1506	998	3039
合资经营企业(港或澳、台资)	14843	102294	1506	924	3038
合作经营企业(港或澳、台资)	29	1368		74	
外商投资企业	25436	385323	16	15042	231
中外合资经营企业	25436	385323	16	15042	231
按经济组织类型分组					
独资企业	5596732	849927	12695	1392	20716
国有企业	5596732	849927	12695	1392	20716
合作合伙企业	29	1368		74	
合作经营企业(港或澳、台资)	29	1368		74	
股份有限公司	8546	－50476	13522	11178	10589
股份有限公司(内资)	8036	－47277	13522	11027	10492
私营股份有限公司	510	－3199		151	98
有限责任公司	71113	772498	29114	74114	24219
国有独资公司	5624	24969	－579	11396	7559
私营有限责任公司	1340	16092			
合资经营企业(港或澳、台资)	14843	102294	1506	924	3038
中外合资经营企业	25436	385323	16	15042	231
其他有限责任公司	23870	243819	28171	46753	13391
在总计中:国有控股企业	5676420	1573318	55332	86757	55525
在总计中:大型企业	5634720	992661	39112	42448	25043
中型企业	13030	110127	－65	23149	9866
小型企业	13808	67111	14164	19336	11557
微型企业	14863	403420	2121	1824	9059
在总计中:园区工业	57518	651244	39532	69957	25237
在总计中:亏损企业	43754	－336365	4090	23645	13368

单位:万元

营业外支出	利润总额	所得税费用	亏损企业亏损额	本年应付职工薪酬	本年应交增值税	平均用工人数（人）	总资产贡献率（%）	资产负债率（%）	流动资产周转率（次/年）
56890	**1571952**	**290098**	**333496**	**1283591**	**1382487**	**77255**	**28.27**	**51.86**	**1.53**
52472	1084114	294341	197835	1097418	1243115	66219	33.4	45.31	1.4
39771	830873	250176	10381	595311	1129902	24198	72.05	27.43	1.97
10038	279699	39344	75161	396655	92311	31832	5.6	63.62	0.94
1764	30764	3489	11611	65449	21383	6112	4.3	71.81	0.86
8274	248936	35854	63550	331206	70929	25720	6	61.1	0.97
2650	-39435	4821	109178	97973	18433	9505	0.54	49.09	0.67
14	12977		3115	7479	2468	684	13.66	95.72	3.92
	16092			972	2468	160	63.37	73.08	9.01
14	-3115		3115	6507		524	-2.94	103.29	2.95
3649	103052	31540		87302	77789	3738	6.85	71.53	1.55
3649	101684	31186		86982	77620	3686	6.83	71.61	1.55
	1368	354		320	168	52	13.28	36.38	0.92
769	384786	-35784	135661	98870	61584	7298	21.36	77.69	3.12
769	384786	-35784	135661	98870	61584	7298	21.36	77.69	3.12
39771	830873	250176	10381	595311	1129902	24198	72.05	27.43	1.97
39771	830873	250176	10381	595311	1129902	24198	72.05	27.43	1.97
	1368	354		320	168	52	13.28	36.38	0.92
	1368	354		320	168	52	13.28	36.38	0.92
2664	-42550	4821	112293	104480	18433	10029	0.47	50.15	0.71
2650	-39435	4821	109178	97973	18433	9505	0.54	49.09	0.67
14	-3115		3115	6507	0	524	-2.94	103.29	2.95
14456	782261	34746	210822	583479	233983	42976	8.3	68.09	1.39
1764	30764	3489	11611	65449	21383	6112	4.3	71.81	0.86
	16092			972	2468	160	63.37	73.08	9.01
3649	101684	31186		86982	77620	3686	6.83	71.61	1.55
769	384786	-35784	135661	98870	61584	7298	21.36	77.69	3.12
8274	248936	35854	63550	331206	70929	25720	6	61.1	0.97
56890	1571952	290098	333496	1283591	1382487	77255	28.27	51.86	1.53
41681	976022	260638	133852	676424	1161185	27257	45.06	44.2	1.45
6002	113991	14130	24208	191352	45653	15298	5.01	60.16	0.92
4993	73674	14248	58573	136370	36496	11564	4.69	59.23	1.23
4214	408265	1082	116863	279445	139153	23136	9.77	63.93	3.12
10235	666245	9652	289206	511719	156370	42689	7.21	58.75	1.18
10499	-333496	-36444	333496	335709	85650	29094	-1.87	69.2	1.95

10－6 续表 5

指　　标	税金及附加	营业利润	投资收益	其他收益	营业外收入
按行业大类分组					
采矿业	1340	16092			
非金属矿采选业	1340	16092			
制造业	5639767	1435404	52858	63005	43211
农副食品加工业	540	－279		1506	1472
食品制造业	165	－1401		920	55
酒、饮料和精制茶制造业	291	3443	43	955	227
烟草制品业	5584812	860476	12239	457	12759
纺织业	505	－2198	1197	5	109
纺织服装、服饰业	103	117		137	10
造纸和纸制品业	52	986			76
印刷和记录媒介复制业	524	4516	696	87	181
化学原料和化学制品制造业	865	7208	2275	780	668
医药制造业	650	4828		495	691
非金属矿物制品业	4671	32242	－1758	708	1104
有色金属冶炼和压延加工业	1686	8092		2568	3835
金属制品业	363	6682	10408	737	4
通用设备制造业	1291	－7950	83	1252	1146
专用设备制造业	5192	32014	311	7278	14473
汽车制造业	28827	296948	153	15550	1161
铁路、船舶、航空航天和其他运输设备制造业	5585	149557	25497	15618	924
电气机械和器材制造业	1417	－1767		2213	651
计算机、通信和其他电子设备制造业	2057	24694	896	9884	3498
仪器仪表制造业	169	16882	819	222	146
其他制造业	2	316		1636	23
电力、热力、燃气及水生产和供应业	35313	121821	2474	23752	12314
电力、热力生产和供应业	28809	94177	2164	2011	11274
燃气生产和供应业	84	1463		84	
水的生产和供应业	6420	26181	310	21657	1039

单位:万元

营业外支出	利润总额	所得税费用	亏损企业亏损额	本年应付职工薪酬	本年应交增值税	平均用工人数（人）	总资产贡献率（%）	资产负债率（%）	流动资产周转率（次/年）
	16092			972	2468	160	63.37	73.08	9.01
	16092			972	2468	160	63.37	73.08	9.01
47168	1431447	251028	315942	931592	1198431	55366	39.16	41.13	1.37
48	1145	7	3202	4836	-26	579	2.42	67.08	2.49
17	-1362	73	1860	2806	-396	477	-1.72	62.97	1.16
34	3635	35		2667	41	360	7.37	38.05	2.1
35586	837649	250425		376628	1054318	9399	94.4	13.47	1.64
1	-2091	-53	2091	5327	771	759	-0.09	2.08	6.14
1	126	126		642	53	160	2.34	39.62	0.99
	1062	169		1183	405	132	9.59	52.98	1.36
194	4503			13574	549	1022	6.06	37.18	2.11
760	7116	769	5379	20655	809	1350	1.64	32.62	1.43
75	5444	829	245	5533	2615	833	9.41	35.05	1.34
1416	31929	7115	26629	23218	23548	2804	9.88	61.76	1.36
1339	10589	881	2192	15814	1383	1070	3.45	40.66	1.34
54	6633	19	2773	8045	909	645	3.95	18.21	0.29
2726	-9530	-45	12249	18772	2844	1568	-0.41	101	0.52
1897	44589	3689	1212	80409	15752	5062	4.36	67.98	0.65
1292	296817	-32177	242323	121850	67734	13191	12.18	81.76	2.15
287	150194	14522	6095	116614	19328	7455	10.62	51.5	0.73
91	-1208	134	3662	33194	981	2989	0.7	71.43	0.63
1021	27171	2322	6029	73077	6259	4875	2.51	26.89	0.49
330	16698	2106		5858	555	574	28.77	41.98	0.81
1	338	85		889		62	2.73	40.22	0.43
9722	124413	39070	17554	351027	181588	21729	5.57	74.02	3.73
8985	96467	34181	10381	309816	163607	18650	5.76	71.36	4.76
22	1440	354		1678	418	200	8.85	35.86	1.77
715	26505	4535	7173	39532	17563	2879	4.79	84.9	1.25

10－7　规模以上大中型工业企业主要经济指标(2019年)

指　　标	企业单位数(个)	#亏损企业(个)	流动资产合计	#应收账款
总　　计	**280**	**22**	**45501947**	**12906710**
按登记注册类型分组				
内资企业	236	18	38333923	11064843
国有企业	1		5970823	103516
集体企业	2		6676	4044
有限责任公司	52	7	5542424	2151138
国有独资公司	6	1	674075	252427
其他有限责任公司	46	6	4868349	1898711
股份有限公司	19	2	10096137	4681314
私营企业	162	9	16717863	4124831
私营独资企业	4		8357	3555
私营合伙企业	2		2746	252
私营有限责任公司	131	8	14547301	3485318
私营股份有限公司	25	1	2159459	635706
港、澳、台商投资企业	17	1	4183499	885483
合资经营企业(港或澳、台资)	6		1608135	557066
港、澳、台商独资经营企业	7	1	600214	240577
港、澳、台商投资股份有限公司	4		1975150	87840
外商投资企业	27	3	2984526	956384
中外合资经营企业	11	2	1778315	492234
外资企业	14	1	838720	443364
外商投资股份有限公司	2		367491	20786
按经济组织类型分组				
独资企业	28	2	7424790	795056
国有企业	1		5970823	103516
集体企业	2		6676	4044
私营独资企业	4		8357	3555
港澳台商独资经营企业	7	1	600214	240577
外资企业	14	1	838720	443364
合作合伙企业	2		2746	252
私营合伙企业	2		2746	252
股份有限公司	50	3	14598237	5425646
股份有限公司(内资)	19	2	10096137	4681314
私营股份有限公司	25	1	2159459	635706
港澳台商投资股份有限公司	4		1975150	87840
外商投资股份有限公司	2		367491	20786
有限责任公司	200	17	23476174	6685756
国有独资公司	6	1	674075	252427
私营有限责任公司	131	8	14547301	3485318
合资经营企业(港或澳、台资)	6		1608135	557066
中外合资经营企业	11	2	1778315	492234
其他有限责任公司	46	6	4868349	1898711

单位:万元

存货	#产成品	资产总计	固定资产原价	累计折旧	固定资产净额	负债合计	流动负债合计	应付账款	所有者权益合计
10437748	**3422815**	**76823374**	**27300505**	**10980932**	**16078178**	**40403397**	**32522673**	**9305969**	**36419976**
9401854	2895800	58616328	14559252	6086031	8373727	30023873	25268182	6840866	28592454
3877797	74655	7869961	2103753	1392839	710914	1055832	1055821	422007	6814129
2578	1286	18382	16223	6264	9690	9862	7588	254	8521
1031292	399890	10682428	5158285	1998420	3135566	6863660	5768243	1614410	3818768
114832	71389	920571	266105	109156	161198	575613	439662	277702	344957
916459	328500	9761858	4892179	1889264	2974367	6288046	5328581	1336708	3473811
1161736	641459	15127803	1143380	432247	713692	7910774	6458365	2334188	7217029
3328450	1778511	24917754	6137610	2256261	3803866	14183746	11978165	2470007	10734007
2795	2424	16248	7075	2381	4562	8599	7718	5597	7649
1443	471	22416	22793	2662	12351	8529	8529		13887
2943531	1665468	21158562	5223724	2007075	3179911	12665518	10542870	1928426	8493044
380681	110147	3720528	884019	244143	607042	1501100	1419049	535984	2219428
415206	199083	12500577	9970574	3786660	6174758	7091360	4552348	1478062	5409217
195088	75100	7496659	8088632	3108485	4973810	5113203	2972887	771313	2383456
70642	31362	842092	272626	110096	161630	367302	332701	156430	474790
149476	92621	4161826	1609316	568079	1039318	1610856	1246759	550319	2550970
620688	327932	5706469	2770680	1108241	1529693	3288164	2702143	987041	2418305
382413	186805	3713333	1722693	692059	1012684	2274810	1824468	606820	1438524
179041	84265	1547951	889018	394054	498654	836599	701889	329156	711352
59234	56862	445185	158969	22128	18355	176756	175787	51066	268429
4132854	193993	10294634	3288695	1905635	1385450	2278193	2105716	913443	8016441
3877797	74655	7869961	2103753	1392839	710914	1055832	1055821	422007	6814129
2578	1286	18382	16223	6264	9690	9862	7588	254	8521
2795	2424	16248	7075	2381	4562	8599	7718	5597	7649
70642	31362	842092	272626	110096	161630	367302	332701	156430	474790
179041	84265	1547951	889018	394054	498654	836599	701889	329156	711352
1443	471	22416	22793	2662	12351	8529	8529		13887
1443	471	22416	22793	2662	12351	8529	8529		13887
1751128	901089	23455341	3795684	1266596	2378406	11199485	9299960	3471556	12255856
1161736	641459	15127803	1143380	432247	713692	7910774	6458365	2334188	7217029
380681	110147	3720528	884019	244143	607042	1501100	1419049	535984	2219428
149476	92621	4161826	1609316	568079	1039318	1610856	1246759	550319	2550970
59234	56862	445185	158969	22128	18355	176756	175787	51066	268429
4552324	2327262	43050983	20193333	7806039	12301970	26917190	21108468	4920969	16133792
114832	71389	920571	266105	109156	161198	575613	439662	277702	344957
2943531	1665468	21158562	5223724	2007075	3179911	12665518	10542870	1928426	8493044
195088	75100	7496659	8088632	3108485	4973810	5113203	2972887	771313	2383456
382413	186805	3713333	1722693	692059	1012684	2274810	1824468	606820	1438524
916459	328500	9761858	4892179	1889264	2974367	6288046	5328581	1336708	3473811

10－7 续表1

指　　标	企业单位数（个）	#亏损企业（个）	流动资产合计	#应收账款
在总计中：国有控股企业	37	9	11055675	1767502
在总计中：大型企业	40	2	36416807	10227887
中型企业	240	20	9085140	2678823
在总计中：园区工业	202	15	38143796	12499447
在总计中：亏损企业	22	22	1442103	473578
按行业大类分组				
采矿业	2	2	6418	1183
黑色金属矿采选业	1	1	3950	
有色金属矿采选业	1	1	2467	1183
制造业	270	20	44570332	12651811
农副食品加工业	13	1	281998	93373
食品制造业	12		550689	35068
酒、饮料和精制茶制造业	7		199628	66015
烟草制品业	2		6011089	105556
纺织业	4		682842	232050
纺织服装、服饰业	3		58393	6876
皮革、毛皮、羽毛及其制品和制鞋业	2		6699	552
木材加工和木、竹、藤、棕、草制品业	1		5528	957
家具制造业	2		6888	3015
造纸和纸制品业	1		1328	195
印刷和记录媒介复制业	5		90949	30330
文教、工美、体育和娱乐用品制造业	2		6737	1179
化学原料和化学制品制造业	40		538265	150419
医药制造业	16	2	828956	118513
橡胶和塑料制品业	5		151221	29034
非金属矿物制品业	11	1	811797	277991
有色金属冶炼和压延加工业	6		766118	160469
金属制品业	13	1	278453	103080
通用设备制造业	21	2	1113369	241477
专用设备制造业	21	1	22210800	7873563
汽车制造业	26	5	2083979	711108
铁路、船舶、航空航天和其他运输设备制造业	5	1	968988	448341
电气机械和器材制造业	19	2	2034132	660699
计算机、通信和其他电子设备制造业	25	4	4496875	1247247
仪器仪表制造业	5		328651	47598
其他制造业	1		36491	2683
废弃资源综合利用业	2		19470	4423
电力、热力、燃气及水生产和供应业	8		925197	253716
电力、热力生产和供应业	3		573832	53116
燃气生产和供应业	2		202607	159297
水的生产和供应业	3		148759	41304

单位:万元

存货		资产总计	固定资产原价	累计折旧	固定资产净额	负债合计	流动负债合计		所有者权益合计
	#产成品							应付账款	
4936782	425359	21980046	12432171	5265429	7140872	10396508	7266737	1985501	11583538
8611413	2594690	60460895	20769237	8499491	12203085	32373998	25878491	7049880	28086897
1826335	828125	16362479	6531268	2481442	3875092	8029399	6644182	2256089	8333079
6340704	3261097	61611980	17602449	6739742	10648687	34178703	28789305	8523746	27433276
382148	165325	3515726	2128802	830048	1277632	2823561	2367208	616898	692164
1655	1150	11653	15700	11858	3842	7598	6529	2050	4056
1186	750	6829	10919	8131	2788	2901	2901		3928
469	401	4824	4781	3727	1054	4696	3627	2050	128
10378474	3421664	69338705	19024628	7855380	10927852	35050084	29611233	9018589	34288620
99306	58397	539900	234119	48827	185782	229074	201551	67181	310826
125847	68937	972938	599363	145466	281367	345314	304742	96790	627624
41685	29537	323099	146446	66473	78909	160485	140055	42596	162615
3878196	74655	7920206	2130368	1411560	718808	1066630	1066618	422021	6853577
116292	70787	1074815	355916	85170	289596	700618	635834	276543	374197
33683	29375	77501	28001	15531	12470	34425	34315	4035	43076
2859	2845	16522	5329	1919	3493	3225	3222	233	13297
812	525	11810	6618	337	6282	2758	1503	453	9052
1441	457	11378	7398	2908	4445	8377	7017	1909	3000
712	234	4223	1688	473	1215	1479	1254		2745
33809	3021	160959	131284	83973	47042	75394	67830	31906	85565
1969	1182	12634	2823	1312	1294	8182	4856	322	4453
142595	91150	980364	388669	84158	286899	328573	272324	146321	651792
161989	89375	2230293	502986	148656	354687	356780	313545	61162	1873513
38955	15827	416578	309132	109397	199736	123846	109995	41852	292732
90651	29769	1364140	176069	46443	129627	714157	642509	164821	649982
216677	68300	1646748	1323051	781670	533456	738991	465494	84339	907757
50523	15714	526928	238277	56746	181350	320935	227630	81256	205993
335080	146534	1474371	362129	193304	154075	876953	750534	301103	597418
3365872	1913091	31038082	4430745	1917579	2510554	18649325	15464645	3814725	12388757
514739	229586	4670860	2611463	1033704	1561327	3416622	2866919	850897	1254238
205068	19230	1593765	362205	85777	276224	793688	709994	224384	800076
418537	225210	3191477	971579	257080	702263	1924902	1665910	643018	1266576
441260	226074	8528391	3523263	1217234	2291209	3981996	3493962	1611610	4546395
56874	11821	399909	57334	15545	41516	117396	109869	32734	282512
2596	31	49864	8956	2806	6150	26413	24478	8223	23451
447		100952	109415	41335	68080	43549	24629	8156	57402
57620		7473015	8260178	3113694	5146483	5345715	2904911	285330	2127300
43705		5375861	6822619	2745306	4077312	3760024	1656349	111829	1615837
12188		508038	247423	69242	178181	364405	329938	143411	143634
1727		1589116	1190136	299146	890991	1221287	918625	30091	367830

10－7 续表 2

指　　标	#实收资本	国家资本	集体资本	法人资本
总　　计	**9321545**	**2514847**	**84640**	**3224380**
按登记注册类型分组				
内资企业	5451739	1553958	65090	2180417
国有企业	430000	430000		
集体企业	5823		2629	2395
有限责任公司	1999029	832329	785	1099902
国有独资公司	249737	209234	3	40500
其他有限责任公司	1749292	623094	782	1059402
股份有限公司	1631227	291029	30717	307378
私营企业	1385660	600	30959	770741
私营独资企业	3108			800
私营合伙企业	9916		1592	4871
私营有限责任公司	761747	600	19750	505301
私营股份有限公司	610889		9617	259770
港、澳、台商投资企业	2474721	642721		682482
合资经营企业(港或澳、台资)	1721923	633335		563686
港、澳、台商独资经营企业	225104	9386		1770
港、澳、台商投资股份有限公司	527694			117026
外商投资企业	1395085	318168	19550	361481
中外合资经营企业	1000194	318168	19550	176332
外资企业	382058			180141
外商投资股份有限公司	12833			5008
按经济组织类型分组				
独资企业	1046093	439386	2629	185107
国有企业	430000	430000		
集体企业	5823		2629	2395
私营独资企业	3108			800
港澳台商独资经营企业	225104	9386		1770
外资企业	382058			180141
合作合伙企业	9916		1592	4871
私营合伙企业	9916		1592	4871
股份有限公司	2782643	291029	40334	689182
股份有限公司(内资)	1631227	291029	30717	307378
私营股份有限公司	610889		9617	259770
港澳台商投资股份有限公司	527694			117026
外商投资股份有限公司	12833			5008
有限责任公司	5482893	1784432	40085	2345221
国有独资公司	249737	209234	3	40500
私营有限责任公司	761747	600	19750	505301
合资经营企业(港或澳、台资)	1721923	633335		563686
中外合资经营企业	1000194	318168	19550	176332
其他有限责任公司	1749292	623094	782	1059402

单位:万元

个人资本	港澳台资本	外商资本	营业收入	营业成本	销售费用	管理费用	财务费用	利息费用	利息收入
1657676	**693469**	**1146532**	**55566251**	**37258820**	**2404437**	**2004832**	**497650**	**725925**	**203498**
1511510	1362	139402	40563788	25503129	2012015	1480270	252350	457627	188709
			9847797	2690086	109642	341242	-33098		32415
798			34606	29635	793	688	142		17
66013			7346652	5966284	300183	249706	79419	87465	14445
			466886	377417	8576	17347	4966	4895	551
66013			6879766	5588867	291607	232358	74453	82570	13895
862319	871	138912	4425463	3257301	350116	181587	109251	172993	30643
582380	490	490	18909270	13559824	1251281	707047	96635	197169	111189
2308			41463	34744	1008	1036	189	167	12
3454			30607	25557	1194	1037	251	226	
235116	490	490	16632378	12008482	958879	595196	89856	185474	105816
341501			2204822	1491041	290200	109779	6338	11302	5361
108870	679904	360744	8950232	6995797	210429	289633	212656	227534	13911
2169	207154	315578	2665973	1859811	57271	89388	179401	171960	1377
	168782	45166	585457	431840	72995	22661	-495	3918	3295
106701	303968		5698802	4704147	80163	177584	33750	51656	9240
37296	12204	646386	6052231	4759894	181992	234929	32644	40764	878
36560	12204	437380	3169279	2704421	43495	141103	31993	35966	4117
		201917	1985251	1530627	103423	81333	1996	3551	-765
736		7090	897701	524845	35074	12493	-1344	1247	-2474
3107	168782	247082	12494574	4716931	287862	446960	-31266	7635	34974
			9847797	2690086	109642	341242	-33098		32415
798			34606	29635	793	688	142		17
2308			41463	34744	1008	1036	189	167	12
	168782	45166	585457	431840	72995	22661	-495	3918	3295
		201917	1985251	1530627	103423	81333	1996	3551	-765
3454			30607	25557	1194	1037	251	226	
3454			30607	25557	1194	1037	251	226	
1311256	304839	146002	13226788	9977334	755554	481443	147995	237197	42770
862319	871	138912	4425463	3257301	350116	181587	109251	172993	30643
341501			2204822	1491041	290200	109779	6338	11302	5361
106701	303968		5698802	4704147	80163	177584	33750	51656	9240
736		7090	897701	524845	35074	12493	-1344	1247	-2474
339859	219848	753448	29814282	22538997	1359827	1075393	380670	480866	125754
			466886	377417	8576	17347	4966	4895	551
235116	490	490	16632378	12008482	958879	595196	89856	185474	105816
2169	207154	315578	2665973	1859811	57271	89388	179401	171960	1377
36560	12204	437380	3169279	2704421	43495	141103	31993	35966	4117
66013			6879766	5588867	291607	232358	74453	82570	13895

10－7 续表3

指　　标	#实收资本	国家资本	集体资本	法人资本
在总计中:国有控股企业	3784291	2359795	785	652029
在总计中:大型企业	6049595	1680514		1912084
中型企业	3271950	834333	84640	1312297
在总计中:园区工业	7497058	1286264	62909	3078650
在总计中:亏损企业	1028754	340033	782	305104
按行业大类分组				
采矿业	708			
黑色金属矿采选业	500			
有色金属矿采选业	208			
制造业	8011103	1569441	64640	3197933
农副食品加工业	93343			74512
食品制造业	205888			6240
酒、饮料和精制茶制造业	53162	9496		10572
烟草制品业	446000	446000		
纺织业	165208			73001
纺织服装、服饰业	21823			
皮革、毛皮、羽毛及其制品和制鞋业	7941	490	490	5490
木材加工和木、竹、藤、棕、草制品业	800			
家具制造业	2260			
造纸和纸制品业	2350			1050
印刷和记录媒介复制业	37197		2129	34269
文教、工美、体育和娱乐用品制造业	3596			
化学原料和化学制品制造业	311419	179788	21141	48787
医药制造业	498134			126099
橡胶和塑料制品业	193650			191650
非金属矿物制品业	124501	6162	503	49997
有色金属冶炼和压延加工业	317468	138800	2240	171011
金属制品业	61336			24697
通用设备制造业	201619	9925	782	116217
专用设备制造业	1326955	151532	10086	508458
汽车制造业	1094355	311418	17020	248209
铁路、船舶、航空航天和其他运输设备制造业	447708	2554		439340
电气机械和器材制造业	519580	147571		191495
计算机、通信和其他电子设备制造业	1802691	165705	10248	836686
仪器仪表制造业	38600			23031
其他制造业	7521			7521
废弃资源综合利用业	26000			9600
电力、热力、燃气及水生产和供应业	1309734	945406	20000	26447
电力、热力生产和供应业	1061770	726192	20000	
燃气生产和供应业	15000	6750		8250
水的生产和供应业	232964	212464		18197

单位:万元

			营业收入	营业成本	销售费用	管理费用	财务费用		
个人资本	港澳台资本	外商资本						利息费用	利息收入
137170	1750	632763	14803312	6478092	300454	548676	221569	248769	42250
902471	609405	945121	40519821	25919480	1611618	1357327	391499	615681	185287
755205	84065	201411	15046430	11339340	792819	647505	106151	110244	18211
1557481	692981	818774	42557745	32221491	2208499	1532509	333875	539586	169065
27415	37914	317505	2553850	2400928	65201	137171	39737	39805	393
708			16659	13753	289	2452	118	49	3
500			10335	9137		1237	71		
208			6324	4617	289	1215	47	49	3
1654666	693469	830954	53927581	36137451	2384380	1942762	293946	535063	200970
18400		431	627797	500120	38551	25368	2918	4108	2232
123373	29300	46975	1567577	1040814	92397	42671	-254	1645	-2590
5107		27987	422935	293145	75464	10229	-170	238	-647
			9858177	2696970	110429	343463	-33816		31697
92207			701955	510180	70862	26488	2440	2888	472
19005		2818	69665	46872	13257	4728	357	483	56
490	490	490	23765	17932	918	961	95		-48
800			34442	28266	1036	2453	367	367	
2260			15740	10568	2362	1649	401	379	47
1300			14743	12380	490	531	133	127	
798			220193	182170	3581	12136	-19	96	245
3596			85071	75243	1628	1922	437	437	
41927		19776	1679016	1321491	67807	66447	8043	7471	561
372035			1299371	709563	332181	77511	-534	3351	3336
2000			631332	488037	25393	23687	-111	193	499
55636	12204		901721	688279	31501	40520	14658	14343	753
5417			1790051	1477401	36700	40601	4358	3808	168
34879	1760		935093	726846	26253	33598	8424	7495	760
68243		6451	977312	716732	58023	39003	9637	6774	505
517967		138912	14259414	9913617	1033109	489612	167707	341242	140319
9381	1750	506577	5379235	4679050	117410	242057	36067	39487	2255
		5814	823775	559466	30884	41681	-362	2199	3055
86103	38139	56271	2903770	2415955	91973	79622	13352	16366	3274
166650	604950	18452	8449247	6911468	99229	275896	59169	80656	13572
14922	647		164980	70019	21187	10691	-48	327	387
			33168	20706	1756	3136	163	196	47
12169	4231		58036	24162		6102	533	388	14
2303		315578	1622012	1107615	19767	59619	203587	190813	2526
		315578	990559	631766	194	24715	165101	152411	407
			375042	306254	6888	13200	2849	3945	1186
2303			256411	169595	12685	21703	35636	34458	933

10－7 续表4

指　　标	税金及附加	营业利润	投资收益	其他收益	营业外收入
总　　计	**6241778**	**5427353**	**437753**	**344723**	**163621**
按登记注册类型分组					
内资企业	5815864	4426875	393028	249046	117004
国有企业	5584552	859875	12239	436	12399
集体企业	48	3235			
有限责任公司	52490	522530	49944	57942	19333
国有独资公司	1844	22370	－1925	3927	1422
其他有限责任公司	50646	500160	51869	54015	17911
股份有限公司	32280	482183	170907	29512	17731
私营企业	146494	2559052	159939	161157	67541
私营独资企业	1797	2575			24
私营合伙企业	80	2436			
私营有限责任公司	127786	2336505	141799	125705	58595
私营股份有限公司	16831	217536	18140	35452	8922
港、澳、台商投资企业	276647	650342	5040	69316	22578
合资经营企业(港或澳、台资)	28538	368942	1799	48112	9129
港、澳、台商独资经营企业	6161	43993	2504	11771	8897
港、澳、台商投资股份有限公司	241948	237406	737	9434	4551
外商投资企业	149267	350137	39685	26361	24039
中外合资经营企业	128697	56009	40011	24996	7094
外资企业	18895	154282	－1175	1251	10800
外商投资股份有限公司	1675	139846	849	114	6145
按经济组织类型分组					
独资企业	5611453	1063960	13568	13457	32119
国有企业	5584552	859875	12239	436	12399
集体企业	48	3235			
私营独资企业	1797	2575			24
港澳台商独资经营企业	6161	43993	2504	11771	8897
外资企业	18895	154282	－1175	1251	10800
合作合伙企业	80	2436			
私营合伙企业	80	2436			
股份有限公司	292734	1076971	190633	74512	37350
股份有限公司(内资)	32280	482183	170907	29512	17731
私营股份有限公司	16831	217536	18140	35452	8922
港澳台商投资股份有限公司	241948	237406	737	9434	4551
外商投资股份有限公司	1675	139846	849	114	6145
有限责任公司	337511	3283987	233553	256754	94152
国有独资公司	1844	22370	－1925	3927	1422
私营有限责任公司	127786	2336505	141799	125705	58595
合资经营企业(港或澳、台资)	28538	368942	1799	48112	9129
中外合资经营企业	128697	56009	40011	24996	7094
其他有限责任公司	50646	500160	51869	54015	17911

单位:万元

营业外支出	利润总额	所得税费用	亏损企业亏损额	本年应付职工薪酬	本年应交增值税	平均用工人数（人）	总资产贡献率（%）	资产负债率（%）	流动资产周转率（次/年）
146667	5444307	829821	198623	4282139	2913670	332463	19.95	52.59	1.22
133320	4410558	711142	59703	2690232	1899486	202355	21.47	51.22	1.06
35561	836714	250173		371433	1053173	8682	94.97	13.42	1.65
	3235	221		5964	1134	1030	24.03	53.65	5.18
16632	525232	63479	40931	612563	150110	55001	7.63	64.25	1.33
175	23618	1225	939	40713	8132	4177	4.18	62.53	0.69
16458	501614	62253	39993	571850	141978	50824	7.96	64.41	1.41
8484	491430	48534	5633	349385	171285	23811	5.74	52.29	0.44
72644	2553948	348737	13139	1350887	523784	113831	13.73	56.92	1.13
11	2587	422		7016	2161	1272	41.31	52.92	4.96
	2436	156		9471	922	1291	16.35	38.05	11.15
69955	2325145	324052	10024	1108612	445739	90873	14.58	59.86	1.14
2677	223781	24107	3115	225787	74962	20395	8.79	40.35	1.02
7375	665544	104151	866	1200672	836148	100094	16.05	56.73	2.14
4975	373097	69562		425665	87304	49404	8.82	68.21	1.66
260	52630	12737	866	58970	22237	6283	10.09	43.62	0.98
2140	239817	21853		716037	726606	44407	30.28	38.71	2.89
5972	368205	14527	138054	391236	178037	30014	12.9	57.62	2.03
2504	60599	-17424	135661	159450	40758	12127	7.16	61.26	1.78
2282	162800	24990	2393	175473	37677	14519	14.4	54.05	2.37
1186	144806	6961		56313	99603	3368	55.56	39.7	2.44
38113	1057966	288542	3259	618856	1116382	31786	75.7	22.13	1.68
35561	836714	250173		371433	1053173	8682	94.97	13.42	1.65
	3235	221		5964	1134	1030	24.03	53.65	5.18
11	2587	422		7016	2161	1272	41.31	52.92	4.96
260	52630	12737	866	58970	22237	6283	10.09	43.62	0.98
2282	162800	24990	2393	175473	37677	14519	14.4	54.05	2.37
	2436	156		9471	922	1291	16.35	38.05	11.15
	2436	156		9471	922	1291	16.35	38.05	11.15
14487	1099834	101455	8748	1347523	1072456	91981	11.52	47.75	0.91
8484	491430	48534	5633	349385	171285	23811	5.74	52.29	0.44
2677	223781	24107	3115	225787	74962	20395	8.79	40.35	1.02
2140	239817	21853		716037	726606	44407	30.28	38.71	2.89
1186	144806	6961		56313	99603	3368	55.56	39.7	2.44
94067	3284072	439668	186616	2306290	723911	207405	11.21	62.52	1.27
175	23618	1225	939	40713	8132	4177	4.18	62.53	0.69
69955	2325145	324052	10024	1108612	445739	90873	14.58	59.86	1.14
4975	373097	69562		425665	87304	49404	8.82	68.21	1.66
2504	60599	-17424	135661	159450	40758	12127	7.16	61.26	1.78
16458	501614	62253	39993	571850	141978	50824	7.96	64.41	1.41

10－7 续表 5

指　　标	税金及附加	营业利润	投资收益	其他收益	营业外收入
在总计中:国有控股企业	5647749	1102787	39047	65597	34909
在总计中:大型企业	6103874	3947705	345103	255774	97998
中型企业	137904	1479648	92650	88949	65623
在总计中:园区工业	590100	4312521	409313	327490	133487
在总计中:亏损企业	37628	－200257	260	25395	6654
按行业大类分组					
采矿业	372	－1031			10
黑色金属矿采选业	191	－887			1
有色金属矿采选业	180	－144			9
制造业	6219321	5227035	410022	325349	156513
农副食品加工业	5107	50419	7786	2098	2758
食品制造业	6890	207596	9786	9966	8399
酒、饮料和精制茶制造业	2395	37547	230	14	9643
烟草制品业	5584812	860476	12239	457	12759
纺织业	3442	61307	5		1007
纺织服装、服饰业	845	1445			862
皮革、毛皮、羽毛及其制品和制鞋业	335	3524			126
木材加工和木、竹、藤、棕、草制品业	749	1389			
家具制造业	191	212		37	25
造纸和纸制品业	52	1129			
印刷和记录媒介复制业	1738	17946	696	223	188
文教、工美、体育和娱乐用品制造业	1002	1882			
化学原料和化学制品制造业	42970	140419	10115	2147	2437
医药制造业	14700	148054	33870	6319	6602
橡胶和塑料制品业	3905	65341	17	1	1285
非金属矿物制品业	8899	99129	19278	3157	1576
有色金属冶炼和压延加工业	8618	145697	4120	3160	2252
金属制品业	3449	99389	455	1197	1708
通用设备制造业	8655	117023	－472	1138	7441
专用设备制造业	90082	2147264	246056	140853	56883
汽车制造业	148186	17616	5208	31687	15684
铁路、船舶、航空航天和其他运输设备制造业	5774	158969	25497	15257	322
电气机械和器材制造业	13514	193162	20447	16514	7736
计算机、通信和其他电子设备制造业	259814	565298	11859	85108	11430
仪器仪表制造业	1688	55526	2321	5269	1907
其他制造业	275	5713	511	749	204
废弃资源综合利用业	1233	23565			3280
电力、热力、燃气及水生产和供应业	22085	201349	27731	19374	7098
电力、热力生产和供应业	15914	111596	8615	1019	3302
燃气生产和供应业	875	44941	4726		3279
水的生产和供应业	5297	44812	14390	18354	517

单位:万元

营业外支出	利润总额	所得税费用	亏损企业亏损额	本年应付职工薪酬	本年应交增值税	平均用工人数（人）	总资产贡献率（%）	资产负债率（%）	流动资产周转率（次/年）
47683	1090013	274768	158060	867776	1206838	42555	37.28	47.3	1.34
128819	3916884	646549	158689	3081434	2412412	209259	21.58	53.55	1.11
17848	1527424	183272	39934	1200705	501259	123204	13.91	49.07	1.66
105575	4340433	540190	191649	3539109	1710174	283332	11.65	55.47	1.12
5020	-198623	-34521	198623	254492	29779	26530	-2.6	80.31	1.77
69	-1090		1090	5910	1517	857	7.28	65.2	2.6
	-887		887	3077	911	435	3.15	42.48	2.62
69	-203		203	2833	607	422	13.12	97.35	2.56
141554	5241995	786880	197533	4136098	2809328	324002	21.35	50.55	1.21
1084	52094	5062	552	53168	15159	7550	14.16	42.43	2.23
1607	214388	24204		107411	120389	9400	35.29	35.49	2.85
336	46854	9653		38052	14836	4011	19.91	49.67	2.12
35586	837649	250425		376628	1054318	9399	94.4	13.47	1.64
205	62109	7311		35926	16317	3279	7.89	65.18	1.03
124	2183	276		15454	3020	2662	8.43	44.42	1.19
5	3645	735		8222	712	1442	28.4	19.52	3.55
	1389			2103	682	396	26.98	23.35	6.23
46	191	46		3193	625	467	12.19	73.63	2.29
	1129	231		3516	519	465	43.25	35.01	11.1
144	17991	1024		26727	4841	2727	15.32	46.84	2.42
	1882	15		8324	918	1186	33.56	64.76	12.63
1124	141731	8374		168489	51437	18709	24.85	33.52	3.12
3287	151369	12841	4048	97746	105824	10705	12.34	16	1.57
214	66412	11270		40134	14003	3795	20.29	29.73	4.17
233	100472	7962	1471	50630	31169	5719	11.35	52.35	1.11
8194	139754	11884		59117	8551	5074	9.76	44.88	2.34
685	100413	12472	477	55166	19070	6160	24.75	60.91	3.36
3805	120660	19924	11109	116963	29587	11967	11.24	59.48	0.88
75080	2129067	299146	1846	933760	424747	51315	9.62	60.09	0.64
4195	29105	-11497	167277	385140	65063	36029	6.03	73.15	2.58
285	159006	14612	1809	118166	23278	7742	11.94	49.8	0.85
1062	199836	26386	1066	184570	44664	14695	8.6	60.31	1.43
3530	573199	60519	7879	1197952	744573	105352	19.44	46.69	1.88
76	57357	7216		32792	8771	2527	17.04	29.36	0.5
72	5844	878		7956	890	552	14.45	52.97	0.91
576	26269	5912		8792	5366	677	32.94	43.14	2.98
5044	203403	42941		140132	102825	7604	6.95	71.53	1.75
4547	110351	33332		87854	83740	3866	6.74	69.94	1.73
151	48068	6161		20343	3812	1397	11.16	71.73	1.85
347	44983	3448		31935	15273	2341	6.29	76.85	1.72

10－8 规模以上工业企业主要能源按行业分组消费量(2019年)

行业名称	能源消费量(吨标准煤)	原煤(吨)	1.无烟煤(吨)	2.炼焦烟煤(吨)	3.一般烟煤(吨)	4.褐煤(吨)
总　　计	**5245821**	**3011394**	**155967**	**36398**	**2819028**	
采矿业	7258	200			200	
黑色金属矿采选业	2971					
有色金属矿采选业	1696					
非金属矿采选业	2592	200			200	
制造业	2797434	538104	29164	36398	472542	
农副食品加工业	99545	1137	898		239	
食品制造业	94029	3321			3321	
酒、饮料和精制茶制造业	31613	4654	22		4632	
烟草制品业	17554					
纺织业	21427					
纺织服装、服饰业	3733					
皮革、毛皮、羽毛及其制品和制鞋业	2062	130			130	
木材加工和木、竹、藤、棕、草制品业	5342	66			66	
家具制造业	7200	37			37	
造纸和纸制品业	70838	32230			32230	
印刷和记录媒介复制业	41351	222	9		213	
文教、工美、体育和娱乐用品制造业	2338	234			234	
石油加工、炼焦和核燃料加工业	2458	1496	252		1244	
化学原料和化学制品制造业	159134	23122	2060		21062	
医药制造业	70032	7767	2062		5705	
化学纤维制造业						
橡胶和塑料制品业	72577					
非金属矿物制品业	621992	452817	23384	29240	400193	
黑色金属冶炼和压延加工业	2468					
有色金属冶炼和压延加工业	318322	462	462			
金属制品业	69127	264			264	
通用设备制造业	93990	855			855	
专用设备制造业	211707	39	15		24	
汽车制造业	176829					
铁路、船舶、航空航天和其他运输设备制造业	8158					
电气机械和器材制造业	139932	2093			2093	
计算机、通信和其他电子设备制造业	428487					
仪器仪表制造业	13365	7158		7158		
其他制造业	3042					
废弃资源综合利用业	8782					
电力、热力、燃气及水生产和供应业	2441129	2473089	126803		2346286	
电力、热力生产和供应业	2336337	2473089	126803		2346286	
燃气生产和供应业	34149					
水的生产和供应业	70643					

煤制品（吨）	焦炭（吨）	发生炉煤气（万立方米）	天然气（万立方米）	液化天然气（吨）	汽油（吨）	煤油（吨）	柴油（吨）
2	**1309**		**46774**	**12010**	**34662**	**388**	**56079**
					175		1196
					169		740
							53
					6		402
2	1309		41474	11539	34098	383	54185
			2373	983	1795		782
			2920	72	533		1423
			300	42	450		378
			744				307
			430	61	884		899
			107		132		44
					154		177
			8		161		255
			118		407		396
			111		92		156
			1003		1947	4	1318
			46	80	73		76
			36		24		62
			1476		2375	11	2592
			1859	3857	394		289
			1499	20	597	14	545
2			2530	3030	1902	7	11645
			2		75		51
			12966	981	1387	99	4842
	325		1509	176	4576		1534
	526		2150	677	3584	23	3885
	459		2167	1548	4888	213	15328
			5877	2	3663	9	1752
			75	1	144		7
			973	9	2501	5	1617
			144		1036		686
			48		288		41
							7
			4		36		3090
			5300	472	389	5	698
			2905		96		254
			2395	472	192	5	163
					102		281

10－8 续表

行业名称	燃料油（吨）	液化石油气（吨）	润滑油（吨）	石蜡（吨）	溶剂油（吨）	石油焦（吨）
总　　计	**1837**	**969**	**30544**	**55**	**4315**	**877**
采矿业						
黑色金属矿采选业						
有色金属矿采选业						
非金属矿采选业						
制造业	1837	969	30498	55	4315	877
农副食品加工业						
食品制造业						
酒、饮料和精制茶制造业			1			
烟草制品业						
纺织业						
纺织服装、服饰业						
皮革、毛皮、羽毛及其制品和制鞋业						
木材加工和木、竹、藤、棕、草制品业						
家具制造业						
造纸和纸制品业						
印刷和记录媒介复制业		650				
文教、工美、体育和娱乐用品制造业						
石油加工、炼焦和核燃料加工业						
化学原料和化学制品制造业		1	9		4279	
医药制造业						
化学纤维制造业						
橡胶和塑料制品业			196			
非金属矿物制品业	1745	146	127	55		877
黑色金属冶炼和压延加工业						
有色金属冶炼和压延加工业			4			
金属制品业		40	3			
通用设备制造业		29	2985		10	
专用设备制造业		29	21331			
汽车制造业		60	57		25	
铁路、船舶、航空航天和其他运输设备制造业			5			
电气机械和器材制造业		13	133			
计算机、通信和其他电子设备制造业	24		5603			
仪器仪表制造业						
其他制造业			4			
废弃资源综合利用业	67		38			
电力、热力、燃气及水生产和供应业			46			
电力、热力生产和供应业			38			
燃气生产和供应业						
水的生产和供应业			8			

石油沥青（吨）	其他石油制品（吨）	热力（百分千焦）	电力（万千瓦时）	煤矸石（用于燃料）（吨）	生物燃料（吨标准煤）	余热余压（百万千焦）	其他燃料（吨标准煤）
35478	16678	5315100	1539376	94772	55609	853320	4118
			4163				
			1337				
			1317				
			1509				
35477	16678	5030116	1057715	94772	33517	853320	3535
		648903	24663		7893		2273
		521831	24732		1850		
		204087	12787		303		
			6438				
		206	7853		3334		
			1673				
			1208				
			3733				
			3603				
		872922	12104		853		
		66998	15900		359		
			978				
		271	582				
		507731	65522		11612	4677	
		219500	19581				951
		104638	38301				
35477	3036	43826	81625	94769	5261	848643	79
			1836				
		675991	90759				
		6379	31770				
	96	54810	35539	3	2048		124
	13535		81922				
	4		73621				
			5641				
	7	1098823	66422				108
		3200	338474				
			4713		5		
			2462				
		1	3273				
1		284984	477499		22092		583
		284984	419716		22092		583
			768				
1			57014				

10－9 规模以上工业企业能源购进、消费及库存(2019年)

能源名称	计量单位	年初库存量	购进实物量	消费量合计	#工业生产消费量	#用于原材料	年末库存量
原煤	吨	320915	3034536	3011394	3010863	23112	344660
无烟煤	吨	9696	166873	155967	155952		20693
炼焦烟煤	吨	3177	36267	36398	36009	23112	3727
一般烟煤	吨	308042	2831396	2819028	2818902		320240
褐煤	吨						
煤制品	吨		2	2	2		
焦炭	吨	38	1296	1309	1309		25
发生炉煤气	万立方米						
天然气	万立方米	1136	170557	46774	45989	1	1072
液化天然气	吨	61	12273	12010	11998	0	51
原油	吨		29	29	29		
汽油	吨	210	33538	34662	23380	702	73
煤油	吨	1	388	388	379	0	1
柴油	吨	1446	55074	56079	49478	1115	708
燃料油	吨	100	1779	1837	1837	882	43
液化石油气	吨		969	969	948	7	0
润滑油	吨	352	30819	30544	30419	14737	162
石蜡	吨		55	55	55	55	
溶剂油	吨	180	4377	4315	4315	4279	242
石油焦	吨	392	485	877	877	877	
石油沥青	吨	2383	35894	35478	35478	34475	2380
其他石油制品	吨	877	16326	16678	16678	5417	525
热力	百万千焦		5030731	5315100	5282496		
电力	万千瓦时		1495962	1539376	1515841		
煤矸石(用于燃料)	吨	2739	97404	94772	94772		5620
生物燃料	吨标准煤	635	55919	55609	55597		51
余热余压	百万千焦		348689	853320	853320		
其他燃料	吨标准煤	2	3536	4118	4071		3
能源合计	吨标准煤			5245821	5178421		

10－10 规模以上工业企业能源加工转换与回收利用表(2019年)

能源名称	计量单位	工业生产消费量	加工转换投入合计	火力发电	供热	能源加工转换产出	回收利用
原煤	吨	2868918	2466624	2199441	267183		
无烟煤	吨	120338	120338	20198	100140		
炼焦烟煤	吨	28563					
一般烟煤	吨	2720017	2346286	2179243	167043		
褐煤	吨						
煤制品	吨						
焦炭	吨						
发生炉煤气	万立方米						
天然气	万立方米						
液化天然气	吨						
原油	吨						
汽油	吨						
煤油	吨						
柴油	吨	212					
燃料油	吨						
液化石油气	吨						
润滑油	吨	104					
石蜡	吨						
溶剂油	吨						
石油焦	吨						
石油沥青	吨						
其他石油制品	吨						
热力	百万千焦	284984				4442647	
电力	万千瓦时	64155				532192	
煤矸石(用于燃料)	吨						
生物燃料	吨标准煤	22080	22080	12931	9149		
余热余压	百万千焦	848643	848643	848643			1634545
其他燃料	吨标准煤	583					
能源合计	吨标准煤	2186532	1793830	1585031	208799	805558	55738

10－11 主要耗能规模以上工业企业单位产品能源消耗情况

指　　标	计量单位	2017 年	2018 年	2019 年
吨水泥熟料综合能耗	千克标准煤/吨	114.66	112.39	114.84
吨水泥熟料综合电耗	千瓦时/吨	60.31	58.38	57.57
吨水泥熟料烧成标准煤耗	千克标准煤/吨	107.57	106.14	108.3
吨水泥综合能耗	千克标准煤/吨	75.09	67.91	64.6
吨水泥综合电耗	千瓦时/吨	77.32	69.59	62.45
吨水泥标准煤耗	千克标准煤/吨	75.84	81.05	57.86
吨铝加工材消耗能源量	千克标准煤/吨	457.01	584.03	891.69
吨铝加工材消耗电量	千瓦时/吨	888.91	1082.72	1322.85
电厂火力发电标准煤耗	克标准煤/千瓦时	288.85	288.44	287.94
电厂火力供电标准煤耗	克标准煤/千瓦时	304.2	303.9	303.3
发电厂用电率	%	5.05	5.08	5.06

10－12 规模以上工业企业用水情况(2019 年)

单位:万立方米

指标名称	全市	芙蓉区	天心区	岳麓区	开福区
取水量合计	108045	150	72990	818	215
1. 地表淡水	98379		72844	12	36
2. 地下淡水	1060	1	35	5	10
3. 自来水	8471	149	110	800	169
4. 海水					
5. 陆地苦咸水					
6. 矿井水					
7. 雨水					
8. 再生水(中水)					
9. 海水淡化水					
10. 其他水	41				
11. 外排水量	61980	2803	106	3039	16574
12. 重复用水量	5563	8	3594	52	2
13. 直流冷却水量(河湖水)	52207				
14. 直流冷却水量(海水)					
15. 污水处理企业污水处理量	90763	2700		2401	16471
用新水量	12635	150	197	818	215

10－12 续表

指标名称	雨花区	望城区	长沙县	浏阳市	宁乡市
取水量合计	330	7911	9462	9511	6657
1. 地表淡水	53	6322	6840	6940	5332
2. 地下淡水	3	692	27	230	56
3. 自来水	274	878	2586	2251	1254
4. 海水					
5. 陆地苦咸水					
6. 矿井水					
7. 雨水					
8. 再生水(中水)					
9. 海水淡化水					
10. 其他水		19	5	15	2
11. 外排水量	206	18040	17524	2236	1453
12. 重复用水量	38	1146	228	393	102
13. 直流冷却水量(河湖水)		52205	1		
14. 直流冷却水量(海水)					
15. 污水处理企业污水处理量	36475	17116	15580	19	
用新水量	328	2306	3059	3628	1933

11 运输和邮电

长沙统计年鉴

11－1 2000－2019 年全社会客、货运输量

指 标	单位	2000 年	2001 年	2002 年	2003 年	2004 年	2005 年	2006 年	2007 年	2008 年	2009 年
一、货物运输量	万吨	5910	7550	8766	10632	11066	10991	12478	16184	17158	21074
# 铁路	万吨	206	188	162	189	196	218	233	244	164	158
公路	万吨	4972	6668	7929	9572	9831	9834	10905	13994	14651	18084
水运	万吨	729	691	671	867	1035	934	1334	1939	2336	2669
民航(吞吐量)	万吨	1.9	2	2.5	3.5	4.3	5.2	6.3	6.9	7.1	8.7
民航(发送量)	万吨	0.9	1	1.4	2.1	2.6	3.1	3.5	3.6	3.7	4.5
二、货物周转量	万吨公里	1404785	1396492	799550	910771	1011770	1003793	1094995	1296332	1323224	1769962
# 公路	万吨公里	308200	322125	434100	445990	446428	447386	480520	517363	535795	1036295
水运	万吨公里	1094511	1072216	58837	69841	124605	99596	142569	277565	287962	210498
三、旅客运输量	万人	9052	8578	10032	10609	11580	10895	11863	11919	13488	31304
# 铁路	万人	981	1070	984	942	1187	1218	1243	1305	1442	1479
公路	万人	7825	7242	8743	9351	10003	9228	10022	9934	11334	28868
水运	万人	43	44	45	17	9	7	3			16
民航(吞吐量)	万人	203	222	260	299	380	442	595	680	713	942
民航(发送量)	万人	101	111	130	149	191	221	281	341	355	471
四、旅客周转量	万人公里	348315	398125	739488	835591	978328	995729	1073632	1190289	1249445	1747800
# 公路	万人公里	275029	322154	393873	457038	496035	469947	506305	540261	596745	1060178
水运	万人公里	3580	3094	4103	2362	1459	1211	467			116

11－1 续表

指 标	单位	2010 年	2011 年	2012 年	2013 年	2014 年	2015 年	2016 年	2017 年	2018 年	2019 年
一、货物运输量	万吨	22947	25651	26145	28048	30449	33932	36767	41739	43792	49017
# 铁路	万吨	167	172	157	149	133	138	113	114	123	128
公路	万吨	19270	21788	23139	24627	27098	30412	34047	38808	41265	46497
水运	万吨	3369	3529	2668	3080	3014	3159	2388	2603	2330	2122
民航(吞吐量)	万吨	10.8	11.5	11.1	11.8	12.5	12.2	13	13.9	15.6	17.6
民航(发送量)	万吨	6	6	5.6	5.9	6.2	6	6.3	6.8	8	9
二、货物周转量	万吨公里	2192493	2571162	3016629	3340723	3597375	3861850	3876534	4487906	4874183	5674719
# 公路	万吨公里	1285375	1609109	2061286	2352483	2642698	2898610	3274392	3833118	4233826	5000574
水运	万吨公里	369090	408774	425713	485042	498947	546979	186206	203338	171022	176890
三、旅客运输量	万人	33983	35525	36440	37922	13610	13078	12655	12435	12488	12705
# 铁路	万人	1642	1816	1954	2088	3053	3633	4103	4770	5392	6049
公路	万人	31257	33102	33847	35143	9765	8606	7578	6558	5889	5351
水运	万人	18	15	1						10	21
民航(吞吐量)	万人	1066	1183	1278	1390	1588	1684	1949	2218	2527	2691
民航(发送量)	万人	535	592	638	691	792	839	974	1108	1196	1285
四、旅客周转量	万人公里	1945489	2454122	2544691	2767006	2210039	2436877	2736009	2792997	3003678	3062983
# 公路	万人公里	1130385	1206736	1236101	1304296	611156	517820	495170	429333	412031	381250
水运	万人公里	141	125	9						122	246

注:铁路旅客发送量从 2018 年报起,采用广铁集团报送省统计局数据,2018、2017、2016、2015、2014 年实际数为 5392.31 万人、4769.52 万人、4102.51 万人、3633.37 万人、3053.42 万人

11－2 陆运工具情况

单位:辆

年 份	汽车	载客汽车	载货汽车	其它汽车	摩托车	普通	轻便	拖拉机	大型	小型	挂车
2005 年	190684	149154	38759	2771	221983	216528	5455	8759	20	8739	607
# 私人	126289	104718	20309	1262	215481	210112	5369	8759	20	8739	155
2006 年	233388	188563	41492	3333	221008	216475	4533	10351	439	9912	648
# 私人	163162	138760	23002	1400	215401	210932	4469	10351	439	9912	140
2007 年	298280	239870	45384	13026	218738	214406	4332	12112	725	11387	751
# 私人	221801	184369	26878	10554	213957	209680	4277	12112	725	11387	154
2008 年	375305	308420	50298	16587	219100	215010	4090	12763	4700	8063	842
# 私人	290783	245501	31898	13384	215313	211275	4038	12757	4699	8058	181
2009 年	520622	441276	62932	16414	253653	251639	2014	15098	5641	9210	2324
# 私人	403195	347324	43213	12658	249451	247474	1977	15098	5641	9210	313
2010 年	672275	572881	82361	17033	312693	310253	2440	18172	6464	11422	2873
# 私人	546834	473654	59529	13651	308761	306358	2403	18172	6464	11422	560
2011 年	826223	712671	96161	17391	340740	339181	1559	20002	6814	12832	3521
# 私人	689957	604727	71360	13870	337480	335933	1547	20002	6814	12832	750
2012 年	1001039	876321	107715	17003	375796	373989	1807	22949	7819	14493	4049
# 私人	856813	761391	82028	13394	372928	371126	1802	22949	7819	14493	942
2013 年	1189387	1058547	114695	16145	365006	363081	1925	25954	8980	15900	4391
# 私人	1055542	953004	89766	12772	363903	361983	1920	25954	8980	15900	1160
2014 年	1444002	1296480	129278	18244	377168	375074	2094	28188	9693	17239	5043
# 私人	1285080	1172006	99836	13238	374169	372080	2089	28188	9693	17239	1328
2015 年	1688299	1540228	129994	18077	376321	374307	2014	29585	10748	17511	5768
# 私人	1522538	1408674	101230	12634	373522	371509	2013	29585	10748	17511	1558
2016 年	1942362	1795437	131152	15773	275607	273899	1708	30694	11375	17983	6981
# 私人	1762027	1651429	100344	10254	272751	271043	1708	30694	11375	17983	8853
2017 年	2177513	2039624	122812	15077	339770	337936	1834	29824	10987	17730	8968
# 私人	1978243	1880184	88705	9354	336076	334242	1834	29824	10987	17730	2209
2018 年	2428064	2279041	133329	15694	338436	336612	1824	31749	12760	18169	9791
# 私人	2190072	2086715	94273	9084	336076	334242	1834	31749	12760	18169	2473
2019 年	2648012	2487280	143553	17179	343820	342003	1817	29120			12791
# 私人	2384485	2275818	99478	9189	338089	336272	1817	29120			2790

注:2019 年年报中拖拉机(农机部门数据)未分大型、小型。

11－3 公路里程与桥梁情况(2019年)

指　标	单　位	合　计	国运公路	省运公路	市县公路	乡公路	村道
一、通车里程	公里	16239	1045	1760	2170	2707	8557
# 绿化里程	公里	13468	894	1498	1949	2299	6827
其中:高级、次高级路面	公里	15820	1045	1710	2167	2668	8231
中级路面	公里	419		50	4	40	326
二、常年养护里程	公里	16239	1045	1760	2170	2707	8557
三、桥梁	米	174205	98819	37173	11878	9638	16697
	座	2875	521	557	390	490	917

11－4 电信业务基本情况(2019年)

指　标	单位	2011年	2012年	2013年	2014年	2015年	2016年	2017年	2018年	2019年
一、电信业务总量及收入										
电信业务总量	万元	990885	1073997	1141689	1643333	2088712	3201210	2468859	6438951	10029578
电信业务收入	万元	864138	942093	1027921	994611	995652	1084510	1141809	1184780	1126082
二、电信设备和服务能力										
光缆线路长度	公里	137803	161811	173035	190015	222696	261353	281728	315335	305862
# 长途光缆线路长度	公里	2285	2366	3031	3320	4244	4140	4575	4549	4671
移动电话基站	个	11835	15785	19408	30154	33374	42667	45400	50600	63304
互联网宽带接入端口	万个	176.88	239.23	202.57	254.34	268.40	582.93	635.44	751.21	657.50
三、电信主要业务										
固定电话通话时长	亿分钟	48.55	38.12	35.09	32.79	27.90	24.04	22.91	17.77	17.96
移动电话通话时长	亿分钟	428.85	457.67	486.07	471.95	484.50	470.90	454.10	426.10	411.18
移动短信业务量	亿条	96.20	97.89	86.79	70.05	67.60	59.06	27.78	35.13	32.55
移动电话年末用户	万户	898.48	984.45	1086.50	1118.20	1122.77	1047.70	1202.96	1250.86	1308.27
# 3G移动电话用户	万户	98.52	216.70	380.96	494.59	416.90	93.90	92.59	99.67	55.57
4G移动电话用户					103.75	353.80	784.40	943.97	1027.49	1059.06
固定本地电话年末用户	万户	214.43	211.65	206.57	194.74	181.94	170.69	152.97	156.38	155.86
# 普通电话用户	万户	169.98	170.83	163.54	176.58	171.64	160.24	144.96	145.95	155.86
公用电话用户	万户	30.33	30.23	21.76	18.16	10.30	10.45	8.01	1.00	
互联网宽带用户	万户	115.60	134.25	142.98	152.83	180.27	226.92	279.25	328.17	379.51

注:2019年制度修订,公用电话用户指标取消。

11－5 邮政业务基本情况(2019年)

指　　标	单　位	2013年	2014年	2015年	2016年	2017年	2018年	2019年
一、邮政行业业务总量及收入								
邮政行业业务总量	万元	211548	305265	422810	579942	828553	1128893	1552100
邮政行业业务收入	万元	184008	221701	269113	368747	481560	580336	747700
二、邮政行业通信网络								
营业网点	处	863	1556	1540	1899	2068	2074	2943
# 快递营业网点	处	634	1370	1310	1669	1837	1842	1748
信筒信箱	个	309	309	306	306	301	244	275
邮路总长度	公里	1907	1931	2047	2339	2554	2121	3798
农村投递路线长度	公里	14705.5	14556.5	14705.5	14872.32	19772.82	17526	14656
城市投递路线长度	公里	11869.95	11863.87	11869.95	14512.7	16633.24	24997.73	19073.87
三、邮政普遍服务								
函件	万件	2120.24	1793.39	1569.26	1220.68	1208.92	1351.19	1316.59
订销报纸累计数	万份	15223.58	12206.54	12028.03	11701.06	12667.17	12928.3	11390.87
订销杂志累计数	万份	1808.84	847.07	820.72	746.13	656.61	654.29	614.80
四、快递服务								
快递业务量	万件	8681.83	13469.58	18675.84	26028.21	33133.73	44407.97	64122.94
# 国内同城快递	万件	1741.53	2162.76	4126.98	5769.55	8371.62	11872.31	13497.03
国内异地快递	万件	6774.96	10913.21	14061.64	19648.29	23639.65	31034.05	49487.87
国际及港澳台快递	万件	165.34	393.61	487.22	610.36	1122.46	1501.61	1147.04
快递业务收入	万元	129107	165977	198518	282125	364503	442471	584240
# 同城	万元	12231	14446	34700	37429	62772	84645	74398
异地	万元	95004	111194	110111	158756	189115	242598	328011
国际及港澳台	万元	11660	16405	19995	25533	37184	41719	46008

11－6　民用车辆拥有量(2019 年)

单位:辆

指　　标	总　　计	营　运	非营运	总计中: #进口	#个人	#新注册
合　　计	**3042919**	**165116**	**2837950**	**197095**	**2725364**	**304373**
一、汽车	2648012	152425	2494030	195354	2384485	284130
1. 载客汽车	2487280	58355	2427368	194718	2275818	266977
大型	18341	15540	2591	92	31	2097
中型	5324	554	3423	182	541	219
小型	2452732	42061	2410671	192545	2265342	264497
微型	10883	200	10683	1899	9904	164
在载客汽车中:轿车	1604888	41495	1563393	72518	1478917	161199
2. 载货汽车	143553	91140	52413	551	99478	15411
重型	39703	38199	1504	238	21143	3829
中型	5396	4458	938	1	3645	221
轻型	98391	48472	49919	312	74629	11361
微型	63	11	52		61	
在载货汽车中:普通载货	53941	16504	37437	294	43575	5185
3. 其他汽车	17179	2930	14249	85	9189	1742
# 三轮汽车	93	25	68		93	
低速货车	1707	954	753		1687	
三、摩托车	343820	215	343605	1739	338089	15574
1. 普通	342003	215	341788	1739	336272	15553
2. 轻便	1817		1817		1817	21
四、拖拉机	29120					876
五、挂车	12791	12476	315	2	2790	3479
六、其他类型车	9176					314

注:2019 年全市机动车驾驶员 3298712 人,其中:汽车驾驶员 3202019 人。

12 国内外贸易、对外经济和旅游

长沙统计年鉴

12－1　历年社会消费品零售总额

单位:万元

年　份	全　市	市　区	县　区
1978	77191	45539	31652
1979	95027	56574	38453
1980	112891	66721	46170
1981	123518	73330	50188
1982	133437	77260	56177
1983	150016	88953	61063
1984	184280	113789	70491
1985	243928	159701	84227
1986	284219	187672	96547
1987	335287	222449	112838
1988	441905	299143	142762
1989	482953	331689	151264
1990	513871	363110	150761
1991	564467	404684	159783
1992	649946	469391	180555
1993	835459	592123	243336
1994	1159079	858308	300771
1995	1655077	1256370	398707
1996	1924013	1478084	445929
1997	2229804	1730180	499624
1998	2507440	1969477	537963
1999	2854019	2267977	586042
2000	3321613	2669100	652513
2001	3823830	3105442	718388
2002	4379470	3602472	776998
2003	5057128	3940616	1116512
2004	5943647	4633177	1310470
2005	6912442	5199309	1713133
2006	8079595	6060923	2018672
2007	9715761	7287745	2428016
2008	11813109	8801598	3011511
2009	13573325	10034272	3539053
2010	16220858	11799069	4421789
2011	19505532	14638919	4866613
2012	22231254	16573985	5657269
2013	25284617	18712375	6572242
2014	28314880	20683590	7631290
2015	31502425	22605983	8896441
2016	34819847	24583066	10236781
2017	38222477	26627789	11594688
2018	41692424	28814181	12878244
2019	45894043	31686226	14207817

注:根据第四次全国经济普查结果对 1993－2019 年社会消费品零售总额进行了调整。由于 2003 年以前未进行区域统计,故未对 2003 年以前市区、县区分组数据进行调整。1993－2002 年全市数据与市区、县区分组数据之和存在差异。

12－2 分行业社会消费品零售总额

单位：万元

年份	全市	批发零售业	住宿餐饮业	其他
1993	835459	622920	46608	165931
1994	1159079	868057	79121	211901
1995	1655077	1278041	100585	276451
1996	1924013	1464289	121422	338302
1997	2229804	1721170	159386	349248
1998	2507440	1887088	237897	382455
1999	2854019	2103875	323298	426846
2000	3321613	2444695	382903	494015
2001	3823830	3308505	478511	36813
2002	4379470	3771819	568728	38923
2003	5057128	4324156	688413	44559
2004	5943647	5065323	826946	51378
2005	6912442	5827325	1020732	64385
2006	8079595	6813635	1193443	72517
2007	9715761	8187983	1446195	81583
2008	11813109	9956699	1763593	92817
2009	13573325	11504156	1965279	103890
2010	16220858	14411005	1809853	
2011	19505532	17359190	2146342	
2012	22231254	19813380	2417874	
2013	25284617	22763498	2521119	
2014	28314880	25626829	2688051	
2015	31502425	28563406	2939019	
2016	34819847	31605585	3214262	
2017	38222477	34717779	3504698	
2018	41692424	37568788	4123636	
2019	45894043	41491804	4402239	

注：根据第四次全国经济普查结果对1993－2019年社会消费品零售总额进行了调整。因方法制度改革，从2010年开始取消行业分组中的“其他”。

12-3 限额以上批发和零售业法人企业商品购进、销售和库存(2019年)

单位:万元

指标	购进总额	销售总额	#通过公共网络实现的销售额	批发	零售	#通过公共网络实现的销售额	年末库存总额
总计	**53515196**	**52622460**	**4857836**	**35342174**	**17098609**	**1934370**	**3656303**
一、批发业	38958110	35777461	2984162	34144010	1453734	130333	2374542
1.按登记注册类型分组							
内资企业	32750179	34966237	2922222	33430838	1355682	78114	2111817
国有企业	932412	1371540	1219684	1371540			36681
有限责任公司	15724725	16924664	1275155	16365331	540756	8028	1037467
股份有限公司	2066083	881766	3059	798854	1752		190730
私营企业	14026959	15788268	424324	14895114	813174	70086	846938
港、澳、台商投资企业	257175	575070	61940	496215	78855	52219	31608
外商投资企业	5950756	236154		216957	19197		231118
2.按国民经济行业分组							
农、林、牧、渔产品批发	605724	731947	2524	717451	14497		74964
食品、饮料及烟草制品批发	3515742	4599625	1255866	4322486	261082	17927	442471
纺织、服装及家庭用品批发	1390451	1572337	34537	1370566	200996	10609	185825
文化、体育用品及器材批发	1563848	1727026	27820	1636330	89169	9378	109951
医药及医疗器材批发	6823203	7598866	223106	7384426	171113	17272	608795
矿产品、建材及化工产品批发	19892998	13678549	1258005	13186288	381574		727533
机械设备、五金产品及电子产品批发	4450347	4889901	93224	4728381	157461	3112	182134
其他批发业	715796	979210	89082	798084	177843	72035	42868
二、零售业	14557086	16844999	1873674	1198164	15644875	1804037	1281761
1.按登记注册类型分组							
内资企业	12326505	14059711	1789324	1142568	12915182	1719687	1134767
国有企业	3631	6349	920		6349	920	3023
集体企业	11163	11762		1767	9995		442
有限责任公司	3408480	4046491	263263	540849	3505642	259347	380848
股份有限公司	1578424	1693117	99218	167930	1525188	61698	104223
私营企业	7324807	8301992	1425923	432023	7868008	1397723	646232
港、澳、台商投资企业	717364	845314	62371		845314	62371	72774
外商投资企业	1513217	1939975	21980	55596	1884379	21980	74220
2.按国民经济行业分组							
综合零售	2482640	2823127	119263	149281	2673846	81843	275776
食品、饮料及烟草制品专门零售	260243	321417	37413	36323	285094	32176	24128
纺织、服装及日用品专门零售	463223	574055	18077	36113	535982	17977	100678
文化、体育用品及器材专门零售	481314	708863	21117	27648	681215	21097	120520
医药及医疗器材专门零售	525026	683186	73314	107680	575507	73314	93806
汽车、摩托车、零配件和燃料及其他动力销售	8133932	9143493	139226	697585	8445909	127217	576249
家用电器及电子产品专门零售	669111	752296	101609	86100	666196	98770	33156
五金、家具及室内装饰材料专门零售	216008	245649	2825	24384	221265	2138	12794
货摊、无店铺及其他零售业	1325588	1592912	1360832	33051	1559862	1349508	44655

12－4　限额以上住宿和餐饮业法人企业经营情况(2019年)

单位:万元

指　　标	营业额	客房收入	餐费收入	商品销售收入	其他营业收入
总　　计	**1232355**	**243494**	**871805**	**41377**	**75679**
一、住宿业	439138	217962	155049	12040	54087
1. 按登记注册类型分组					
内资企业	427661	210831	151032	12040	53758
国有企业	23050	8410	10243	269	4129
集体企业	9581	2800	3033	3265	484
有限责任公司	189344	79537	73163	5250	31394
股份有限公司	16096	7640	6631	27	1799
私营企业	189589	112444	57963	3229	15953
港、澳、台商投资企业	11478	7131	4017		329
2. 按国民经济行业分组					
旅游饭店	330763	145172	130425	9313	45853
一般旅馆	81101	58473	16793	941	4894
民宿服务	1432	812	434	105	80
露营地服务	2746	528		1656	562
其他住宿业	23097	12977	7396	26	2698
二、餐饮业	793216	25532	716756	29337	21592
1. 按登记注册类型分组					
内资企业	587176	25532	513892	28799	18953
国有企业	3546	159	3388		
有限责任公司	91051	5055	80936	2120	2940
股份有限公司	5745		5675	70	
私营企业	486833	20318	423893	26609	16012
港、澳、台商投资企业	2272		2272		
外商投资企业	203768		200592	538	2639
2. 按国民经济行业分组					
正餐服务	478075	25532	412420	26134	13989
快餐服务	310036		300246	2281	7509
饮料及冷饮服务	3367		2376	921	70
其他餐饮业	1738		1714		25

12－5 限额以上零售业、住宿业和餐饮业连锁经营情况(2019年)

指　　标	单　位	合　计		直营店		加盟店	
		2019年	2018年	2019年	2018年	2019年	2018年
门店数	个	6496	5851	4511	3906	1985	1945
年末零售营业面积	m^2	3073150	3094155	2948061	2960932	125089	133223
年末餐饮营业面积	m^2	457354	441498	153988	143226	303366	298272
餐位数	个	176327	171757	56544	53114	119783	118643
年末从业人员数	人	77340	74387	58267	55842	19073	18545
商品购进(采购)总额	万元	5230860	5128662	5068368	4993206	162491	135456
商品销售总额	万元	5670753	5531724	5488430	5401019	182323	130705
# 零售额	万元	4486754	5351854	4317496	5233552	169259	118303
营业额	万元	540034	504273	357245	301924	182789	202349
# 商品销售额及餐费收入	万元	536590	504274	354464	301924	182126	202350

12－6 限额以上批发企业主要财务状况(2019年)

指　　标	法人企业数(个)	#执行《2006年企业会计准则》企业数(个)	流动资产合计	#存货	固定资产原价
总　　计	**1152**	**704**	**13129088**	**2264247**	**1347836**
1. 按登记注册类型分组					
内资企业	1137	692	12818389	2224566	1303328
国有企业	2	2	244722	34571	148406
有限责任公司	174	134	7072613	1158009	638422
股份有限公司	15	13	646884	187593	77729
私营企业	946	543	4854170	844392	438770
港、澳、台商投资企业	6	5	267496	31955	9738
外商投资企业	9	7	43204	7726	34771
2. 按国民经济行业分组					
农、林、牧、渔产品批发	28	18	278894	76134	69639
食品、饮料及烟草制品批发	136	89	2068629	607555	645469
纺织、服装及家庭用品批发	89	46	715823	174833	59204
文化、体育用品及器材批发	137	86	416840	90215	56017
医药及医疗器材批发	150	95	3813845	604850	214957
矿产品、建材及化工产品批发	405	253	4415642	493738	217051
机械设备、五金产品及电子产品批发	184	106	1158643	175534	68489
其他批发业	23	11	260774	41387	17009

单位:万元

累计折旧	#本年折旧	资产总计	流动负债合计	负债合计	所有者权益合计	#实收资本
472986	**73978**	**16753287**	**10612578**	**12129161**	**5221551**	**2472091**
452854	70710	16393141	10395943	11896318	5094247	2448833
100347	6683	444370	47376	47472	396898	9740
185629	25382	9110699	6083821	6954244	2152534	1276831
41064	1808	1074336	600164	682600	998170	191282
125815	36837	5763736	3664582	4212002	1546646	970980
3963	1571	282001	189060	189072	92929	4372
16169	1697	78145	27575	43771	34375	18886
38620	2648	390318	210439	217401	172917	114497
223380	23959	3401123	1699415	2258707	1140637	313914
13765	4634	829597	615974	690576	138465	56442
21163	3620	487989	259494	302201	185788	77735
62793	15402	4171496	3236893	3331913	837565	466654
78132	15917	5633492	3398450	4032747	2203443	1174465
27322	6715	1533823	1000306	1093068	439933	141045
7813	1082	305449	191607	202548	102805	127338

12－6 续表

指　　标	营业收入	#主营业务收入	营业成本	税金及附加	销售费用
总　　计	**32003374**	**31779439**	**29139954**	**227419**	**1259036**
1. 按登记注册类型分组					
内资企业	31281091	31060399	28679024	223878	1106651
国有企业	1213628	1208711	851193	147824	26924
有限责任公司	15175493	15011908	14366672	24903	437585
股份有限公司	795269	792129	655537	2546	40500
私营企业	14096702	14047651	12805622	48606	601643
港、澳、台商投资企业	508364	505191	256829	3286	148899
外商投资企业	213918	213850	204101	254	3486
2. 按国民经济行业分组					
农、林、牧、渔产品批发	690142	684360	689924	571	19698
食品、饮料及烟草制品批发	4232490	4089036	3517013	157645	248230
纺织、服装及家庭用品批发	1436695	1429755	1285813	3200	94520
文化、体育用品及器材批发	1549055	1536821	1359549	13460	42001
医药及医疗器材批发	6750475	6730545	6035579	16538	318222
矿产品、建材及化工产品批发	12102490	12078828	11500001	24295	223018
机械设备、五金产品及电子产品批发	4384027	4372428	4052270	5853	215519
其他批发业	858000	857667	699806	5858	97829

单位:万元

管理费用	财务费用	#利息费用	营业利润	利润总额	应付职工薪酬（本年贷方累计发生额）	应交增值税
529142	**191013**	**178095**	**803512**	**829356**	**545446**	**380608**
494351	191409	177883	726204	751789	479774	351983
39177	-4064	4	154539	154884	36414	49243
151313	115019	92080	187108	197035	161655	92974
24463	9830	12580	86491	88219	28209	13671
279399	70624	73219	298066	311651	253496	196095
32504	-823	5	73500	73731	57317	27819
2287	426	207	3809	3835	8356	806
14333	3854	3493	1934	7826	14707	3865
117707	33213	9299	232348	239450	117648	87190
37541	2872	4123	21541	22815	46971	17260
27791	3017	3617	60943	61102	33223	26374
140634	60700	62103	172606	171839	145476	100278
109976	77372	85021	232354	231602	84778	72842
58035	8649	8992	44656	48880	65215	32652
23126	1336	1447	37131	45841	37428	40148

12－7　限额以上零售企业主要财务状况(2019年)

指　　标	法人企业数（个）	#执行《2006年企业会计准则》企业数(个)	流动资产合计	#存货	固定资产原价
总　　计	**1022**	**695**	**5712233**	**1668186**	**2086784**
1.按登记注册类型分组					
内资企业	996	672	5004079	1492066	1619335
国有企业	2	2	8042	2532	3561
集体企业	2	1	11467	241	11439
有限责任公司	154	119	1697153	310172	386123
股份有限公司	13	8	1243821	603212	733520
私营企业	825	542	2043597	575910	484692
港、澳、台商投资企业	12	12	497289	70359	161295
外商投资企业	14	11	210865	105762	306153
2.按国民经济行业分组					
综合零售	97	70	1603170	697092	990471
食品、饮料及烟草制品专门零售	74	48	86912	20262	32522
纺织、服装及日用品专门零售	45	26	288164	97837	24311
文化、体育用品及器材专门零售	52	37	690707	109245	137010
医药及医疗器材专门零售	22	16	596688	94532	99041
汽车、摩托车、零配件和燃料及其他动力销售	455	321	1773454	568542	728863
家用电器及电子产品专门零售	104	71	287870	32994	30398
五金、家具及室内装饰材料专门零售	74	47	54346	11693	8616
货摊、无店铺及其他零售业	99	59	330923	35990	35553

单位:万元

累计折旧	#本年折旧	资产总计	流动负债合计	负债合计	所有者权益合计	#实收资本
775358	**137813**	**9780304**	**5282648**	**6283185**	**3478163**	**2506788**
606630	109895	8110514	4474634	5351978	2739580	2099579
2902	176	15099	4750	7843	7257	4348
733	56	22993	13570	13666	9327	1113
135803	25016	2424857	1581063	1700702	723879	466670
275888	34433	2740798	918088	1548129	1192670	75030
191304	50214	2906767	1957162	2081638	806448	1552417
32708	14135	1001802	507326	579151	422651	87105
136019	13783	667989	300688	352056	315933	320105
373257	61986	3453685	1446204	2138574	1314984	372635
9597	2006	136357	66946	83263	52944	29519
10228	4224	322073	266035	270218	51132	31066
68868	7058	1002603	578678	596679	405842	185503
16469	9964	1072582	524948	599079	473503	76581
265512	45863	2974629	1859561	2032671	932959	1662272
10864	3641	325392	223285	235517	88430	47840
2535	812	93618	40580	43727	48002	14268
18028	2261	399365	276412	283458	110368	87106

12－7 续表

指　　标	营业收入	#主营业务收入	营业成本	税金及附加	销售费用
总　　计	**15528763**	**14993845**	**13290731**	**80887**	**1207637**
1. 按登记注册类型分组					
内资企业	13113459	12647444	11241782	71365	1005245
国有企业	5779	5779	3846	43	387
集体企业	11717	10559	9528	100	793
有限责任公司	3745680	3681805	3163194	14358	303098
股份有限公司	1836542	1526001	1490483	26347	116639
私营企业	7513740	7423300	6574731	30518	584329
港、澳、台商投资企业	804939	783551	613096	4532	97750
外商投资企业	1610364	1562850	1435854	4990	104642
2. 按国民经济行业分组					
综合零售	2906847	2538707	2283573	35199	306277
食品、饮料及烟草制品专门零售	290983	288277	234395	1573	32275
纺织、服装及日用品专门零售	516107	512156	378099	1972	89406
文化、体育用品及器材专门零售	700413	691012	475933	3413	81306
医药及医疗器材专门零售	661002	651564	466448	2350	119434
汽车、摩托车、零配件和燃料及其他动力销售	8089611	7972066	7492897	26331	288050
家用电器及电子产品专门零售	670380	668007	593382	2491	44077
五金、家具及室内装饰材料专门零售	218334	217917	180879	2694	10449
货摊、无店铺及其他零售业	1475087	1454139	1185128	4866	236363

单位:万元

管理费用	财务费用	#利息费用	营业利润	利润总额	应付职工薪酬（本年贷方累计发生额）	应交增值税
525131	**82419**	**49036**	**449514**	**451184**	**636385**	**210179**
448049	77571	42604	328085	335797	535712	176070
832	19	0	697	674	1618	212
996	-120	2	398	333	907	188
144367	6920	9800	115596	117376	202062	43773
99379	34276	5711	101774	101833	71916	23666
202476	36476	27092	109619	115581	259209	108232
33211	2669	4608	99166	92735	54701	18462
43871	2179	1824	22263	22652	45972	15647
177634	36353	7734	92609	86114	165242	42962
14640	1034	858	4442	8209	23547	6443
30155	1352	753	18041	17866	40378	13119
64588	-4477	597	80480	79756	83893	3200
36581	4053	4151	88793	89485	69739	20009
135438	40866	32033	133626	137078	171354	89616
20968	1580	1293	8419	8602	22803	9815
10438	696	563	11977	11984	8008	6014
34689	961	1053	11128	12090	51422	19001

12－8 限额以上住宿企业主要财务状况(2019年)

指　标	法人企业数(个)	#执行《2006年企业会计准则》企业数(个)	流动资产合计	#存货	固定资产原价
总　计	**184**	**118**	**922393**	**14145**	**1092041**
1.按登记注册类型分组					
内资企业	183	117	917290	14060	1090076
国有企业	7	6	26687	501	59750
集体企业	1	1	10956	201	9957
有限责任公司	47	37	199346	7810	655310
股份有限公司	3	2	503050	363	60243
私营企业	125	71	177251	5184	304816
港、澳、台商投资企业	1	1	5103	85	1965
2.按国民经济行业分组					
旅游饭店	81	59	363914	12030	899078
一般旅馆	92	50	47696	1609	125417
民宿服务	3	2	1294	37	1174
露营地服务	1	1	3469		2232
其他住宿业	7	6	506021	469	64139

单位:万元

累计折旧	#本年折旧	资产总计	流动负债合计	负债合计	所有者权益合计	#实收资本
536474	**41912**	**1912424**	**884391**	**1207832**	**702400**	**535513**
536095	41554	1905735	881458	1204899	698644	530448
28455	1920	59387	17381	35111	24276	18882
9227	255	12391	3815	3815	8576	3500
312378	22208	727680	287320	377792	349887	287736
41844	1444	661698	310504	374259	287440	105272
144192	15727	444580	262439	413922	28465	115058
379	358	6689	2933	2933	3756	5066
456227	33457	1052118	403528	643738	408380	380073
38503	6409	181535	162845	179220	123	45913
285	84	2619	2086	2086	533	310
785	276	5165	1802	1802	3363	2000
40675	1687	670987	314131	380986	290001	107218

12－8 续表

指　　标	营业收入	#主营业务收入	营业成本	税金及附加	销售费用
总　　计	**414583**	**407746**	**150697**	**8900**	**102531**
1. 按登记注册类型分组					
内资企业	403762	396925	143852	8892	101683
国有企业	22146	21360	7623	332	3906
集体企业	9041	9041	2245	32	2781
有限责任公司	179800	177229	57790	5987	42739
股份有限公司	15234	14994	8999	519	593
私营企业	177542	174301	67195	2022	51664
港、澳、台商投资企业	10821	10821	6845	8	848
2. 按国民经济行业分组					
旅游饭店	311373	307547	105689	7044	77898
一般旅馆	76835	74916	33121	1329	20889
民宿服务	1785	1785	787	4	90
露营地服务	2759	2744	1186	5	284
其他住宿业	21832	20754	9914	518	3370

单位:万元

管理费用	财务费用	#利息费用	营业利润	利润总额	应付职工薪酬（本年贷方累计发生额）	应交增值税
159481	**23560**	**21746**	**10273**	**-7471**	**123528**	**10997**
156370	23694	21881	10130	-7652	119867	10970
10267	-450	50	429	586	7507	664
3182	24	1	900	917	1358	266
74274	8140	7078	-48	1648	55171	5051
8165	3393	2587	23496	3584	7071	220
60483	12587	12165	-14647	-14388	48761	4770
3111	-135	-135	143	181	3661	27
122099	18608	17771	-9232	-7362	92264	8462
25720	1486	1343	-5508	-5320	22297	2128
531	6	5	385	460	217	59
673	35	35	576	606	646	41
10459	3425	2592	24052	4145	8104	307

12－9 限额以上餐饮企业主要财务状况(2019年)

指　　标	法人企业数（个）	#执行《2006年企业会计准则》企业数(个)	流动资产合计	#存货	固定资产原价
总　　计	**261**	**152**	**190833**	**14414**	**255081**
1.按登记注册类型分组					
内资企业	256	150	181234	12587	204985
国有企业	2	2	934	188	1968
有限责任公司	34	23	32807	1334	32582
股份有限公司	3	1	10157	7	200
私营企业	217	124	137336	11058	170236
港、澳、台商投资企业	2		1148	21	113
外商投资企业	3	2	8451	1807	49983
2.按国民经济行业分组					
正餐服务	242	145	168819	11245	175952
快餐服务	13	7	20066	3096	78562
饮料及冷饮服务	4		1659	35	257
其他餐饮业	2		290	38	310

单位:万元

累计折旧	#本年折旧	资产总计	流动负债合计	负债合计	所有者权益合计	#实收资本
126887	**18109**	**479904**	**262275**	**340560**	**137340**	**135964**
106707	15563	408877	220232	294447	112427	131560
1140	322	1960	1640	2203	-243	558
17102	2703	63732	37273	39241	24491	13421
134	40	11297	1903	13946	-2650	300
88332	12498	331889	179417	239056	90829	117281
61	33	1738	309	309	1430	752
20119	2512	69289	41735	45805	23484	3652
91052	13215	367921	201408	272000	93918	118164
35386	4731	109065	59678	67319	41747	16703
166	131	2470	1069	1069	1401	707
282	32	448	120	173	275	390

12－9 续表

指　　标	营业收入	#主营业务收入	营业成本	税金及附加	销售费用
总　　计	**752220**	**743721**	**414902**	**7480**	**188153**
1. 按登记注册类型分组					
内资企业	558186	549748	316990	7074	135409
国有企业	3448	3448	2260	199	1020
有限责任公司	87584	87176	53675	753	21721
股份有限公司	5420	5420	3350	33	129
私营企业	461734	453703	257705	6089	112539
港、澳、台商投资企业	2178	2178	665	4	1145
外商投资企业	191856	191795	97247	402	51600
2. 按国民经济行业分组					
正餐服务	455223	446749	263356	6899	96540
快餐服务	292077	292052	149523	569	89322
饮料及冷饮服务	3232	3232	1424	9	1465
其他餐饮业	1688	1688	599	3	826

单位:万元

管理费用	财务费用	#利息费用	营业利润	利润总额	应付职工薪酬（本年贷方累计发生额）	应交增值税
81218	**10146**	**7016**	**47922**	**50709**	**152985**	**11708**
63120	9968	6895	22704	25585	115685	10350
1791	16	3	-1835	-167	1103	29
7882	53	193	3595	3552	20737	1184
1894	1030	1028	-1017	-1011	589	125
51553	8869	5671	21961	23212	93256	9011
303	0	1	609	618	674	81
17794	178	121	24609	24506	36626	1278
58808	7028	5950	20473	23391	97498	9748
21725	3110	1061	27000	26854	54121	1802
281	1	1	601	612	991	121
404	7	5	-152	-147	374	38

12－10 亿元以上商品交易市场基本情况（按市场类别分组）（2019 年）

指　　标	市场数量（个）	总摊位数（个）	年末出租摊位数（个）	营业面积（m^2）	成交额（万元）
总　　计	**56**	**60087**	**45602**	**5276575**	**27735945**
1. 综合市场	10	20987	18600	1901582	12057276
综合贸易市场	10	20987	18600	1901582	12057276
工业消费品综合市场	4	13378	11110	861323	8389598
农产品综合市场	2	5186	5186	870650	3488519
其他综合市场	4	2423	2304	169609	179159
2. 专业市场	46	39100	27002	3374993	15678669
生产资料市场	12	17375	6250	1088007	5823832
建材市场	7	12738	2092	808810	278288
化工材料及制品市场	2	1145	674	70880	305344
金属材料市场	1	2150	2150	180000	5100000
机械设备市场	1	682	682	4200	120000
其他生产资料市场	1	660	652	24117	20200
农产品市场	3	3502	3492	160779	4980457
水产品市场	2	3216	3206	158579	4965874
蔬菜市场	1	286	286	2200	14583
食品、饮料及烟酒市场	1	312	301	7600	20305
烟酒市场	1	312	301	7600	20305
纺织、服装、鞋帽市场	7	5412	5325	165000	241038
服装市场	7	5412	5325	165000	241038
日用品及文化用品市场	2	485	475	26185	208876
文具市场	1	65	60	13000	26500
图书、报刊杂志市场	1	420	415	13185	182376
黄金、珠宝、玉器等首饰市场	1	50	50	20000	471578
电器、通讯器材、电子设备市场	4	2111	1301	49250	190251
通讯器材市场	1	450	146	1250	12600
计算机及辅助设备市场	3	1661	1155	48000	177651
家具、五金及装饰材料市场	11	7492	7447	1012301	1571808
家具市场	2	296	296	48000	23265
装饰材料市场	6	5471	5442	627177	1205843
五金材料市场	3	1725	1709	337124	342700
汽车、摩托车及零配件市场	4	1903	1903	735871	1918464
汽车市场	1	255	255	710667	1821100
摩托车市场	1	127	127	2800	26654
机动车零配件市场	2	1521	1521	22404	70710
花、鸟、鱼、虫市场	1	458	458	110000	252060
花卉市场	1	458	458	110000	252060

12－11 亿元以上商品交易市场基本情况(按摊位类别分组)(2019年)

指　　标	年末出租摊位个数(个)	成交额(万元)
总　　计	**45602**	**27735945**
1. 粮油、食品类	10006	9672867
2. 饮料类	578	283565
3. 烟酒类	1667	1345206
4. 服装、鞋帽、针纺织品类	6123	727924
5. 化妆品类	189	61951
6. 金银珠宝类	93	475777
7. 日用品类	1659	1071443
8. 五金、电料类	2786	1720355
9. 体育、娱乐用品类	140	81994
10. 书报杂志类	348	123754
11. 电子出版物及音像制品类	109	60335
12. 家用电器和音像器材类	1296	416804
13. 中西药品类	221	260401
14. 文化办公用品类	1590	705010
15. 家具类	1095	268808
16. 通讯器材类	382	55919
18. 木材及制品类	311	11437
19. 石油及制品类	241	9311
20. 化工材料及制品类	420	154418
21. 金属材料类	2275	5106004
22. 建筑及装潢材料类	8675	1899150
23. 机电产品及设备类	1372	414461
24. 汽车类	2163	2248659
25. 种子饲料类	8	312
26. 棉麻类	39	3100
27. 其他类	1816	556980

12－12 利用外商直接投资

单位:万美元

项 目	项目个数		实际利用外资	
	2019 年	2018 年	2019 年	2018 年
合 计	**281**	**329**	**637366**	**577995**
一、按行业分				
1. 农、林、牧、渔业	1	2		
2. 制造业	40	71	217378	220726
3. 电力、燃气及水的生产和供应业	4	2	262	5606
4. 建筑业	4	5	11279	9095
5. 交通运输、仓储和邮政业	95	14	58391	25070
6. 信息传输、计算机服务和软件业	10	11	19517	6845
7. 批发和零售业	10	97	3883	65875
8. 住宿和餐饮业	17	41	17222	10004
9. 金融业	12	21	71888	67830
10. 房地产业	13	16	207701	106981
11. 租赁和商务服务业	31	27	21949	54434
12. 科学研究、技术服务和地质勘查业	17	13	1944	2948
13. 水利、环境和公共设施管理业	1			40
14. 居民服务和其他服务业	4	3	3999	964
15. 教育	6	1	880	
16. 卫生、社会保障和社会福利业	1	1	5	
17. 文化、体育和娱乐业	14	4	1068	1577
18. 公共管理、社会保障和社会组织	1			
二、按企业类型分				
中外合资企业	86	102	153292	199945
中外合作企业		5	7683	19468
外资企业	180	205	454796	341959
外商投资股份制	15	17	21595	16623
二、按主要国别(地区)分				
# 香港	131	176	523898	426565
台湾省	36	27	9144	4587
美国	14	13	3649	10957
新加坡	8	2	7355	5422
英属维尔京群岛	3	6	24768	5908
日本	7	14	5022	35612
韩国	5	8	5229	7372
澳大利亚	3	6	30	5051
意大利	3	20	4	9605
加拿大	2	3	61	
英国	6	4	1930	13
德国	4	9	1736	26755

12－13 对外贸易进出口总值

单位:万美元、万元人民币

项 目	2012 年	2013 年	2014 年	2015 年	2016 年	2017 年	2018 年	2019 年
进出口总额	**869252**	**989253**	**7579373**	**8055535**	**7267050**	**9380209**	**12833395**	**20024105**
1. 出口	517382	616591	5336520	5374214	4857448	5878919	8231473	13972895
2. 进口	351870	372662	2242853	2681321	2409602	3501290	4601922	6051210

注:2014 年以前数据计量单位为万美元,2014 年开始计量单位为万元人民币。

12－14 主要进出口商品总值

单位:万元

指标	2014年		2015年		2016年		2017年	
	出口	进口	出口	进口	出口	进口	出口	进口
一、机电产品	2641536	1226510	3311894	1785246	2626610	1568634	3222001	2233091
# 金属制品	299366	25150	268925	33475	266871	43184	286761	52784
机械设备	681956	476514	638252	352680	645313	542247	762070	706368
电器及电子产品	965298	405481	1751773	1132930	1224930	436598	1640566	775508
运输工具	422198	184251	422731	133790	321133	378129	330026	441948
仪器仪表	56342	125300	55768	120911	59271	150508	87402	220203
二、高新技术产品	937319	458970	1585061	1051492	1100149	586303	1459262	936143
# 生物技术	1330		4697		5547		920	
生命科学技术	80478	21272	67370	24335	74174	25880	83382	29552
光电技术	11994	79181	6743	29561	8903	44853	7435	63324
计算机与通信技术	657867	41342	722024	67776	872080	117584	1131000	95764
电子技术	158182	166219	768627	810555	109218	259909	191805	478720
计算机集成制造技术	23757	128760	12520	94974	26672	121488	35308	243778
航空航天技术	2302	21432	1414	22766	2091	14093	1586	15705
三、农产品	228175	76131	249946	104661	278852	203570	309765	309151

12－14 **续表**

指标	2018年		2019年	
	出口	进口	出口	进口
一、机电产品	4148504	2892566	6986085	3389854
# 金属制品	547178	40149	853539	63467
机械设备	889916	765391	1271221	602615
电器及电子产品	1878393	1075512	3236559	1667898
运输工具	341541	512949	376159	562882
仪器仪表	215756	425129	551596	402877
二、高新技术产品	1670641	1467462	2939167	1991402
# 生物技术	1493		2390	31
生命科学技术	100487	30105	177160	28341
光电技术	13515	130980	35230	75902
计算机与通信技术	1285484	183451	1982438	164030
电子技术	209563	741425	598789	1397576
计算机集成制造技术	48687	243252	99074	157845
航空航天技术	1882	22745	3387	24983
三、农产品	320353	481323	321395	899176

注:2014年以前数据计量单位为万美元,2014年开始计量单位为万元人民币。

12－15 进出口商品主要产销国别(地区)总值

单位:万元

国家(地区)	2019年		2019年比2018年±%	
	出口	进口	出口	进口
合　　计	**11341098**	**4715689**	**37.8**	**8.4**
#德　国	347985	516464	66.0	28.0
法　国	113096	21796	76.3	－29.5
英　国	339319	24410	138.4	－15.7
意大利	142140	42083	32.6	－61.2
西班牙	131603	19874	89.9	－30.7
比利时	115092	17112	152.0	－30.0
荷　兰	266305	276486	61.5	43.2
印度尼西亚	253629	85848	29.5	53.9
马来西亚	486822	75002	133.1	32.5
菲律宾	263843	27369	64.5	43.1
新加坡	484757	50926	231.8	7.2
泰　国	215954	227767	0.6	117.7
越　南	574513	159229	44.4	170.1
美　国	1389128	398485	48.7	0.4
香　港	3144895	5837	109.9	－52.2
韩　国	672412	673862	25.4	73.3
日　本	389726	670602	137.6	－9.9
澳大利亚	151470	265086	44.2	0.7
印　度	322630	22707	40.3	75.3
墨西哥	125058	23512	81.4	－17.8
加拿大	278948	123276	141.3	157.8
台湾省	183207	900225	56.1	61.3
沙特阿拉伯	186832	2143	106.3	42.9
巴　西	131005	28860	35.8	－4.8
俄罗斯联邦	314144	52021	105.9	－56.7
阿联酋	216267	678	49.9	51.7
巴基斯坦	100314	4027	27.5	218.4

12－16 外派劳务按区、县(市)分组

单位:人

项目	2012年	2013年	2014年	2015年	2016年	2017年	2018年	2019年
合计	**10764**	**14354**	**13631**	**16843**	**18274**	**19396**	**19774**	**33274**
芙蓉区	716	1441	1121	4183	4335	4415	2185	1455
天心区	665	600	509	1323	1078	1679	1935	1443
岳麓区	553	518	432	398	513	989	1382	1777
开福区	743	977	1761	2349	4051	1108	1876	1961
雨花区	712	1134	1930	826	670	642	916	9862
望城区	993	1560	1657	982	1075	2889	655	6675
长沙县	663	1030	1329	1007	1039	760	807	1098
浏阳市	1260	1849	1105	1282	1977	1085	1251	1478
宁乡市	1200	1662	1579	1431	1681	2404	2858	3454
长沙高新区	434	461	270	655	550	1690	2120	1800
长沙经开区	425	438	1172	906	442	558	2098	511
宁乡经开区		254	249	307	171	237	440	403
浏阳经开区		205	517	590	442	629	503	76
望城经开区				604	250	311	748	1281
其他	2400	2225						

说明:2013年,我市新增了两家外派劳务考核单位,即宁乡经开区,浏阳经开区。2015年新增望城经开区。“其他”栏目统计的是省属企业外派劳务人数,2014年以后数据不含“其他”。

12－17 旅游业基本情况

项　　目	单　位	2012 年	2013 年	2014 年	2015 年	2016 年	2017 年	2018 年	2019 年
一、接待旅游者总人数	万人次	8088.1	9602.3	10607.3	11721.3	12450	14218.8	14973.5	16832.6
接待国内游客	万人次	7982.9	9485.4	10487.1	11601	12328.5	14089.6	14843.1	16699.6
接待海外游客	人次	1051912	1169711	1202016	1203141	1215203	1292000	1303686	1329766.0
外国人	人次	650966	716129	732960	690102	692827	713834	703576	664640.0
港澳台胞	人次	399946	453582	469056	513039	522376	578166	600110	665126.0
二、旅游业总收入(人民币)	亿元	783.1	1006.3	1192.1	1351.5	1534.8	1659.9	1808	2029.0
国内旅游收入(人民币)	亿元	741.1	958	1143.6	1302.6	1482	1625	1767	1983.4
旅游创汇(美元)	万美元	66453	77902	78195	79312	79628	51661	61988	65932.0
三、接待海外旅游者人天数	万人天	378.3	417.6	432.7	412.6	416.7	248.8	323.6	329.1
# 外国人	万人天	234.3	257.7	263.8	248.4	251.1	142.5	178.4	174.7
四、旅行社总数	个	245	245	270	270	290	329	330	420
出境组团社	个	21	22	26	26	52	59	68	68
非出境组团社	个	224	223	244	244	238	270	262	352
五、星级饭店总数	个	83	82	79	74	62	56	46	45
五星级	个	12	12	12	12	9	9	9	10
四星级	个	22	23	25	23	21	21	20	20
三星级	个	41	40	35	32	26	21	17	15
二星级	个	8	7	7	7	6	5		
星级饭店客房总数	间	16453	16441	16126	15098	12639	11755	11003	11001

说明:2017 年开始旅游数据统计口径发生变化。2017 年按照原口径:接待旅游者总人数 13802.3 万人次,接待国内游客 13673.1 万人次;旅游业总收入(人民币)1770.1 亿元,国内旅游收入(人民币)1713.6 亿元,旅游创汇(美元)84519.2 美元;接待海外旅游者 421.7 万人天,其中外国人 255.5 万人天。

12－18 接待国际游客按国别(地区)分

单位:人次

国别(地区)	2012 年	2013 年	2014 年	2015 年	2016 年	2017 年	2018 年	2019 年
接待国际游客总数	1050912	1169711	1202016	1203141	1215203	1292000	1303686	1329766
港澳台胞	399946	453582	469056	513039	522376	578166	600110	665126
港澳同胞	165220	211821	221003	383023	391360	328494	372667	445711
台　胞	234726	241761	248053	130016	131016	249672	227443	219415
外国人	650966	716129	732960	690102	692827	713834	703576	664640
#美　国	50678	56711	56812	42706	43006	28939	42476	30298
日　本	56748	53690	50280	30716	31776	45499	61362	45100
韩　国	307595	346822	357620	391501	368651	71455	120508	180633
加拿大	14011	15550	16038	11709	11800	16458	16944	12966
西班牙	4880	5026	5098	2602	2709	2941	5069	5996
马来西亚	19045	20568	21390	22045	2235	39488	38177	36899
新加坡	23136	25124	27949	20949	19749	21393	20152	26084
德　国	20841	22716	23648	43648	44682	12529	17166	20309
法　国	13453	14663	14855	10842	11263	12475	15969	17265
瑞　典	1988	2186	2309	2862	3051	2783	3712	4352
英　国	20079	22287	22866	17347	18960	14570	22253	20323
澳大利亚	15278	16805	17009	13878	14012	12523	14875	11510
俄罗斯	22052	23154	24637	16071	18268	14039	17184	14991

13 服务业

长沙统计年鉴

13－1 规模以上服务业企业财务状况(2019 年)

指 标	单位数（个）	资产总计	负债合计	所有者权益合计	其中：实收资本
总 计	**1834**	**134234835**	**79577599**	**54657236**	**15757356**
交通运输、仓储和邮政业	228	71955387	47389949	24565438	5028973
铁路运输业	4	4895340	2817523	2077817	2456433
道路运输业	151	64320283	43312099	21008184	1478232
水上运输业	9	112875	65678	47198	64845
航空运输业	3	1411952	488845	923107	818116
管道运输业	1	48263	19763	28500	3885
多式联运和运输代理业	24	131960	78836	53124	30621
装卸搬运和仓储业	26	849216	434725	414491	174847
邮政业	10	185497	172479	13017	1993
信息传输、软件和信息技术服务业	246	4438962	1543934	2895028	1530109
电信、广播电视和卫星传输服务	25	2313555	422082	1891472	835372
互联网和相关服务	58	1062711	546481	516230	434137
软件和信息技术服务业	163	1062697	575371	487326	260601
房地产业	179	2943337	2019833	923504	321249
物业管理	131	712776	563435	149341	97424
房地产中介服务	24	147550	65643	81907	8132
房地产租赁经营	24	2083012	1390755	692256	215693
租赁和商务服务业	395	7934071	3812553	4121519	2191822
租赁业	22	71582	58923	12660	15635
商务服务业	373	7862489	3753630	4108859	2176187
科学研究和技术服务业	267	7478636	4216200	3262436	1608859
研究和试验发展	22	955497	292127	663369	536325
专业技术服务业	222	4950958	2954992	1995966	893274
科技推广和应用服务业	23	1572182	969081	603101	179261
水利、环境和公共设施管理业	80	30497474	16152512	14344961	2859697
生态保护和环境治理业	36	628981	375287	253694	142810
公共设施管理业	31	307571	192392	115179	88161
土地管理业	13	29560922	15584834	13976088	2628726
居民服务、修理和其他服务业	99	332948	252779	80169	39608
居民服务业	44	277933	230066	47866	24737
机动车、电子产品和日用产品修理业	23	25348	9553	15795	5796
其他服务业	32	29667	13160	16508	9075
教育	57	205913	146288	59625	25478
教育	57	205913	146288	59625	25478
卫生和社会工作	73	847962	575423	272539	175540
卫生	71	841651	569854	271797	175530
社会工作	2	6311	5569	742	10
文化、体育和娱乐业	210	7600145	3468128	4132017	1976020
新闻和出版业	29	1982694	316496	1666198	359002
广播、电视、电影和录音制作业	71	4147162	1981062	2166100	1409080
文化艺术业	13	54955	20089	34866	5026
体育	26	74273	42004	32269	29707
娱乐业	71	1341062	1108477	232585	173204

单位:万元

流动资产合计	#应收账款	#存货	固定资产原价	累计折旧	#本年折旧	无形资产	#土地使用权	营业收入
88733900	**4474991**	**18086179**	**20970675**	**5629674**	**935891**	**8953220**	**3275103**	**22085689**
48685639	493117	188614	12024792	1969407	336318	5783808	864109	5224068
81295	5225	7409	4041060	445368	102771	463027	463000	229549
47712015	337846	23114	6205542	985444	154813	4984909	78026	3639913
29144	4226	359	90301	40019	3060	4084	4005	44567
247863	33385	693	1208742	340204	44836	202386	202386	227275
25051	1239	3686	28891	7097	999	365		33385
107244	30730	1815	21554	6655	1693	211		292270
351493	25497	148596	358988	103349	17842	127205	115679	297708
131533	54970	2943	69712	41271	10304	1621	1013	459401
1793585	435068	99222	3781606	2161904	297284	114038	69200	3254634
326566	105381	7556	3426577	2045188	276658	67079	58111	1414999
647124	100804	21257	184461	63069	6163	26427	480	833634
819895	228884	70409	170568	53647	14463	20533	10609	1006001
1319325	254270	69367	740444	192717	36689	216757	206904	904314
580715	184321	15335	105739	42417	6194	129		554877
139127	60104	409	14601	12188	7774	107	56	165729
599484	9845	53623	620104	138112	22722	216520	206848	183707
2744631	288695	205650	1092260	297218	52963	259083	133724	2981130
41805	13742	11781	30862	14107	6416	0		66984
2702826	274954	193870	1061398	283111	46547	259083	133724	2914146
4195154	1040556	293709	970413	322779	55812	233913	180568	3907880
325135	41204	26231	134907	49896	6367	37996	25925	238225
3456361	977203	258239	711654	234780	41496	152029	137847	3601247
413658	22149	9239	123853	38103	7949	43888	16796	68408
24786442	1342024	16852179	575565	53296	12514	1645638	1627267	1801565
291690	83968	68294	80062	18112	6460	34166	17120	204925
189102	28080	51162	39096	15401	3348	4741	4412	140281
24305650	1229976	16732722	456407	19783	2707	1606731	1605735	1456359
236492	20370	36409	54361	17076	3729	1590	317	316906
200058	6810	34753	38577	10655	2454	1268	3	207640
13292	3764	462	8629	3212	596	314	314	33793
23142	9796	1195	7156	3210	679	8		75473
92176	6673	2126	98728	25033	6377	17892	16629	184310
92176	6673	2126	98728	25033	6377	17892	16629	184310
446925	75723	20558	273564	140066	18557	54996	49475	622313
440964	75767	20558	273189	139835	18491	54996	49475	619499
5961	-44		374	232	66			2815
4433532	518496	318344	1358942	450177	115648	625507	126911	2888572
940731	47044	85191	208961	61748	6273	51003	50557	397768
2865221	423960	208767	445980	237636	33819	491170	4832	2083723
30088	1199	594	20560	5790	4318	39		26298
13722	3578	535	57770	22670	3083	12103	11084	63307
583772	42715	23258	625671	122334	68156	71194	60439	317475

13－1 续表

指　　标	营业成本	税金及附加	销售费用	管理费用	财务费用
总　　计	**16253300**	**299129**	**1272326**	**1779569**	**1677998**
交通运输、仓储和邮政业	3623366	75080	48593	293269	1457671
铁路运输业	291316	400	534	7984	114524
道路运输业	2100151	63625	27335	189686	1332864
水上运输业	35392	274	394	4941	211
航空运输业	188577	5037	151	20067	92
管道运输业	22903	117	2844	1044	－178
多式联运和运输代理业	315097	477	5820	11147	975
装卸搬运和仓储业	252251	4337	6862	24798	5873
邮政业	417680	813	4654	33602	3311
信息传输、软件和信息技术服务业	2022218	12781	458299	318615	16444
电信、广播电视和卫星传输服务	892874	3004	135677	76612	6156
互联网和相关服务	496535	3090	231488	114797	8550
软件和信息技术服务业	632810	6688	91134	127207	1737
房地产业	653790	17595	38204	104757	34653
物业管理	443865	4763	10779	72223	1939
房地产中介服务	95503	3931	15663	10862	242
房地产租赁经营	114422	8900	11762	21672	32472
租赁和商务服务业	2383449	29699	166094	225279	50175
租赁业	57845	398	4501	7236	1622
商务服务业	2325604	29301	161593	218044	48553
科学研究和技术服务业	3172909	25143	62676	307841	51382
研究和试验发展	182489	2335	5309	37407	7692
专业技术服务业	2944099	21498	52442	249633	1277
科技推广和应用服务业	46321	1310	4925	20802	42413
水利、环境和公共设施管理业	1538951	104221	10165	50133	54264
生态保护和环境治理业	160778	1965	5776	17371	2237
公共设施管理业	111206	1367	3045	11250	3311
土地管理业	1266967	100889	1344	21513	48716
居民服务、修理和其他服务业	209496	3502	47095	53845	1357
居民服务业	125992	1709	41822	43236	1037
机动车、电子产品和日用产品修理业	23602	1086	2040	3515	107
其他服务业	59902	707	3233	7094	213
教育	125575	1435	8327	30651	2548
教育	125575	1435	8327	30651	2548
卫生和社会工作	394197	468	69732	82475	7227
卫生	392091	467	69674	82176	7200
社会工作	2106		58	298	27
文化、体育和娱乐业	2129350	29206	363142	312704	2278
新闻和出版业	272416	2973	53516	64246	－13730
广播、电视、电影和录音制作业	1595533	14629	253267	192864	－13412
文化艺术业	17452	229	2176	6193	284
体育	40949	1399	4587	9508	879
娱乐业	203000	9976	49596	39893	28256

单位:万元

投资收益	营业利润	营业外收入	营业外支出	利润总额	所得税费用	应付职工薪酬	#社会保险和住房公积金	应交增值税	平均用工人数(人)
396031	**1222516**	**197893**	**102329**	**1315252**	**244173**	**3491047**	**531006**	**417818**	**340589**
52563	73905	78554	15645	136814	69314	769987	140006	71997	79894
	-107099	6072	306	-101334	-782	32628	6541	2629	2004
53289	126772	67709	5549	188931	54685	468048	90940	57329	50266
449	5179	50	2073	3155	843	9502	1666	943	940
-162	23000	55	1735	21319	6664	87094	18820	2462	5360
-70	6586	20	1	6605	1720	1925	428	280	125
145	4653	1279	288	5644	1272	12121	1680	1803	1306
-1948	12892	2690	343	15239	3424	53885	9439	3763	6004
860	1924	680	5349	-2746	1487	104783	10492	2786	13889
32513	314198	23906	39148	298955	47638	547071	89472	86861	48415
21754	305198	6000	9321	301878	35418	141297	36164	44800	8880
8009	-56842	9052	28903	-76693	4046	148541	17210	10087	19184
2751	65841	8854	924	73771	8174	257234	36098	31974	20351
6109	79174	8095	2417	84853	16443	245866	33117	29167	37424
185	21458	3727	828	24357	7298	190168	25346	15667	31092
295	37898	1809	153	39555	3764	39442	4088	4464	4568
5629	19818	2559	1436	20941	5381	16256	3683	9036	1764
135109	256681	11769	7993	258093	32017	429954	61068	75920	60010
16	-3375	496	35	-2913	679	6569	604	1759	818
135094	260056	11272	7959	261007	31338	423385	60464	74161	59192
37823	180139	19711	9141	190710	33785	688710	112985	97511	46802
14960	13269	7413	1174	19509	1380	47720	9922	3564	2933
14787	208437	10223	7720	210940	32196	628454	100691	92905	42917
8077	-41568	2075	247	-39739	210	12535	2373	1042	952
80416	141386	37809	2808	176387	26294	69073	6491	7738	8031
2352	12319	533	661	12191	1202	20930	2300	3941	2639
927	9196	354	85	9465	966	21180	1281	3079	4119
77136	119870	36922	2062	154730	24127	26963	2910	717	1273
5476	4258	1640	13142	-7244	2039	109357	16145	9466	16483
2943	-5270	1494	13101	-16877	1322	80358	13211	5488	10286
2532	5978	16	9	5985	331	3541	421	1021	609
1	3550	130	32	3648	386	25458	2514	2958	5588
196	14948	202	2241	12349	1977	41410	5298	3782	6112
196	14948	202	2241	12349	1977	41410	5298	3782	6112
1612	56782	3909	1906	58785	5975	166266	17224	717	14646
1610	56455	3604	1859	58200	5975	165004	17110	717	14471
2	327	305	47	585		1262	115		175
44215	101046	12298	7889	105550	8690	423355	49199	34659	22772
26188	44163	1796	3166	42793	886	79235	18648	7292	3907
17397	42085	7805	3841	46049	1500	280273	22320	18645	9904
119	1800	1402	97	3105	598	7262	1144	210	907
6	4330	42	109	4358	86	7548	1072	1844	1590
506	8668	1253	676	9245	5621	49037	6014	6668	6464

14 教育和科技

长沙统计年鉴

14－1 历年高等学校情况

单位：人

年份	学校数(所)	招生数	毕业生数	在校学生数	校本部教职工数
1949	2			2685	1359
1950	2		428	2450	1558
1952	4	3240	973	6109	1604
1953	5	2836	1399	6490	2256
1955	6	2636	2054	8374	2834
1957	6	3448	1551	13557	3923
1958	10	8083	2494	18839	4407
1960	21	10354	2955	29104	6462
1962	12	3006	4528	25477	7756
1965	9	4973	5435	19412	8038
1966	8	196	1198	18972	8330
1970	7	2288	7688	5837	8486
1975	8	6357	5757	18390	13474
1976	8	5425	6590	16620	13953
1977	8	7168	5902	16544	14830
1978	8	6937	4619	18895	15778
1979	11	7369	4235	21549	16382
1980	11	6702	817	28491	16719
1981	10	7994	761	30720	12815
1982	11	6592	11459	25641	14168
1983	12	8498	7186	26600	15110
1984	14	9783	6346	30035	16193
1985	23	13831	6661	37182	18734
1986	21	11178	7632	40458	19886
1987	21	13121	11333	43114	20510
1988	22	14472	11103	46022	21902
1989	22	12550	12896	46444	21956
1990	21	12787	12726	46041	22297

14－1 续表

单位：人

年　份	学校数(所)	招生数	毕业生数	在校学生数	校本部教职工数
1991	21	13327	12953	45810	22655
1992	21	15470	12404	48050	18244
1993	21	18769	11737	55810	18270
1994	21	18455	12857	61641	18531
1995	21	19532	15911	64866	18222
1996	21	20013	16365	67420	18205
1997	20	21444	17119	72020	18473
1998	20	23570	17484	78050	18408
1999	23	35823	19152	94493	19913
2000	23	49391	19777	125582	21165
2001	29	54329	21289	158158	24568
2002	30	73379	29094	201881	26331
2003	37	94527	48597	268613	29145
2004	39	107979	60985	329424	33950
2005	45	130337	79277	394399	37698
2006	45	132662	97149	418132	39378
2007	48	147825	108698	454288	47887
2008	49	155192	129419	483917	49401
2009	48	158215	130626	504111	50509
2010	48	149977	140840	508254	50267
2011	50	148780	143310	516765	50930
2012	50	157679	151428	523174	50902
2013	50	169685	153703	530635	51339
2014	50	168438	142835	547514	52972
2015	51	171791	143705	569400	51232
2016	51	179273	151137	590020	51733
2017	51	184950	159359	610379	52666
2018	51	197243	164868	635950	53167
2019	51	210500	172684	665860	55207

14－2 历年中等职业学校情况

单位:人

年 份	学校数(所)	招生数	毕业生数	在 校 学生数	校本部 教职工数
1949	16			2296	513
1950	19	638	311	4955	283
1952	12	2227	708	6069	887
1953	11	1532	1246	6305	966
1955	10	2307	1135	5445	872
1957	16	1573	2057	10006	1900
1958	28	10438	2131	17457	2046
1960	32	11685	1699	28055	2229
1962	15	112	1751	8302	1827
1965	21	3420	2734	7771	2188
1966	12	132	899	5756	1894
1970	8	540	187	676	922
1975	21	3647	2582	9871	2722
1976	21	2964	4040	8171	2878
1977	21	5162	5529	7519	4149
1978	23	5509	2342	9782	3853
1979	30	4497	302	14492	4149
1980	31	4737	5699	12641	4408
1981	31	5054	6512	11425	4928
1982	32	5687	4110	13436	5508
1983	33	6398	4696	14762	5658
1984	32	6521	5746	15621	5622
1985	32	8469	5869	18218	4851
1986	34	6841	6160	18366	4898
1987	39	8457	8701	18681	6111
1988	40	10427	6002	23037	6074
1989	39	9256	5994	26152	6915
1990	40	8140	8581	25626	7926

14－2 续表

单位：人

年份	学校数(所)	招生数	毕业生数	在校学生数	校本部教职工数
1991	42	9540	8613	26480	7118
1992	43	13091	8536	30554	6157
1993	43	19526	8352	39202	6399
1994	42	16944	7153	47272	6689
1995	42	18477	9508	55438	6352
1996	47	23704	14060	66195	7065
1997	46	27215	16186	76808	6856
1998	47	29772	20282	85987	6899
1999	40	21406	15752	70406	4395
2000	40	19334	24192	84113	5238
2001	40	19478	25748	77270	5378
2002	24	22100	25465	64948	2588
2003	105	45505	30059	107475	6041
2004	112	48194	30227	116187	5697
2005	104	43902	36938	112698	4858
2006	84	42673	41176	123870	5935
2007	81	43490	51593	113018	5855
2008	78	39042	38980	99693	6141
2009	79	65028	39894	137568	6417
2010	67	41159	53368	113709	5708
2011	59	46540	35083	115596	4794
2012	50	43426	47767	120945	4890
2013	50	40367	30648	108232	4379
2014	52	33483	24603	86670	4019
2015	50	33929	21947	91472	4087
2016	51	35891	26565	93027	4325
2017	56	40032	27162	104685	4784
2018	57	42932	30231	111596	5447
2019	57	42995	31745	116484	6136

注：1. 2003 年开始，中等职业教育报表制度改革，现行报表制度包括前普通中专、职业高中。2002 年及以前年份的数据是中等专业学校情况。

2. 2014 年部分数据调整。

14－3 历年普通中学情况

单位:人

年份	学校数(所)	招生数	毕业生数	在校学生数	教职工数
1949	45			11347	1237
1950	38	4540	2352	10335	819
1952	40	7938	3387	23222	1289
1953	37	9950	5667	26384	1674
1955	37	11441	10172	31460	2199
1957	112	13864	10640	49484	3256
1958	164	25254	10224	49804	3105
1960	101	31992	12295	68205	3648
1962	129	22928	12152	51605	3933
1965	159	30945	17115	75367	5424
1966	293	21095	21298	71433	4598
1970	289	65230	29904	107921	6091
1975	567	136529	74396	237176	13796
1976	1473	198464	94903	331353	19991
1977	1148	192835	125324	372679	23992
1978	662	147133	159281	331109	22128
1979	676	116981	150239	268246	19564
1980	457	80492	52928	234707	19137
1981	466	82847	71738	215852	19292
1982	453	77146	58458	212388	18274
1983	438	65438	53829	199172	17887
1984	412	80035	56619	214658	18001
1985	422	80871	60933	221971	17916
1986	427	77229	53806	236055	18508
1987	433	87389	66953	245438	19421
1988	429	77029	67441	235257	19597
1989	429	82389	65762	238878	19915
1990	438	87892	72833	242065	20133

14－3 续表

单位:人

年　份	学校数(所)	招生数	毕业生数	在　校 学生数	教职工数
1991	422	86487	69188	243473	20309
1992	418	86754	68457	246662	20769
1993	421	88993	71579	248075	21347
1994	409	98763	70133	262655	21768
1995	391	106990	72276	284050	22231
1996	379	106047	78143	298924	23364
1997	379	108558	88071	309415	23737
1998	383	119832	95489	319792	24418
1999	379	131057	95136	345200	25946
2000	377	141865	97009	384192	26636
2001	368	149566	109141	413043	27330
2002	355	153589	124346	436307	27567
2003	358	132957	134525	432826	28429
2004	347	111583	144961	395687	27783
2005	339	102616	150972	345167	26814
2006	322	95515	130686	307095	25580
2007	310	99466	110263	292979	24888
2008	298	98650	97313	289960	24582
2009	291	102405	94639	295269	24924
2010	284	111383	96302	307427	24716
2011	280	114280	93657	325136	26871
2012	284	121302	100267	343769	28063
2013	285	126082	107723	357139	28057
2014	292	122120	110251	364653	28279
2015	296	125105	117408	369520	29207
2016	302	129426	121921	374262	30736
2017	313	131366	119528	383593	32986
2018	330	138684	122672	398801	35279
2019	341	148870	128695	417674	38616

14－4 历 年 小 学 情 况

单位：人

年 份	学校数(所)	招生数	毕业生数	在 校 学生数	教职工数
1949	2640			147114	7810
1950	2378			154514	7881
1952	3685	79618	28137	309698	10697
1953	2787	61714	30528	315487	10753
1955	2487	95171	39718	340451	11270
1957	2737	95487	50993	440851	12179
1958	4073	102730	49306	517473	13467
1960	3768	106735	54607	541157	14664
1962	3475	95669	51696	401229	14214
1965	4755	116549	47117	593692	17203
1966	4485	80245	62524	574329	16919
1970	3575	132014	73946	464530	17310
1975	3668	138992	106360	727790	26935
1976	2693	144455	152006	703398	26093
1977	2787	134963	135165	673741	25873
1978	3231	136850	118693	680090	25719
1979	3069	133973	127970	685466	26752
1980	3244	122705	119369	673804	27056
1981	3272	126340	128653	667152	27046
1982	3253	110548	113744	649570	26687
1983	3268	102405	98641	641960	27525
1984	3276	98470	101218	629737	27503
1985	3270	92389	100920	616305	27098
1986	3257	91033	104750	601606	26521
1987	3260	91680	107676	583871	26929
1988	3241	98996	85465	578286	28119
1989	3243	97335	95557	576904	27973
1990	3212	92649	96433	570704	28193

14－4 续表

单位：人

年　份	学校数(所)	招生数	毕业生数	在校学生数	教职工数
1991	3201	93372	90896	563850	28290
1992	3181	100555	90813	568617	28363
1993	3135	108385	87421	567721	28982
1994	3048	112303	92437	602788	28792
1995	3014	116075	93875	623662	28283
1996	2925	112256	88836	646190	28765
1997	2779	85984	90517	642950	28373
1998	2710	56648	99459	599897	27902
1999	2486	43026	109414	535127	27221
2000	2154	43689	113714	466515	25133
2001	1830	50945	114425	399513	22187
2002	1719	54293	112215	342110	20548
2003	1580	59466	87744	313587	19762
2004	1433	63519	59049	318024	19330
2005	1272	63328	46516	338655	20475
2006	1217	68104	44977	366100	21593
2007	1162	69292	52844	382981	21954
2008	1126	67278	55007	395059	22479
2009	1055	67924	61722	403562	22443
2010	1024	73977	66404	413498	22391
2011	987	74333	66371	425405	20865
2012	938	78853	69948	439532	21410
2013	937	84508	71078	457894	21800
2014	937	87655	70504	481333	22894
2015	939	94184	71580	509396	23641
2016	931	99495	78610	536458	25295
2017	918	110635	79852	574220	27814
2018	937	126247	85016	622174	29511
2019	944	128808	90654	666506	32991

14－5 历年高考录取人数

单位：人

年份	报名人数	大学录取人数	本科	专科	大学录取率(%)
1978	54649	2491			4.56
1979	32487	1362			4.19
1980	25700	1711	1407	304	6.66
1981	8537	1136	937	199	13.31
1982	5779	1142	969	173	19.76
1983	6986	2273	862	1411	32.54
1984	7501	3049	1846	1203	40.65
1985	9480	4320	2213	2107	45.57
1986	9308	3799	2008	1791	40.81
1987	9618	4431	2388	2043	46.07
1988	10358	5219	2201	3018	50.39
1989	16418	2674	1113	1561	16.29
1990	19248	3242	1705	1537	16.84
1991	17941	3032	1419	1613	16.90
1992	17455	4504	2028	2476	25.80
1993	15317	5569	2265	3304	36.36
1994	14642	6061	2367	3694	41.39
1995	13006	6073	2573	3500	46.69
1996	13765	5886	2577	3309	42.76
1997	13864	6003	3002	3001	43.30
1998	15241	6855	3469	3386	44.98
1999	16207	10383	5720	4663	64.06
2000	18953	12037	6108	5929	63.51
2001	22893	15177	8319	6858	66.30
2002	28965	21179	10619	10560	73.12
2003	32482	26197	11540	14657	80.65
2004	37886	30726	13020	17706	81.10
2005	50750	38871	16131	22740	76.59
2006	53845	33922	16557	17365	63.00
2007	62871	42250	18966	23284	67.20
2008	66149	43072	20618	22454	65.11
2009	56494	41603	22003	19600	73.64
2010	46553	38393	22187	16206	82.47
2011	42002	34432	21240	13192	81.98
2012	43969	35557	22888	12669	80.87
2013	46790	37710	23781	13929	80.59
2014	49707	39776	25514	14262	80.02
2015	52094	40759	27920	12839	78.24
2016	56395	43627	29861	13766	77.36
2017	55187	50633	33192	17441	91.75
2018	61628	55189	35070	20119	89.55
2019	68723	61554	36754	24800	89.57

14－6 历年高校研究生数

单位：人

年份	培养博士学位				培养硕士学位			
	机构(个)	招生人数	毕业人数	在学人数	机构(个)	招生人数	毕业人数	在学人数
1983	3	8		13	7	324	87	676
1984	3	7		22	7	389	31	1030
1985	4	24	1	44	7	751	224	1552
1986	4	36		80	7	645	342	1853
1987	5	47	10	112	9	670	424	2094
1988	6	73	14	174	9	587	750	1910
1989	4	62	22	212	9	518	637	1771
1990	6	70	42	237	9	578	621	1696
1991	6	92	62	260	9	540	606	1606
1992	7	89	43	282	9	567	445	1694
1993	7	114	102	337	9	702	513	1791
1994	8	191	78	431	9	899	497	2144
1995	7	205	73	544	9	878	564	2425
1996	8	219	90	676	10	1036	703	2779
1997	7	226	129	748	9	962	850	2789
1998	7	285	189	838	9	1198	829	3110
1999	7	479	196	1114	9	1559	1021	3708
2000	5	575	155	1534	6	2411	945	5158
2001	7	794	239	2142	10	3732	1383	8335
2002	5	899	285	2669	6	4075	1331	9501
2003	6	1350	371	3317	10	5983	2272	13390
2004	6	1553	493	4628	11	7585	3163	18214
2005	7	1602	577	5669	11	8237	3943	22657
2006	7	1645	773	6538	11	9463	5612	26663
2007	11	1687	948	7238	11	9988	7081	29670
2008	10	1723	1088	7889	10	10360	8062	31602
2009	10	1776	1136	8489	10	12157	9260	34686
2010	10	1809	1411	8863	10	12865	9521	37487
2011	10	1878	1297	9365	10	13128	10299	39679
2012	10	1918	1399	9935	10	13497	11611	40636
2013	10	1948	1429	10302	10	14052	12392	41788
2014	9	1956	1428	10584	9	14280	13633	41818
2015	8	1990	1415	10970	8	14608	12878	43353
2016	8	2025	1419	10973	10	14972	12944	44558
2017	8	2304	1716	11490	11	19207	13148	50089
2018	8	2812	1498	12674	11	19575	13867	54895
2019	8	2833	1652	13779	11	20007	14753	59630

14－7 历年技工学校情况

单位：人

年份	学校数(所)	招生数	毕业生数	在校学生数	教职工数
1979	23	3700	1552	4614	913
1980	26	2579	1739	6672	1362
1981	28	1784	4218	4179	1646
1982	27	192	3357	1693	1562
1983	24	1230	1787	1551	1471
1984	21	1181	227	2596	1246
1985	19	1337	1318	2931	1386
1986	23	2557	1390	4671	1658
1987	22	2809	1549	5792	1717
1988	22	3678	2402	7140	1837
1989	25	2894	2198	7283	1951
1990	25	3451	3197	8002	2075
1991	24	3973	3024	8989	2095
1992	28	4543	3321	10381	2245
1993	32	5140	3655	11785	2318
1994	31	5112	4264	12951	2398
1995	34	4742	5342	12575	2416
1996	41	5024	5840	13581	2412
1997	40	4850	5793	12686	2696
1998	41	3528	5566	10541	2642
1999	43	2819	4127	9331	2700
2000	43	3791	3407	7706	2418
2001	42	5562	2940	9870	2613
2002	30	5155	2968	12257	2158
2003	32	8262	3478	14942	2026
2004	33	8729	6215	14810	2069
2005	32	10676	4902	18845	2050
2006	32	9221	5841	18736	1876
2007	24	9634	6502	20208	1923
2008	24	12095	7643	22666	2016
2009	26	15271	11206	32981	3124
2010	26	14549	7354	33685	2897
2011	26	10143	10645	26250	2340
2012	23	6366	7391	18003	1537
2013	24	3551	4392	10308	1310
2014	24	3827	2865	9860	1880
2015	24	4314	1985	9930	1684
2016	14	4516	2193	10363	1764
2017	14	4321	2134	11053	1225
2018	17	6727	3124	13210	1598
2019	23	9224	2462	16890	2075

14－8 高考录取情况(2019年)

单位:人

项目	全市	市区	县市	长沙县	浏阳市	宁乡市
报名人数	68723	37233	31490	12276	8558	10656
录取总人数	61554	33092	28462	11384	7845	9233
总录取率(%)	89.57	88.88	90.38	92.73	91.67	86.65
录取总人数中						
本科	36754	22728	14026	5418	4551	4057
专科	24800	10364	14436	5966	3294	5176
录取总人数中						
文科	15819	7896	7923	3683	2083	2157
理科	27476	14979	12497	3847	4224	4426
职高对口	11408	6768	4640	2591	516	1533
音乐	746	198	548	132	166	250
美术	2291	1113	1178	456	368	354
体育	1000	262	738	183	281	274
附:保送生(本科)	25	25				
单招生	14257	6751	7506	4203	953	2350
本科	1826	1826				
专科	12431	4925	7506	4203	953	2350

注:1. 录取总人数中:音乐含文、理音乐;美术含文、理美术;体育含文、理体育。
2. 录取总人数中不包括保送生和单招生人数。

14－9 大学基本情况(2019年)

单位:人

项目	学校数(所)	招生人数	在校学生数	毕业生数	校本部教职工数	专任教师
大学合计	51	210500	665860	172684	55207	37046
综合大学	13	59365	191248	49801	20701	12546
理工院校	13	49990	150432	39984	11183	7851
农业院校	2	12974	41809	10549	3490	2149
医药院校	4	15599	55416	12956	5040	4077
师范院校	2	10469	37567	10531	2432	1771
财经院校	9	34305	104544	25042	6120	4412
林业院校	1	6444	25402	6119	2354	1479
其他院校	7	21354	59442	17702	3887	2761
成人高校普通本专科						

14－10 成人高等学历教育基本情况(2019 年)

单位:人

项 目	合 计	小 计	# 职工大学	# 广播电视大 学	# 教育学院	# 管理干部学 院	普通高等学 校
学校数(所)		4	2	1	1		
在校学生数	244684	5298	4831	467			239386
本年招生数	125454	2549	2396	153			122905
本年毕业生数	81958	1445	859	586			80513
教职员工数	267	267	71	196			
# 专任教师	133	133	57	76			

14－11 普通中学、小学情况(2019 年)

单位:人

项 目	学校数(所)	招生人数	毕业生人数	在校学生人数	教 职工人数	专任教师人数
普通中学	341	148870	128695	417674	38616	31973
市 区	142	84648	69161	232889	22379	17741
县 (市)	199	64222	59534	184785	16237	14232
合计中:教育和集体办	296	126280	113198	357111	31311	
民 办	37	20659	13434	54429	6666	
其他部门办	8	1931	2063	6134	639	
小学合计	944	128808	90654	666506	32991	36000
市 区	376	76704	50240	382861	18841	21153
县 (市)	568	52104	40414	283645	14150	14847
合计中:教育和集体办	924	121864	84944	629130	31435	
民 办	11	5994	4609	31496	1171	
其他部门办	9	950	1101	5880	385	

14-12 特殊教育学校情况(2019年)

单位:人

项目	盲、聋、哑学校	工读学校
学校数(所)	4	1
班数(个)	102	4
毕业生数	320	17
招生数	539	35
在校学生数	3234	35
教职工数	347	50
专任教师数	316	43

14-13 幼儿园情况(2019年)

单位:人

项目	园数(所)	班数(个)	在园幼儿数	教职工数	#教师	#保育员
总计	**2150**	**12444**	**354588**	**45959**	**22023**	**12336**
#公办	640	3650	125224	13448	6642	3506
市区	1029	7122	201572	30213	14439	7785
县(市)	1121	5322	153016	15746	7584	4551
长沙县	325	1803	52869	5713	3026	1510
浏阳市	487	2138	60292	6561	2958	1974
宁乡市	309	1381	39855	3472	1600	1067

14－14 规模以上工业企业R&D活动人员情况(2019年)

项目	有R&D活动的单位数(家)	R&D人员(人)	#全时人员	R&D人员折合全时当量(人年)
总计	**1575**	**49870**	**39528**	**36272**
按区县(市)分组:				
芙蓉区	29	471	412	367
天心区	23	1692	1224	1203
岳麓区	240	11731	8975	8850
开福区	50	729	591	572
雨花区	39	2395	2102	1636
望城区	167	4999	3736	3682
长沙县	195	15474	13191	11460
浏阳市	424	5409	3703	3548
宁乡市	408	6970	5594	4953
按企业规模分组:				
大型企业	35	18196	14891	13704
中型企业	187	11609	8893	8239
小型企业	1295	19355	15212	13875
微型企业	58	710	532	455
按登记注册类型分组:				
内资企业	1499	43795	34450	32211
国有	4	1772	1256	1329
集体	3	28	24	23
股份合作				
联营企业				
国有独资公司	13	864	687	561
其他有限责任公司	209	9760	8010	7080
股份有限公司	57	4880	3161	4041
私营独资	37	211	104	111
私营合伙	32	175	87	92
私营有限责任公司	1061	22493	18136	16190
私营股份有限公司	83	3612	2985	2783
其他企业				
港、澳、台商投资企业	34	3158	2769	2114
外商投资企业	42	2917	2309	1947

14－14 续表

项　　目	有 R&D 活动的单位数(家)	R&D 人员(人)	#全时人员	R&D 人员折合全时当量(人年)
按工业行业大类分组:				
煤炭开采和洗选业				
石油和天然气开采业				
黑色金属矿采选业	1	11	10	11
有色金属矿采选业	3	43	38	32
非金属矿采选业	4	24	12	19
其他采矿业				
农副食品加工业	83	1110	810	814
食品制造业	48	958	740	583
酒、饮料和精制茶制造业	19	234	177	125
烟草制品业	2	623	561	546
纺织业	13	453	382	322
纺织服装、服饰业	1	124	112	119
皮革、毛皮、羽毛及其制品和制鞋业	2	24	22	12
木材加工及木、竹、藤、棕、草制品业	13	88	42	46
家具制造业	13	242	190	164
造纸及纸制品业	28	335	248	254
印刷和记录媒介复制业	38	654	505	516
文教、工美、体育和娱乐用品制造业	10	110	73	65
石油加工、炼焦及核燃料加工业	6	46	36	32
化学原料及化学制品制造业	256	3251	2121	2211
医药制造业	69	2177	1674	1605
化学纤维制造业				
橡胶和塑料制品业	45	661	532	479
非金属矿物制品业	107	1605	1140	1213
黑色金属冶炼及压延加工业	4	48	43	45
有色金属冶炼及压延加工业	30	1249	1033	1007
金属制品业	96	1561	1198	1147
通用设备制造业	151	3241	2558	2198
专用设备制造业	141	11800	9206	9065
汽车制造业	88	3858	3238	2401
铁路、船舶、航空航天和其他运输设备制造业	15	2057	1812	1677
电气机械及器材制造业	108	3213	2595	2314
计算机、通信和其他电子设备制造业	98	7099	6128	5042
仪器仪表制造业	53	1341	1129	1054
其他制造业	8	182	158	134
废弃资源综合利用业	6	160	142	120
金属制品、机械和设备修理业	1	220	162	169
电力、热力的生产和供应业	15	1068	701	731
燃气生产和供应业	3	99	79	69
水的生产和供应业	4	101	86	76

14－15 规模以上工业企业按活动类型分R&D经费内部支出情况(2019年)

单位:万元

项目	R&D经费内部支出	基础研究支出	应用研究支出	试验发展支出
总计	**1851423**	**2407**	**50395**	**1798622**
按区县(市)分组:				
芙蓉区	9695	120	45	9530
天心区	41429	5	303	41121
岳麓区	352962	338	1568	351056
开福区	16286		194	16092
雨花区	56160		12824	43337
望城区	167619	1455	10871	155293
长沙县	690769	356	7429	682984
浏阳市	198387	133	4602	193651
宁乡市	318116		12558	305558
按企业规模分组:				
大型企业	920813	292	18657	901864
中型企业	402165	800	16900	384466
小型企业	515802	1315	14660	499828
微型企业	12643		178	12465
按登记注册类型分组:				
内资企业	1639739	1607	48771	1589362
国有	49277	5	12849	36423
集体	183			183
股份合作				
联营企业				
国有独资公司	25651		1811	23840
其他有限责任公司	274878	968	16039	257870
股份有限公司	178064	30	1714	176320
私营独资	5169			5169
私营合伙	4992		80	4912
私营有限责任公司	984524	540	15436	968549
私营股份有限公司	117003	64	842	116097
其他企业				
港、澳、台商投资企业	60312		916	59396
外商投资企业	151372	800	708	149864

14－15 续表

单位:万元

项　　目	R&D经费内部支出	基础研究支出	应用研究支出	试验发展支出
按工业行业大类分组:				
煤炭开采和洗选业				
石油和天然气开采业				
黑色金属矿采选业	175			175
有色金属矿采选业	780			780
非金属矿采选业	904			904
其他采矿业				
农副食品加工业	46191	64	1474	44653
酒、饮料和精制茶制造业	32757	800	1202	30755
酒、饮料和精制茶制造业	5578	56	647	4875
烟草制品业	26300		12704	13596
纺织业	20487		233	20254
纺织服装、服饰业	1437			1437
皮革、毛皮、羽毛及其制品和制鞋业	139		56	83
木材加工及木、竹、藤、棕、草制品业	1695			1695
家具制造业	3351			3351
造纸及纸制品业	13599		185	13414
印刷和记录媒介复制业	21282	69	416	20797
文教、工美、体育和娱乐用品制造业	4022		37	3985
石油加工、炼焦及核燃料加工业	1255			1255
化学原料及化学制品制造业	86579	133	2991	83455
医药制造业	48367		778	47589
化学纤维制造业				
橡胶和塑料制品业	22425		258	22167
非金属矿物制品业	49366	338	4234	44794
黑色金属冶炼及压延加工业	1153			1153
有色金属冶炼及压延加工业	82937		6082	76855
金属制品业	66776		6327	60448
通用设备制造业	88033	30	824	87179
专用设备制造业	692955		2176	690779
汽车制造业	122194		382	121813
铁路、船舶、航空航天和其他运输设备制造业	55864	287	5297	50280
电气机械及器材制造业	141877		1159	140718
计算机、通信和其他电子设备制造业	137514		457	137058
仪器仪表制造业	32307		25	32282
其他制造业	9110	625	1966	6520
废弃资源综合利用业	3709			3709
金属制品、机械和设备修理业	1375			1375
电力、热力的生产和供应业	22639	5	136	22497
燃气生产和供应业	3738		349	3389
水的生产和供应业	2556			2556

14－16 规模以上工业企业按经费来源分 R&D 经费内部支出情况(2019 年)

单位:万元

项目	R&D 经费内部支出	政府资金	企业资金	境外资金	其他
总计	**1851423**	**44510**	**1806914**		
按区县(市)分组:					
芙蓉区	9695	266	9429		
天心区	41429	6524	34905		
岳麓区	352962	13667	339295		
开福区	16286	628	15658		
雨花区	56160	505	55655		
望城区	167619	8394	159225		
长沙县	690769	9936	680833		
浏阳市	198387	2801	195586		
宁乡市	318116	1789	316327		
按企业规模分组:					
大型企业	920813	19788	901025		
中型企业	402165	11020	391145		
小型企业	515802	13325	502477		
微型企业	12643	377	12266		
按登记注册类型分组:					
内资企业	1639739	41168	1598571		
国有	49277	6346	42930		
集体	183		183		
股份合作					
联营企业					
国有独资公司	25651	6362	19289		
其他有限责任公司	274878	6184	268694		
股份有限公司	178064	4739	173326		
私营独资	5169		5169		
私营合伙	4992	34	4958		
私营有限责任公司	984524	12174	972350		
私营股份有限公司	117003	5330	111673		
其他企业					
港、澳、台商投资企业	60312	2186	58126		
外商投资企业	151372	1155	150216		

14－16 续表

单位:万元

项　　目	R&D经费内部支出	政府资金	企业资金	境外资金	其他
按工业行业大类分组:					
煤炭开采和洗选业					
石油和天然气开采业					
黑色金属矿采选业	175		175		
有色金属矿采选业	780		780		
非金属矿采选业	904		904		
其他采矿业					
酒、饮料和精制茶制造业	46191	764	45427		
食品制造业	32757	580	32177		
酒、饮料和精制茶制造业	5578	282	5296		
烟草制品业	26300		26300		
纺织业	20487	20	20467		
纺织服装、服饰业	1437	21	1416		
皮革、毛皮、羽毛及其制品和制鞋业	139		139		
木材加工及木、竹、藤、棕、草制品业	1695		1695		
家具制造业	3351	83	3268		
造纸及纸制品业	13599		13599		
印刷和记录媒介复制业	21282	23	21259		
文教、工美、体育和娱乐用品制造业	4022	80	3942		
石油加工、炼焦及核燃料加工业	1255	3	1252		
化学原料及化学制品制造业	86579	929	85650		
医药制造业	48367	2366	46001		
化学纤维制造业					
橡胶和塑料制品业	22425	444	21981		
非金属矿物制品业	49366	1439	47927		
黑色金属冶炼及压延加工业	1153		1153		
有色金属冶炼及压延加工业	82937	1364	81574		
金属制品业	66776	338	66438		
通用设备制造业	88033	7446	80587		
专用设备制造业	692955	9011	683944		
汽车制造业	122194	841	121354		
铁路、船舶、航空航天和其他运输设备制造业	55864	1274	54591		
电气机械及器材制造业	141877	7989	133889		
计算机、通信和其他电子设备制造业	137514	7022	130492		
仪器仪表制造业	32307	1239	31068		
其他制造业	9110	100	9010		
废弃资源综合利用业	3709	37	3672		
金属制品、机械和设备修理业	1375	408	967		
电力、热力的生产和供应业	22639	410	22229		
燃气生产和供应业	3738		3738		
水的生产和供应业	2556		2556		

14-17 规模以上工业企业按支出用途分 R&D 经费内部支出情况(2019 年)

单位:万元

项　　目	R&D 经费内部支出	经常费支　出	#人员劳务费	资产性支　出	#仪器和设备
总　　计	**1851423**	**1755790**	**487067**	**95634**	**92883**
按区县(市)分组:					
芙蓉区	9695	9490	3616	205	185
天心区	41429	32408	7818	9021	9006
岳麓区	352962	338790	122543	14172	13556
开福区	16286	15693	4388	593	578
雨花区	56160	55024	31378	1136	961
望城区	167619	149175	30055	18444	18288
长沙县	690769	668922	206211	21847	21288
浏阳市	198387	188863	27244	9524	9139
宁乡市	318116	297424	53815	20692	19883
按企业规模分组:					
大型企业	920813	888713	241423	32100	31661
中型企业	402165	371741	114422	30424	29435
小型企业	515802	482903	129945	32899	31588
微型企业	12643	12432	1277	211	198
按登记注册类型分组:					
内资企业	1639739	1552920	439721	86819	84377
国有	49277	40860	20537	8417	8269
集体	183	183	97		
股份合作					
联营企业					
国有独资公司	25651	24781	5513	870	784
其他有限责任公司	274878	259949	94966	14929	14612
股份有限公司	178064	173542	44009	4522	4277
私营独资	5169	5063	975	106	104
私营合伙	4992	4898	725	94	67
私营有限责任公司	984524	932165	227373	52360	50955
私营股份有限公司	117003	111479	45526	5523	5309
其他企业					
港、澳、台商投资企业	60312	58485	24629	1827	1754
外商投资企业	151372	144384	22718	6987	6752

14－17 续表

单位:万元

项目	R&D经费内部支出	经常费支出	#人员劳务费	资产性支出	#仪器和设备
按工业行业大类分组:					
煤炭开采和洗选业					
石油和天然气开采业					
黑色金属矿采选业	175	171	88	4	
有色金属矿采选业	780	780	173		
非金属矿采选业	904	904	259		
其他采矿业					
农副食品加工业	46191	44593	6913	1597	1517
酒、饮料和精制茶制造业	32757	31426	7541	1331	1304
酒、饮料和精制茶制造业	5578	5074	1274	504	490
烟草制品业	26300	26153	18995	147	
纺织业	20487	20075	2596	412	407
纺织服装、服饰业	1437	1417	843	21	20
皮革、毛皮、羽毛及其制品和制鞋业	139	139	85		
木材加工及木、竹、藤、棕、草制品业	1695	1688	362	7	
家具制造业	3351	3124	1260	226	217
造纸及纸制品业	13599	13139	1266	460	440
印刷和记录媒介复制业	21282	19118	4295	2165	2122
文教、工美、体育和娱乐用品制造业	4022	4012	817	10	10
石油加工、炼焦及核燃料加工业	1255	1231	260	24	24
化学原料及化学制品制造业	86579	79571	19674	7008	6774
医药制造业	48367	43505	12655	4861	4524
化学纤维制造业					
橡胶和塑料制品业	22425	20441	3787	1984	1922
非金属矿物制品业	49366	46583	9857	2782	2603
黑色金属冶炼及压延加工业	1153	1118	254	36	36
有色金属冶炼及压延加工业	82937	75435	6943	7502	7346
金属制品业	66776	56791	9982	9984	9861
通用设备制造业	88033	81994	20211	6039	5755
专用设备制造业	692955	678875	185184	14080	13617
汽车制造业	122194	115314	20582	6881	6804
铁路、船舶、航空航天和其他运输设备制造业	55864	52061	30891	3803	3781
电气机械及器材制造业	141877	136068	27824	5809	5655
计算机、通信和其他电子设备制造业	137514	131784	69644	5730	5485
仪器仪表制造业	32307	30639	15414	1668	1650
其他制造业	9110	9105	1358	6	2
废弃资源综合利用业	3709	2968	1482	741	710
金属制品、机械和设备修理业	1375	1375			
电力、热力的生产和供应业	22639	12827	2948	9811	9810
燃气生产和供应业	3738	3738	507		
水的生产和供应业	2556	2556	846		

14－18 规模以上工业企业科技活动产出情况(2019年)

项目	新产品销售收入(万元)	#出口	专利申请数(件)	拥有发明专利数(件)
总计	**30674665**	**3337842**	**13013**	**18759**
按区县(市)分组:				
芙蓉区	29141		166	169
天心区	207819	3164	613	1964
岳麓区	5444018	203937	2724	5564
开福区	30625	9734	295	213
雨花区	7519126	21611	650	762
望城区	1115411	57745	1090	1407
长沙县	9100590	1682388	4179	5032
浏阳市	2502825	1272110	1446	1728
宁乡市	4725110	87153	1850	1922
按企业规模分组:				
大型企业	21866345	3002792	4303	7765
中型企业	4670794	193000	2572	3460
小型企业	4084965	139552	5786	7212
微型企业	52561	2498	352	322
按登记注册类型分组:				
内资企业	24431383	445898	12256	17873
国有	5890737	18638	768	1936
集体			6	7
股份合作				
联营企业	799			
国有独资公司	174249	5160	262	491
其他有限责任公司	4175315	90383	2250	2541
股份有限公司	3113029	143843	751	3397
私营独资	13362		7	8
私营合伙	4004		59	7
私营有限责任公司	9715583	122486	6662	7528
私营股份有限公司	1344305	65389	1491	1958
其他企业				
港、澳、台商投资企业	3197759	2743509	343	424
外商投资企业	3045524	148435	414	462

14－18 续表

项　　目	新产品销售收入（万元）	#出口	专利申请数(件)	拥有发明专利数(件)
按工业行业大类分组：				
煤炭开采和洗选业				
石油和天然气开采业				
黑色金属矿采选业				
有色金属矿采选业			5	19
非金属矿采选业				6
其他采矿业				
农副食品加工业	249767		181	229
食品制造业	277533	10473	180	251
酒、饮料和精制茶制造业	52624	6741	56	128
烟草制品业	5871375	16113	295	342
纺织业	500915		79	44
纺织服装、服饰业	45330		30	54
皮革、毛皮、羽毛及其制品和制鞋业	3163			
木材加工及木、竹、藤、棕、草制品业	13230		16	24
家具制造业	24556		49	33
造纸及纸制品业	37155	3869	58	143
印刷和记录媒介复制业	366829		131	91
文教、工美、体育和娱乐用品制造业	19953	1056	34	49
石油加工、炼焦及核燃料加工业	4393		20	4
化学原料及化学制品制造业	876974	44482	481	892
医药制造业	580495	13791	399	675
化学纤维制造业				
橡胶和塑料制品业	412722	4650	158	209
非金属矿物制品业	736154	4741	470	843
黑色金属冶炼及压延加工业	13315		3	22
有色金属冶炼及压延加工业	963888	26039	313	539
金属制品业	610549	11282	512	513
通用设备制造业	776909	58187	971	1014
专用设备制造业	7495453	165089	4057	6593
汽车制造业	4072335	106594	685	739
铁路、船舶、航空航天和其他运输设备制造业	576694	5481	589	355
电气机械及器材制造业	1904009	29525	764	1082
计算机、通信和其他电子设备制造业	3968584	2828292	1295	1384
仪器仪表制造业	140574	1440	520	766
其他制造业	41513		110	67
废弃资源综合利用业			17	17
金属制品、机械和设备修理业	15379		10	
电力、热力的生产和供应业	101		455	1607
燃气生产和供应业			4	3
水的生产和供应业	22198		66	22

14－19 规模以上工业企业新产品开发项目情况(2019 年)

项　　目	新产品开发项目数(项)	新产品开发经费支出(万元)
总　　计	**8538**	**2266713**
按区县(市)分组:		
芙蓉区	207	19051
天心区	277	51054
岳麓区	2509	419004
开福区	222	26952
雨花区	270	36504
望城区	900	186369
长沙县	1548	803190
浏阳市	1367	400320
宁乡市	1238	324270
按企业规模分组:		
大型企业	969	1149154
中型企业	1899	475065
小型企业	5437	620962
微型企业	233	21532
按登记注册类型分组:		
内资企业	7833	1781699
国有	131	31959
集体	8	218
股份合作		
联营企业		
国有独资公司	172	38812
其他有限责任公司	1524	331915
股份有限公司	756	198573
私营独资	40	4903
私营合伙	32	4933
私营有限责任公司	4283	1032899
私营股份有限公司	887	137489
其他企业		
港、澳、台商投资企业	328	302281
外商投资企业	377	182732

14－19 续表

项　　目	新产品开发项目数(项)	新产品开发经费支出(万元)
按工业行业大类分组:		
煤炭开采和洗选业		
石油和天然气开采业		
黑色金属矿采选业	4	693
有色金属矿采选业	15	1314
非金属矿采选业	2	220
其他采矿业		
农副食品加工业	330	47801
酒、饮料和精制茶制造业	189	44752
酒、饮料和精制茶制造业	72	9721
烟草制品业	3	1548
纺织业	58	27797
纺织服装、服饰业	8	3153
皮革、毛皮、羽毛及其制品和制鞋业	1	91
木材加工及木、竹、藤、棕、草制品业	17	2557
家具制造业	49	4911
造纸及纸制品业	48	11428
印刷和记录媒介复制业	129	21378
文教、工美、体育和娱乐用品制造业	23	3074
石油加工、炼焦及核燃料加工业	16	1787
化学原料及化学制品制造业	635	98253
医药制造业	682	65224
化学纤维制造业		
橡胶和塑料制品业	147	29650
非金属矿物制品业	363	60430
黑色金属冶炼及压延加工业	8	1112
有色金属冶炼及压延加工业	163	96578
金属制品业	380	69937
通用设备制造业	718	121294
专用设备制造业	1134	688335
汽车制造业	465	160695
铁路、船舶、航空航天和其他运输设备制造业	218	61167
电气机械及器材制造业	708	154621
计算机、通信和其他电子设备制造业	1250	390932
仪器仪表制造业	478	40078
其他制造业	30	6652
废弃资源综合利用业	18	2297
金属制品、机械和设备修理业	8	4351
电力、热力的生产和供应业	169	32886
燃气生产和供应业	13	4058
水的生产和供应业	10	820

15 文化、体育、卫生

长沙统计年鉴

15－1 历年文化事业发展情况

单位:个

年 份	电影放映单位	#电影院影剧院	艺术表演团体	艺术表演观众人数(万人)	公共图书馆	文化馆
1949	7	7	9		1	1
1950	6		9		1	2
1952	6	6	10		1	3
1955	6		12		1	6
1957	16	7	14		2	8
1960	24		14		3	7
1962	21	10	17		3	8
1965	102	13	19		4	10
1966	151		4		4	10
1970	138		4		4	10
1975	292		13		4	10
1976	370	18	13		5	10
1977	459		13		5	10
1978	484	31	13	351	5	10
1979	503		14		5	11
1980	510	38	14	506	5	11
1981	504	42	14	431	6	11
1982	506	33	14	432	6	11
1983	537	43	14	323	6	11
1984	780	41	14	271	6	11
1985	844	42	14	207	7	11
1986	822	42	14	186	7	11
1987	818	42	14	154	7	11
1988	817	50	12	87	7	11
1989	802	48	12	70	7	11
1990	807	47	12	118.6	7	11
1991	812	46	12	127	7	11
1992	771	48	12	61.9	7	11

15－1 续表

单位:个

年 份	电影放映单位	# 电影院影剧院	艺术表演团体	艺术表演观众人数（万人）	公共图书馆	文化馆
1993	657	34	12	55.0	7	11
1994	641	32	12	125.3	7	11
1995	644	29	12	130.3	7	11
1996	589	30	12	146.0	7	11
1997	580	31	13	132.0	7	11
1998	581	32	13	171.1	7	11
1999	485	32	13	167.3	7	11
2000	458	20	13	121	7	11
2001	458	20	13		7	11
2002			12	57	7	10
2003			12	272	7	10
2004			12	210.2	7	10
2005			12	247	12	10
2006			12	115	12	10
2007			12	216.1	12	10
2008			12	357.2	12	10
2009			12	203.7	12	10
2010			12	271.2	12	10
2011			12	193.7	12	10
2012			9	166.1	12	10
2013			9	149.3	12	10
2014			9	152.5	12	10
2015			12	201.8	12	10
2016			12	179.9	12	10
2017			12	170.6	12	10
2018			12	163.5	12	10
2019			12	135.8	12	10

注:由于放映市场的变化,电影放映单位无法统计。

15－2 历年出版事业发展情况

年 份	书 籍		课 本（万册）	杂 志		报 纸	
	种 数（种）	总印数（万册）		种 数（种）	总印数（万册）	种 数（种）	总印数（万册）
1951	113	482		3	43		
1952	112	1626		4	245	17	6786
1954	110	589	1563	1	6	10	4503
1955	143	877	1853	2	52	10	5403
1957	267	975	2844	4	169	11	6530
1958	764	5467	3622	6	371	23	19317
1960	676	1361	5070	7	402	16	33318
1962	186	495	2735	2	150	12	6983
1965	233	2549	4568	2	211	7	17000
1970	132	10717	4242			6	10028
1975	185	7640	8618	4	1535	8	33861
1976	134	8373	5974	8	1643	8	38365
1977	88	7384	6606	8	2101	8	36931
1978	134	1983	12102	13	2680	3	30057
1979	317	4736	10614	26	3592	3	31120
1980	426	8563	11190	30	3182	5	20830
1981	568	13442	13002	41	2343	7	29838
1982	780	16082	13595	56	2189	11	33089
1983	985	15300	13882	61	2160	11	45705
1984	998	15818	14000	85	2836	23	55911
1985	1270	18850	16288	124	5149	35	59431
1986	1274	10532	19132	131	5247	38	53400
1987	1482	14073	18757	137	5931	40	60134
1988	2157	37293	23396	146	6037	31	55743
1989	2157	35055	19728	145	4968	31	37317
1990	1892	32135	21393	144	5144	28	40325

15－2 续表

年份	书籍		课本（万册）	杂志		报纸	
	种数（种）	总印数（万册）		种数（种）	总印数（万册）	种数（种）	总印数（万册）
1991	1969	35086	21392	146	6349	32	47414
1992	2124	36436	20686	149	7700	32	37592
1993	2069	33503	19726	165	7899	36	57677
1994	2249	29597	18693	162	7288	36	47815
1995	2357	33677	20146	178	7636	36	55721
1996	2734	39390	21957	180	7700	33	43698
1997	2893	37512	22139	180	7515	36	48190
1998	3262	36375	22489	171	8695	30	54831
1999	3341	30680	21171	183	12271	31	62613
2000	3156	24844	18342	198	10404	44	62354
2001	2612	24851	18007	203	9867	46	69194
2002	2866	32556	23135	213	10844	46	71169
2003	3123	29554	19222	219	12391	44	87814
2004	3353	12345	18830	192	18958	37	78802
2005	3218	8228	21000	202	10925	38	75309
2006	3221	6832	20838	198	9622	38	78381
2007	2535	8231	22735	181	8143	37	75636
2008	4230	12577	16342	184	8467	36	76080
2009	4421	14084	11820	204	11271	42	100554
2010	6222	18783	12202	201	12540	42	101861
2011	8362	21427	12858	205	12140	40	94019
2012	9237	22052	13831	205	12496	40	102698
2013	10064	23745	11890	204	12804	39	105924
2014	9817	27543	14524	204	13247	39	107582
2015	10697	33843	14645	204	13918	38	105635
2016	11622	37518	14107	203	13757	38	70934
2017	11136	31248	14621	207	11473	38	65592
2018	9292	27026	15880	209	8616	38	59510
2019	9504	32146	16601	207	9272	35	55316

注：因新闻出版统计口径变化，从2007年开始，一套书只按一本书计算。

15－3 历年市、县属广播事业发展情况

年份	市台平均日播音时间（时°分′）	市电台覆盖率（%）	县、区广播台、站（个）	市电视台每周播出时间（时°分′）	市电视台覆盖率（%）
1956			1		
1957			3		
1958	8°30′		3		
1960	6°30′		3		
1961	6°30′		3		
1962					
1965			3		
1970			4		
1975			4		
1976			4		
1977			4		
1978			5		
1979			5		
1980	8°30′		5		
1981	11°05′	89.7	5		
1982	11°05′	90	5		
1983	10°00′	46.1	5		
1984	10°30′	63	5		
1985	10°45′	76	5	16°	23.6
1986	11°25′	70	5	22°	23
1987	11°25′	67.1	5	56°	23
1988	11°25′	70	5	35°	50
1989	11°30′		5	56°	80
1990	11°30′		5	56°	90
1991	11°20′		5	56°	90
1992	11°30′	92.7	5	56°	95

15－3 续表

年　　份	市台平均日播音时间（时°分′）	市电台覆盖率（%）	县、区广播台、站（个）	市电视台每周播出时间（时°分′）	市电视台覆盖率（%）
1993	16°30′	95	5	56°	98
1994	16°45′	95	5	56°	98
1995	16°30′	95	5	42°	98
1996	36°30′	96	4	78°	95
1997	49°30′	95	4	125°30′	85.61
1998	36°30′	95	4	174°30′	88.39
1999	36°30′	95	4	238°00′	97.3
2000	37°40′	95	4	206°30′	97.3
2001	43°00′	96.5	4	456°	98.1
2002	54°30′	96.41	4	543°	97.23
2003	60°00′	96.46	4	817°	97.57
2004	64°00′	96.78	4	817°	97.82
2005	88°96′	96.88	4	858°12′	97.88
2006	82°12′	96.91	4	893°56′	97.9
2007	91°30′	96.93	4	916°00′	97.92
2008	139°46′	99.1	4	970°24′	98.48
2009	140°11′	99.14	4	1057°22′	98.49
2010	139°71′	99.14	4	1060°47′	98.49
2011	139°48′	99.3	4	1078°30′	98.61
2012	142°6′	99.3	4	1096°58′	98.62
2013	147°6′	99.32	4	1115°54′	98.68
2014	147°14′	99.41	4	1114°78′	98.89
2015	147°14′	99.41	4	1114°78′	98.91
2016	165°34′	99.41	4	1164°17′	99.04
2017		99.48	4		99.13
2018		99.76	4		99.73
2019		100	4		100

15－4 历年市、县训练体育干部、举办运动会情况

单位：人

年 份	训练体育干部			举办运动会（次）	参赛人次
	合 计	# 裁判员	# 社会体育指导员		
1978	815	455	100	46	…
1979	538	330		43	17168
1980	1367	385	650	64	19263
1981	1967	1030	424	115	38496
1982	1802	496	768	118	37696
1983	1045	515	252	99	47746
1984	1318	606	192	130	32596
1985	745	160	336	266	66424
1986	1390	425	655	280	74000
1987	2126	599	263	467	92404
1988	1468	579	125	428	69558
1989	2642	764	380	728	164013
1990	1278	800	267	1149	563139
1991	2233	1563	86	2357	503469
1992	1540	1161	22	444	83537
1993	941	277	34	144	57401
1994	938	539		128	79684
1995	2162	352	1387	283	148479
1996	2504	450	1343	384	194981
1997	1292	373	174	152	263015
1998	1401	548	99	219	75255
1999	2480	956	307	206	84579
2000	2165	785	136	163	116958
2001	1959	608	321	149	33203
2002	865	361	150	35	22700
2003	2223	1689	370	14	489300
2004	238	60	75	28	30000
2005	776	76	700	26	12000
2006	547	58	489	200	300000
2007	3285	60	3225	214	320000
2008	5215	65	5150	301	450000
2009	5952	73	5879	334	480000
2010	2136	11	2125		
2011	1058	32	1026		
2012	451	51	400		
2013	1049	49	1000		
2014	2235	55	2180		
2015	6861	191	6670		
2016	1907	31	1876		
2017	2097	39	2058		
2018	3051	31	3020		
2019	1410	65	1345		

15－5 历年卫生事业发展情况

年份	机构数（个）	# 医院、卫生院	床位数（张）	# 医院、卫生院	卫生工作人员（人）	# 卫生技术人员	# 执业医师和执业助理医师
1949	34	14	747		1468	1253	
1952	522	38	1478		4167	2367	
1957	993	41	3312		8412	4645	
1962	992		8081		9171	7880	
1963	986	122	8177		10070	7725	
1965	1035	138	8454	5713	11235	8779	
1966	993	152	9746	6613	11112	7944	
1970	768	192	8165	4437	10451	7857	4130
1972	937	304	9276	7842	15749	11345	4949
1975	1066	313	11760	9705	18694	13854	6637
1976	1131	241	12132	11017	19687	14656	7233
1977	1192	316	12410	9941	20447	15416	7370
1978	1195	248	12976	11036	21583	16068	7247
1979	1205	323	13343	10851	23075	16722	8018
1980	1250	290	13356	11974	24637	18266	8435
1981	1337	284	13842	11179	26031	19044	8947
1982	1348	255	14000	11283	26755	19805	9305
1983	1330	317	14051	11521	27787	20979	9668
1984	1397	317	14385	11728	29053	22031	10286
1985	1403	291	13743	11503	29620	21611	10187
1986	1319	290	14940	12085	30196	22106	10034
1987	1388	285	15287	12640	30542	22813	10519
1988	1312	284	16158	13619	31960	23918	11386
1989	1397	300	17823	14281	32871	24606	11868
1990	1346	297	18349	14766	34190	26307	12423
1991	1258	300	19352	15705	34834	26546	12297
1992	1323	300	19968	16470	35549	27092	12225
1993	1009	303	20681	17031	34894	25543	11296
1994	1215	305	20878	17245	36473	26875	12210
1995	1100	205	21378	17594	37115	27553	12107

15－5 续表

年　份	机构数（个）	# 医院、卫生院	床位数（张）	# 医院、卫生院	卫生工作人员（人）	# 卫生技术人员	# 执业医师和执业助理医师
1996	1295	235	20991	17797	37434	27706	11825
1997	1218	246	20751	18240	38107	27966	11526
1998	1281	249	20569	17974	37954	28579	12070
1999	1216	256	21342	18492	38336	28840	12639
2000	1036	263	20590	17281	36225	27460	12345
2001	1086	265	22538	18998	35303	28187	12310
2002	1127	282	22487	20621	34795	27102	11172
2003	1291	282	23405	21024	38415	29909	11655
2004	1440	258	24360	22264	35937	28142	11412
2005	1519	260	27395	25501	37711	28943	12088
2006	1557	252	28845	27240	40681	31180	12692
2007	2259	265	31891	30046	47340	37402	14683
2008	2385	252	35547	31563	50599	40232	15831
2009	2709	265	41603	35909	55564	44888	17153
2010	2655	255	42629	39983	59738	48791	18258
2011	2680	255	47036	42954	66104	53030	19100
2012	4270	254	51285	46382	69011	55978	20268
2013	4690	279	57919	52507	76479	62123	22936
2014	4586	276	63606	57374	81645	66735	24340
2015	4661	284	66036	59927	84857	69634	25599
2016	4605	286	71335	64805	89246	73603	27271
2017	4493	287	73711	66458	93540	77442	29265
2018	4523	331	77253	69913	98486	81548	30793
2019	4633	336	81242	73664	103086	85866	32286

注:1. 2001 年(含)以前“执业医师和执业助理医师”指标统计口径为“医生”。
2. 2007 年卫生系统新的报表制度将医务室、社区卫生服务中心、社区卫生服务站均统计到“卫生机构”中,故数据增加较大。
3. 2012 年卫生系统新的报表制度将村卫生室、门诊部、诊所(医务室)、专业公共卫生机构、其他医疗卫生机构均统计到“卫生机构”中,故数据增加较大,按 2011 年同口径数据为 2902 个。

15－6 医疗机构诊疗人数(2019年)

类别	医疗机构数（个）	总诊疗人次数（万人次）	#门诊人次数
总计	**4633**	**5446.05**	**4760.65**
# 医院	237	2977.98	2513.04
# 卫生院	99	465.31	426.96
# 社区卫生服务机构	295	663.23	598.85
社区卫生服务中心	82	523.52	486.25
社区卫生服务站	213	139.71	112.60

15－7 医疗机构入院、出院人数(2019年)

单位:万人

类别	健康检查人数	入院人数	出院人数
总计	**374.68**	**270.87**	**269.36**
# 医院	215.99	197.37	196.61
# 卫生院	52.40	41.44	40.76
# 社区卫生服务机构	74.08	13.17	13.13
社区卫生服务中心	48.13	13.17	13.13
社区卫生服务站	25.95		

16 区县(市)主要经济和社会指标

16－1 区县(市)年末户籍户数和人口数(2019 年)

单位:人

区县(市)	年末总户数(户)	年末总人口	男 性	女 性	城镇人口	乡村人口
全 市	**2430565**	**7382401**	**3669820**	**3712581**	**5056649**	**2325752**
市区合计	1286731	3643794	1780894	1862900	3180336	463458
芙蓉区	141617	426994	207848	219146	426994	
天心区	193614	506621	249069	257552	492087	14534
岳麓区	286306	803944	392702	411242	678546	125398
开福区	201105	515391	247437	267954	500212	15179
雨花区	265815	738450	362318	376132	697730	40720
望城区	198274	652394	321520	330874	384767	267627
县(市)合计	1143834	3738607	1888926	1849681	1876313	1862294
长沙县	277275	818383	405646	412737	485447	332936
浏阳市	414552	1491285	760040	731245	716303	774982
宁乡市	452007	1428939	723240	705699	674563	754376

16－2 历年分区县(市)年末户籍人口

单位:人

区县(市)	2000 年	2001 年	2002 年	2003 年	2004 年	2005 年	2006 年	2007 年	2008 年	2009 年
全　　市	**5831894**	**5870933**	**5954592**	**6017624**	**6103844**	**6209248**	**6309958**	**6373561**	**6417367**	**6468350**
市区合计	1754142	1807670	1889773	1962561	2024646	2086476	2146096	2187488	2365801	2391675
县(市)合计	4077752	4063263	4064819	4055063	4079198	4122772	4163862	4186073	4051566	4076675
芙蓉区	313987	323035	334844	345817	359797	370498	381843	397760	408441	406271
天心区	356518	369082	386443	401010	417866	422118	429104	421136	412568	407537
岳麓区	314706	326408	353719	376124	386266	395385	416715	431013	617889	625527
开福区	376771	381347	388545	395399	399750	410326	415841	416085	411404	414841
雨花区	392160	407798	426222	444211	460967	488149	502593	521494	515499	537499
望城区	713953	706877	706546	704964	702481	710330	717055	712314	541622	541037
长沙县	735402	735958	734198	734731	737560	745179	755524	764869	775815	781972
浏阳市	1320593	1318343	1318611	1325928	1332120	1345410	1355160	1363979	1380303	1393501
宁乡市	1307804	1302085	1305464	1289440	1307037	1321853	1336123	1344911	1353826	1360165

16－2 续表

区县(市)	2010 年	2011 年	2012 年	2013 年	2014 年	2015 年	2016 年	2017 年	2018 年	2019 年
全　　市	**6501248**	**6566185**	**6606166**	**6628122**	**6714121**	**6803579**	**6959998**	**7087939**	**7288583**	**7382401**
市区合计	2395348	2967851	2979005	2992513	3035103	3184995	3283293	3397749	3557549	3643794
县(市)合计	4105900	3598334	3627161	3635609	3679018	3618584	3676705	3690190	3731034	3738607
芙蓉区	406641	409726	408872	406273	403948	403073	399936	403972	424671	426994
天心区	400566	398395	396222	392340	397329	445700	460205	475285	496128	506621
岳麓区	627763	630265	626976	624428	644834	645883	674871	720473	783265	803944
开福区	419868	426620	433334	441605	452168	461884	475865	487524	505571	515391
雨花区	540510	550721	556458	565405	576257	648812	669357	690021	720819	738450
望城区	544314	552124	557143	562462	560567	579643	603059	620474	627095	652394
长沙县	788566	803861	813395	818874	832244	743210	764869	785647	806327	818383
浏阳市	1407104	1423524	1436248	1439697	1453246	1469104	1489306	1483717	1493770	1491285
宁乡市	1365916	1370949	1377518	1377038	1393528	1406270	1422530	1420826	1430937	1428939

注:望城区从 2011 年开始撤县设区,数据纳入市区合计。

16－3 历年分区县(市)年末常住人口

单位:人

区县(市)	2000年	2001年	2002年	2003年	2004年	2005年	2006年	2007年	2008年	2009年
全　　市	**6138719**	**6200800**	**6268778**	**6283499**	**6290000**	**6393000**	**6465000**	**6529200**	**6585600**	**6642200**
市区合计	2122873	2220025	2273184	2304859	2310860	2372600	2413421	2498341	2682518	2725458
县(市)合计	4015846	3980775	3995594	3978640	3979140	4020400	4051579	4030859	3903082	3916742
芙蓉区	390074	410289	417362	417794	419095	431600	440809	447418	460403	460700
天心区	396827	428547	437439	442319	443619	448100	455086	460588	451650	452296
岳麓区	409939	423318	438665	443720	444820	455300	464847	482435	673884	694057
开福区	423645	433394	442120	454530	455530	467600	474851	484299	479420	484405
雨花区	502388	524477	537598	546496	547796	570000	577828	623601	617161	634000
望城区	686349	673420	677953	678439	678539	686000	692760	688188	519050	522200
长沙县	774707	763529	769660	770218	770318	778300	786069	790656	803428	805249
浏阳市	1307572	1303121	1303096	1306304	1306404	1319400	1328470	1310784	1329107	1333923
宁乡市	1247218	1240705	1244885	1223679	1223879	1236700	1244280	1241231	1251497	1255370

16－3 续表

区县(市)	2010年	2011年	2012年	2013年	2014年	2015年	2016年	2017年	2018年	2019年
全　　市	**7040709**	**7090700**	**7146600**	**7221400**	**7311500**	**7431800**	**7645200**	**7918100**	**8154700**	**8394500**
市区合计	3092034	3650800	3676000	3711400	3757600	3972900	4116400	4267500	4409500	4573200
县(市)合计	3948675	3439900	3470600	3510000	3553900	3458900	3528800	3650600	3745200	3821300
芙蓉区	523989	528200	530600	533300	539200	542800	575800	595400	589500	582900
天心区	475196	479000	479300	481600	487400	596800	643400	664300	669600	666000
岳麓区	801720	811800	812200	813800	818900	826500	837900	849600	893000	958000
开福区	567140	572900	579700	588400	595000	606000	621600	636900	664800	690800
雨花区	723989	731300	740800	748200	755000	824600	836400	888000	927400	949800
望城区	523650	527600	533400	546100	562100	576200	601300	633300	665200	725700
长沙县	979420	986700	998600	1008600	1037800	916000	945800	1041000	1088900	1109400
浏阳市	1279469	1284600	1285500	1295100	1297700	1307400	1317400	1327400	1351300	1373500
宁乡市	1166136	1168600	1186500	1206300	1218400	1235500	1265600	1282200	1305000	1338400

注:1. 2010年为人口普查以后的年报数,比以前年度数据有较大的增加。
2. 望城区从2011年开始撤县设区,数据纳入市区合计。
3. 因区划调整,2015年长沙县、天心区、雨花区人口数据调整。

16－4 区县（市）人口自然变动情况（2019年）

区县（市）	出生人口（人）	死亡人口（人）	自然增长人数（人）	出生率（‰）	死亡率（‰）	自然增长率（‰）
全　　市	**91202**	**57928**	**33274**	**12.43**	**7.90**	**4.53**
市区合计	50394	25277	25117	14.00	7.02	6.98
芙蓉区	4546	2932	1614	10.68	6.89	3.79
天心区	7023	4361	2662	14.01	8.70	5.31
岳麓区	13044	4634	8410	16.39	5.96	10.44
开福区	6807	4801	2006	13.33	9.40	3.93
雨花区	9749	4925	4824	13.36	6.75	6.61
望城区	9225	3624	5601	14.33	5.49	8.84
县（市）合计	40808	32651	8157	10.93	8.74	2.19
长沙县	10750	6127	4623	13.23	7.54	5.69
浏阳市	15382	13840	1542	10.31	9.27	1.03
宁乡市	14676	12684	1992	10.26	8.87	1.39

16－5 区县（市）人口机械增长情况（2019年）

区县（市）	迁入人数（人）	迁出人数（人）	机械增长人数（人）	机械增长率（‰）	自然、机械净增人数（人）	净增率（‰）
全　　市	**154611**	**46041**	**108570**	**14.80**	**141844**	**19.34**
市区合计	131309	31882	99427	27.61	124544	34.59
芙蓉区	16286	5510	10776	25.31	12390	29.10
天心区	19864	4366	15498	30.91	18160	36.22
岳麓区	37797	8519	29278	35.57	37688	46.01
开福区	16948	3757	13191	25.84	15197	29.77
雨花区	28043	6598	21445	29.39	26269	36.00
望城区	12371	3132	9239	14.61	14840	23.45
县（市）合计	23302	14159	9143	2.45	17300	4.63
长沙县	12792	4536	8256	10.16	12879	15.85
浏阳市	5128	4619	509	0.34	2051	1.37
宁乡市	5382	5004	378	0.26	2370	1.66

16－6 区县(市)地区生产总值(2019年)

单位:万元

指标	芙蓉区	天心区	岳麓区	开福区	雨花区	望城区	长沙县	浏阳市	宁乡市
地区生产总值	11263188	10806445	12882000	10060860	20757656	8092347	17099645	14088486	10691033
农、林、牧、渔业	73	15160	107966	10845	55622	511813	778378	1142192	1179636
工业	416936	1154567	2127152	467475	7851770	1830637	7221779	6838236	4147730
建筑业	1013270	2094736	1255552	973008	3349817	1112953	1578574	348010	409974
批发和零售业	1776588	991178	1111072	1573932	1721052	981313	1292417	1671645	1247371
交通运输、仓储和邮政业	521032	583053	413312	604447	644267	254136	744623	328579	306992
住宿和餐饮业	413975	359985	346647	416862	360312	270263	424691	393718	412425
金融业	2404310	1146075	932927	1273306	1403816	128501	517604	330112	222437
房地产业	1099564	836486	1152217	606937	1164190	877955	967247	459092	744455
营利性服务业	1828618	2577177	1731236	2647528	2057019	1025956	1119263	1358759	1037185
非营利性服务业	1788822	1048028	3703919	1486520	2149791	1098820	2455069	1218143	982828
第一产业	52	14498	103954	10436	53544	478942	741630	1078397	1115427
第二产业	1430206	3248922	3379407	1440483	11189024	2940350	8790315	7163406	4557331
第三产业	9832930	7543025	9398639	8609941	9515088	4673055	7567700	5846683	5018275

16－7 区县(市)地区生产总值增长速度(2019年)

单位:%

指标	芙蓉区	天心区	岳麓区	开福区	雨花区	望城区	长沙县	浏阳市	宁乡市
地区生产总值	8.0	8.5	8.8	7.3	7.7	8.8	8.2	9.2	9.1
农、林、牧、渔业	-79.8	-5.2	-5.7	-14.7	-2.4	4.2	4.0	4.0	3.7
工业	3.7	3.7	11.5	8.0	5.5	11.3	10.0	11.1	11.4
建筑业	6.1	9.9	1.0	-0.1	9.2	8.9	0.4	2.0	2.0
批发和零售业	6.8	8.6	8.3	5.8	5.4	9.9	-4.4	9.6	5.3
交通运输、仓储和邮政业	10.1	13.5	11.0	11.9	6.1	10.2	8.7	11.1	11.5
住宿和餐饮业	3.0	6.5	2.9	5.2	5.0	-4.5	5.0	5.8	6.0
金融业	9.4	8.4	9.4	9.3	9.5	11.8	9.9	8.5	10.1
房地产业	4.8	-3.7	5.4	4.4	10.2	1.1	4.8	0.8	2.2
营利性服务业	8.5	11.1	10.9	9.1	14.1	13.8	11.9	7.9	14.6
非营利性服务业	11.3	12.0	9.7	8.4	8.6	9.6	17.4	9.5	10.3
第一产业	-79.8	-4.8	-5.4	-15.0	-2.2	4.0	3.8	3.8	3.5
第二产业	5.4	7.2	8.6	2.8	6.4	10.6	8.3	10.3	10.7
第三产业	8.3	9.2	9.1	8.2	9.4	8.2	8.5	8.8	8.6

16－8 区县(市)规模以上工业企业主要经济指标(2019年)

单位:万元

区县(市)	资产总计	负债合计	营业收入	利润总额
全　市	**107688948**	**57578623**	**93257801**	**8091315**
芙蓉区	927309	445723	509065	23259
天心区	9160558	6593093	3634919	84678
岳麓区	24438282	11903902	8724478	1013300
开福区	1197956	682669	1069010	53595
雨花区	11160136	3571887	12258728	846196
望城区	7156037	3928790	7782047	642450
长沙县	33876599	21402620	24078894	2658196
浏阳市	9842896	4086588	21592794	1354130
宁乡市	9929174	4963351	13607867	1415510

16－9 区县(市)单位GDP能耗上升或下降

单位:%

年份	全　市	芙蓉区	天心区	岳麓区	开福区	雨花区	望城区	长沙县	浏阳市	宁乡市
2006	-3.89	-4.35	-4.28	-5.28	-5.59	-2.06	-5.54	-4.90	-4.67	-4.41
2007	-4.69	-4.80	-5.04	-5.74	-5.08	-5.69	-4.36	-4.38	-4.23	-4.50
2008	-6.10	-6.29	-6.25	-6.04	-6.03	-6.01	-6.23	-6.32	-5.84	-6.50
2009	-4.53	-5.56	-4.66	-4.42	-4.61	-4.81	-4.52	-4.68	-5.52	-4.50
2010	-2.29	-1.66	-2.21	-2.02	-1.60	-3.19	-1.23	-3.22	-2.28	-3.54
2011	-3.96	-3.77	-3.69	-3.49	-3.36	-3.71	-3.68	-3.93	-4.18	-4.22
2012	-6.04	-5.21	-5.62	-6.21	-5.44	-5.99	-7.80	-6.07	-6.20	-6.46
2013	-4.56	-4.72	-4.79	-4.20	-4.55	-4.88	-4.12	-5.66	-5.93	-5.77
2014	-5.71	-5.49	-5.30	-5.67	-5.39	-5.86	-7.67	-6.03	-6.48	-7.88
2015	-5.77	-4.79	-4.91	-6.91	-5.23	-4.67	-4.20	-4.09	-7.60	-11.94
2016	-4.26	-5.33	-3.35	-6.72	-3.47	-1.30	-2.26	-4.38	-7.74	-5.93
2017	-5.60	-5.70	-5.14	-5.43	-5.54	-5.49	-5.59	-7.11	-6.16	-6.24
2018	-4.77	-4.54	-5.36	-4.72	-5.00	-5.77	-4.32	-5.56	-5.04	-4.71
2019	-4.85	-4.68	-4.83	-4.77	-3.95	-4.78	-5.62	-5.59	-6.43	-5.44

16－10 区县(市)单位GDP电耗上升或下降

单位:%

年份	全 市	芙蓉区	天心区	岳麓区	开福区	雨花区	望城区	长沙县	浏阳市	宁乡市
2006	－2.14	－9.88	－3.17	－5.35	－8.23	2.94	17.62	－1.04	4.92	－7.83
2007	－4.45	－10.43	－3.02	－3.98	－9.27	－7.76	－7.03	－2.20	7.94	0.24
2008	－5.48	－9.53	－0.70	－9.14	－6.17	6.47	－3.89	－16.97	－15.83	－4.29
2009	－3.05	－4.79	－19.39	－4.39	－15.60	－14.95	－13.97	－27.29	－1.76	2.45
2010	－1.52	－2.41	－4.17	－5.67	－4.81	－1.51	－1.63	－2.85	8.40	－0.78
2011	0.22	－2.56	－1.62	－3.52	－0.96	－0.36	7.49	0.13	10.51	－2.03
2012	－1.46	－5.10	－4.80	－6.61	－4.50	－5.21	6.30	2.77	5.37	－8.84
2013	－2.31	－3.16	－2.92	－2.75	－2.99	－2.69	－6.62	3.60	－5.15	－4.69
2014	－7.58	－8.04	－7.55	－9.06	－8.84	－6.83	－11.63	－2.07	－7.72	－12.71
2015	－1.69	－1.55	－4.00	－2.83	－2.28	－5.07	5.49	7.36	－4.67	－14.59
2016	5.21	3.58	4.47	2.69	2.92	2.40	26.14	6.75	－2.59	－0.98
2017	0.23	－3.84	－2.29	－1.04	－4.52	－2.53	－5.84	4.18	7.03	3.36
2018	6.98	5.24	4.61	5.71	4.76	3.76	7.07	8.95	8.94	7.41
2019	0.60	－2.71	－1.70	0.56	3.05	－1.76	12.55	－3.81	－3.06	5.85

16－11 区县(市)房地产投资主要指标完成情况(2019年)

区县(市)	房地产开发投资(万元)	商品房销售面积(万 m^2)
长沙市	16684029	23348623
芙蓉区	776382	983893
天心区	1098136	1361234
岳麓区	4380736	4832537
开福区	1866957	1479710
雨花区	2783317	3550069
望城区	1608995	4085506
长沙县	2459418	3232254
浏阳市	568320	1463983
宁乡市	1141768	2359437

16－12 区县(市)财政收入(2019年)

指 标	全市	市本级	芙蓉区	天心区
地方一般公共预算收入	9502290	4222551	327553	461948
税收收入	6654069	2835286	223473	297066
营业税				
增值税	2073841	643990	103799	165594
企业所得税	696154	399642	17683	33398
个人所得税	270212	184315	12281	7565
资源税	1834	79		
固定资产投资方向调节税				
城市维护建设税	547893	412755		
房产税	336261	110783	25565	24171
印花税	138102	44348	8608	9435
城镇土地使用税	160080	99430		
土地增值税	1058388	251556	30533	54120
车船税	95678	60918		
船舶吨税				
车辆购置税				
关税				
耕地占用税	189626	11471	24860	2607
契税	1072214	614554		
烟叶税	5447			
环境保护税	3133	475		
其他税收收入	5206	970	144	176
非税收入	2848221	1387265	104080	164882
专项收入	1201320	947226	2284	2455
行政事业性收费收入	302144	142568	2605	3533
罚没收入	147715	62864	3514	1910
国有资本经营收入	546	546		
国有资源(资产)有偿使用收入	746086	82478	45378	118459
其他收入	450410	151583	50299	38525
政府性基金预算收入合计	8592141	4189155		

单位:万元

岳麓区	开福区	雨花区	望城区	长沙县	浏阳市	宁乡市
392695	450508	613618	580853	1112354	802122	538088
309920	280483	356871	443962	911083	595513	400412
127489	119715	144786	162070	297653	188387	120358
51805	33850	34847	20037	38613	27275	39004
9465	10964	9948	2084	8764	11474	13352
			30	95	991	639
			32480	49996	30358	22304
20707	20035	30773	15524	54258	15195	19250
8391	6877	14521	7633	24844	6426	7019
			16858	22507	9977	11308
82111	66028	101880	60534	255814	103659	52153
			2540	7011	20221	4988
9164	22952	19848	13302	25247	46261	13914
			109528	125195	129428	93509
					3374	2073
			271	335	1558	494
788	62	268	1071	751	929	47
82775	170025	256747	136891	201271	206609	137676
1394	2163	4036	29500	146715	37678	27869
18191	1831	2731	54555	23381	22638	30111
1820	4862	3558	13888	13538	28439	13322
59323	130961	176094	38508	5458	55981	33446
2047	30208	70328	440	12179	61873	32928
			876330	1604720	912936	1009000

16－13 区县(市)财政支出(2019年)

单位:万元

指　　标	全市	市本级	芙蓉区	天心区	岳麓区	开福区
一般公共预算支出	14259810	5276951	588826	631933	652557	754881
一般公共服务	1797033	341598	103887	161480	167369	166507
科学技术	492477	225824	15976	12059	19855	16623
交通运输	445125	253099	1255	1681	3073	7495
农林水	917806	120488	17649	15611	43399	51132
节能环保	633670	227310	13243	36473	8879	20851
城乡社区	4009113	2076238	175486	158397	117852	243883
文化旅游体育与传媒	170822	80283	5868	4273	3752	2147
教育支出	2111796	635869	111655	118923	137874	99766
卫生健康	718398	177006	22153	25120	36966	27260
商业服务业等	192057	103064	1708	3124	1886	12233
社会保障和就业	1153813	312360	71361	52986	73360	61782
公共安全	689809	413349	15816	12851	7751	12055
外交支出						
其他支出	927891	310463	32769	28955	30541	33147

16－13 续表

指　　标	雨花区	望城区	长沙县	浏阳市	宁乡市
一般公共预算支出	916087	1103187	1862496	1420745	1052147
一般公共服务	256877	121417	257973	104584	115341
科学技术	16739	24503	112226	25128	23544
交通运输	5879	42345	49044	39087	42167
农林水	23985	119169	179817	181727	164829
节能环保	31961	78593	155191	43588	17581
城乡社区	207394	215001	395641	315877	103344
文化旅游体育与传媒	3207	15924	22001	19090	14277
教育支出	160121	159050	233357	271248	183933
卫生健康	29634	82851	111095	98813	107500
商业服务业等	25901	9606	26426	4073	4036
社会保障和就业	84054	120556	92289	139538	145527
公共安全	26746	43471	86987	35512	35271
外交支出					
其他支出	43589	70701	140449	142480	94797

16－14 区县(市)历年社会消费品零售总额

单位:万元

年份	全市	芙蓉区	天心区	岳麓区	开福区	雨花区	长沙县	望城区	宁乡市	浏阳市
2003	5057128	1270555	633040	338459	881412	817150	288431	180061	302181	345839
2004	5943647	1476313	745127	411283	1028856	971598	334322	217274	353833	405041
2005	6912442	1482042	772772	528408	1110198	1305888	461069	242434	507830	501801
2006	8079595	1709166	901755	637662	1274871	1537468	542785	292354	595130	588404
2007	9715761	2011392	1095920	782911	1545687	1851834	653604	358666	709836	705911
2008	11813109	2413867	1322424	969696	1860685	2234927	805544	437546	883278	885143
2009	13573325	2703412	1489120	1187630	2071616	2582495	1053421	456075	1016485	1013072
2010	16220858	2991828	1765838	1475320	2435324	3130759	1427685	554907	1225365	1213832
2011	19505532	3437831	2066179	1802807	2844006	3794804	1950191	693292	1472798	1443624
2012	22231254	3833486	2343046	2131939	3123076	4292964	2330219	849474	1685805	1641245
2013	25284617	4226546	2677534	2503172	3442926	4811682	2766702	1050515	1941083	1864457
2014	28314880	4455917	2959137	2972440	3796756	5141761	3312598	1357580	2213858	2104834
2015	31502425	4746144	3197794	3362951	4107805	5470871	3866697	1720418	2590676	2439069
2016	34819847	5036397	3327238	3844181	4309852	5795012	4414287	2270386	3017171	2805323
2017	38222477	5257349	3637380	4518010	4533848	5848521	4924422	2832682	3492665	3177602
2018	41692424	5442502	3861623	4993855	4816143	6230483	5333345	3469575	3968517	3576382
2019	45894043	5950521	4222145	5485312	5284554	6755284	5834181	3988410	4409652	3963984

注:根据第四次全国经济普查结果对2003－2019年区县(市)社会消费品零售总额进行了调整。

17 全国三十五个直辖市、省会和副省级城市主要经济社会指标

长沙统计年鉴

全国三十五个城市主要经济社会指标(2019 年)

单位:亿元

城市	地区生产总值				第一产业增加值			
	2019 年	位次	比上年±%	位次	2019 年	位次	比上年±%	位次
长沙	**11574.22**	**14**	**8.1**	**1**	**359.69**	**10**	**3.2**	**12**
郑州	11589.70	13	6.5	20	140.90	24	-4.9	34
太原	4028.51	29	6.6	19	42.48	30	2.1	19
合肥	9409.40	16	7.6	7	291.90	15	1.7	24
武汉	16223.21	7	7.4	10	378.99	9	3.0	13
南昌	5596.18	25	8.0	2	212.89	21	2.9	15
石家庄	5809.90	24	6.7	17	449.50	7	1.6	25
南宁	4506.56	27	5.0	31	507.27	5	5.3	4
成都	17012.65	6	7.8	5	612.18	2	2.5	17
西安	9321.19	18	7.0	12	279.13	18	4.3	6
贵阳	4039.60	28	7.4	10	161.34	23	5.6	1
昆明	6475.88	20	6.5	20	270.29	19	5.5	2
兰州	2837.36	31	6.0	28	51.68	29	5.5	2
乌鲁木齐	3413.26	30	6.5	20	27.69	31	2.1	19
西宁			7.5	8			4.2	7
呼和浩特	2791.46	32	5.5	30	114.21	25	1.2	28
银川			6.3	25			2.0	22
沈阳	6470.30	21	4.2	34	284.00	17	3.8	9
长春	5904.10	23	3.0	35	348.10	11	2.1	19
哈尔滨	5249.40	26	4.4	33	569.50	3	2.6	16
福州	9392.30	17	7.9	3	526.47	4	3.8	9
海口	1671.93	33	7.5	8	71.18	28	-1.4	32
南京	14030.15	10	7.8	5	289.82	16	0.7	29
杭州	15373.00	8	6.8	14	326.00	13	1.9	23
广州	23628.60	4	6.8	14	251.37	20	3.9	8
济南	9443.40	15	7.0	12	343.10	12	1.3	27
北京	35371.30	2	6.1	27	113.70	26	-2.5	33
上海	38155.32	1	6.0	28	103.88	27	-5.0	35
天津	14104.28	9	4.8	32	185.23	22	0.2	31
重庆	23605.77	5	6.3	25	1551.42	1	3.6	11
大连	7001.70	19	6.5	20	458.50	6	3.0	13
青岛	11741.31	12	6.5	20	409.98	8	1.6	25
宁波	11985.10	11	6.8	14	322.30	14	2.3	18
深圳	26927.09	3	6.7	17	25.20	33	5.2	5
厦门	5995.04	22	7.9	3	26.49	32	0.7	29

续表 1

单位：亿元

城 市	第二产业增加值				第三产业增加值			
	2019 年	位次	比上年±%	位次	2019 年	位次	比上年±%	位次
长 沙	**4439.32**	**13**	**7.9**	**5**	**6775.21**	**13**	**8.4**	**6**
郑 州	4617.00	12	6.2	15	6831.80	12	7.1	21
太 原	1518.64	26	5.9	18	2467.39	29	7.1	21
合 肥	3415.30	16	7.7	8	5702.20	17	7.8	17
武 汉	5988.88	5	6.5	12	9855.34	8	8.2	11
南 昌	2653.82	20	8.0	4	2729.47	27	8.4	6
石家庄	1831.70	25	2.1	32	3528.70	22	9.8	1
南 宁	1044.97	29	4.4	26	2954.32	26	5.2	31
成 都	5244.62	8	7.0	10	11155.86	6	8.6	4
西 安	3167.44	18	7.6	9	5874.62	15	6.8	25
贵 阳	1496.67	27	8.2	3	2381.59	30	7.0	23
昆 明	2078.75	24	4.6	24	4126.84	19	7.7	18
兰 州	945.38	30	1.9	33	1840.30	32	8.4	6
乌鲁木齐	906.14	31	1.1	34	2479.43	28	8.4	6
西 宁			6.1	17			9.3	2
呼和浩特	823.84	32	2.2	31	1853.41	31	7.3	20
银 川			6.4	13			6.5	27
沈 阳	2178.60	23	2.4	30	4007.60	20	5.2	31
长 春	2495.40	21	5.3	20	3060.60	25	1.0	35
哈尔滨	1127.30	28	3.1	29	3352.60	24	5.2	31
福 州	3830.99	15	7.8	6	5034.84	18	8.3	10
海 口	276.00	33	3.6	27	1324.75	33	8.8	3
南 京	5040.86	9	6.7	11	8699.47	10	8.6	4
杭 州	4875.00	11	5.0	21	10172.00	7	8.0	14
广 州	6454.00	4	5.5	19	16923.23	3	7.5	19
济 南	3265.20	17	7.8	6	5835.10	16	7.0	23
北 京	5715.10	7	4.5	25	29542.50	1	6.4	28
上 海	10299.16	2	0.5	35	27752.28	2	8.2	11
天 津	4969.18	10	3.2	28	8949.87	9	5.9	30
重 庆	9496.84	3	6.4	13	12557.51	5	6.4	28
大 连	2799.80	19	11.9	1	3743.30	21	2.9	34
青 岛	4182.76	14	4.7	23	7148.57	11	8.0	14
宁 波	5782.90	6	6.2	15	5879.90	14	7.9	16
深 圳	10495.84	1	4.9	22	16406.06	4	8.1	13
厦 门	2493.99	22	9.7	2	3474.56	23	6.6	26

续表 2

城市	规模以上工业增加值		固定资产投资	
	2019 年比 2018 年 ±%	位次	2019 年比 2018 年 ±%	位次
长　沙	**9.1**	**2**	**10.1**	**10**
郑　州	6.1	15	2.8	24
太　原	4.5	21	10.2	8
合　肥	8.6	4	9.0	14
武　汉	4.4	22	9.8	13
南　昌	8.5	6	10.2	8
石家庄	1.3	32	6.2	20
南　宁	1.0	33	9.9	12
成　都	7.8	7	10.0	11
西　安	6.9	9	1.1	29
贵　阳	6.3	12	1.5	28
昆　明	4.8	19	2.8	24
兰　州	2.0	30	-4.7	31
乌鲁木齐	1.7	31	2.0	27
西　宁	6.5	10	2.6	26
呼和浩特	2.3	29	5.2	22
银　川	6.0	16	-6.2	32
沈　阳	2.8	27	13.2	5
长　春	6.2	13	-19.0	34
哈尔滨	2.5	28	7.3	19
福　州	8.7	3	9.0	14
海　口	3.2	25	-15.4	33
南　京	7.0	8	8.0	18
杭　州	5.1	17	11.6	7
广　州	5.1	17	16.5	3
济　南	4.2	23	12.6	6
北　京	3.1	26	-2.4	30
上　海	0.4	35	5.1	23
天　津	3.4	24	13.9	4
重　庆	6.2	13	5.7	21
大　连	16.1	1	-19.8	35
青　岛	0.6	34	21.6	1
宁　波	6.4	11	8.1	17
深　圳	4.7	20	18.8	2
厦　门	8.6	4	9.0	14

续表 3

单位:亿元

城市	社会消费品零售总额				地方一般公共预算收入			
	2019 年	位次	比上年±%	位次	2019 年	位次	比上年±%	位次
长沙	**4589.40**	**15**	**10.1**	**4**	**950.23**	**14**	**8.0**	**5**
郑州	4671.52	14	9.5	8	1222.53	13	6.1	13
太原	1952.81	23	7.8	16	386.62	28	3.6	17
合肥	3234.51	19	8.7	11	745.99	17	4.7	15
武汉	7449.64	6	8.9	9	1564.12	9	2.3	21
南昌	2369.33	21	11.2	2	476.08	24	3.1	18
石家庄	3545.40	18	8.3	13	569.10	23	9.5	2
南宁	2307.41	22	4.2	30	370.93	29	6.3	12
成都	7478.40	5	9.9	5	1483.00	10	7.9	6
西安			6.0	25	702.55	19	2.6	20
贵阳	1380.41	28	6.2	23	417.26	27	1.4	23
昆明	3056.57	20	9.7	6	630.03	22	5.8	14
兰州	1454.94	26	7.6	19	233.23	31	-0.1	28
乌鲁木齐	1389.19	27	2.6	33	472.46	25	3.1	18
西宁	592.59	30	5.0	28	101.79	35	9.5	2
呼和浩特	1646.53	25	2.7	32	203.12	32	-0.8	29
银川			6.2	23	154.70	34	-10.7	34
沈阳	4479.60	16	10.6	3	730.30	18	1.3	24
长春			3.9	31	420.00	26	-12.1	35
哈尔滨			5.6	26	370.90	30	-3.5	32
福州	5120.26	13	9.6	7	668.08	21	-1.8	31
海口	785.58	29	4.7	29	185.34	33	9.1	4
南京	6135.74	9	5.2	27	1580.03	8	7.5	8
杭州	6215.00	8	8.8	10	1966.00	6	7.7	7
广州	9975.59	3	7.8	16	1697.21	7	4.0	16
济南	5162.20	12	8.1	14	874.20	15	7.2	9
北京	27318.90	1	7.5	20	5817.10	2	0.5	27
上海	13497.21	2	6.5	22	7165.10	1	0.8	25
天津	5516.05	10	-0.3	35	2410.25	4	14.4	1
重庆	8667.34	4	8.7	11	2134.90	5	-5.8	33
大连			1.8	34	692.80	20	-1.6	30
青岛	5234.20	11	8.1	14	1241.70	12	0.8	25
宁波	4473.70	17	7.7	18	1468.50	11	6.4	11
深圳	6582.85	7	6.7	21	3773.21	3	6.5	10
厦门	1731.85	24	12.2	1	768.32	16	1.8	22

续表 4

单位:亿元

城市	进出口总额(海关口径)				出口总额			
	2019 年	位次	比上年 ± %	位次	2019 年	位次	比上年 ± %	位次
长　　沙	**2002.03**	**19**	**56.4**	**1**	**1396.43**	**17**	**69.9**	**1**
郑　　州	4129.91	14	0.6	23	2678.25	13	3.9	21
太　　原	1119.56	21	3.1	20	651.72	21	-1.7	26
合　　肥	2221.20	18	9.5	12	1392.45	18	15.7	7
武　　汉	2440.20	17	13.7	8	1362.30	19	7.1	16
南　　昌	1061.77	24	34.8	2	645.78	22	43.0	2
石 家 庄	1178.80	20	28.4	3	655.10	20	14.6	9
南　　宁	747.79	27	1.0	22	363.91	24	2.5	23
成　　都	5822.70	9	16.9	7	3309.80	10	20.6	5
西　　安	3243.06	15	-1.8	28	1730.21	16	-11.6	34
贵　　阳	286.36	30	18.8	5	210.06	28	21.0	4
昆　　明	909.71	26	0.3	24	248.62	27	-5.7	29
兰　　州	119.41	34	-10.4	34	71.83	33	-4.6	28
乌鲁木齐	512.64	28	-0.1	26	334.36	25	-7.5	32
西　　宁	26.38	35	-15.6	35	11.77	35	7.6	13
呼和浩特	124.30	33	6.5	17	63.50	34	13.6	10
银　　川	157.60	32	-6.4	31	104.40	31	-18.1	35
沈　　阳	1072.80	23	9.0	13	315.90	26	-7.7	33
长　　春	995.80	25	-5.6	30	148.60	29	-2.6	27
哈 尔 滨	251.50	31	19.9	4	119.80	30	15.7	7
福　　州	2525.80	16	3.2	19	1802.00	15	9.0	12
海　　口	331.38	29	-2.9	29	86.33	32	28.4	3
南　　京	4828.15	12	11.8	9	3006.85	12	20.2	6
杭　　州	5597.00	11	6.7	16	3613.00	7	5.7	18
广　　州	9995.81	4	1.9	21	5257.98	4	-6.2	31
济　　南	1103.30	22	17.9	6	622.50	23	5.2	20
北　　京	28663.50	3	5.4	18	5167.80	5	6.1	17
上　　海	34046.82	1	0.1	25	13720.91	2	0.4	25
天　　津	7346.03	6	-9.1	33	3017.81	11	-5.9	30
重　　庆	5792.78	10	11.0	11	3712.92	6	9.4	11
大　　连	4352.78	13	-7.5	32	1914.80	14	1.2	24
青　　岛	5925.60	8	11.2	10	3411.90	9	7.4	15
宁　　波	9170.30	5	6.9	14	5969.60	3	7.6	13
深　　圳	29773.86	2	-0.6	27	16708.95	1	2.7	22
厦　　门	6412.89	7	6.9	14	3528.71	8	5.7	18

注:1. 贵阳、昆明进出口总额为 41.51 亿美元和 131.85 亿美元,表中数据按汇率将美元折算成人民币,2019 年人民币汇率为 1 美元兑 6.8985 元人民币;增长速度按美元统计口径计算。

2. 贵阳、昆明出口额为 30.45 亿美元和 36.04 亿美元,表中数据按汇率将美元折算成人民币,2019 年人民币汇率为 1 美元兑 6.8985 元人民币;增长速度按美元统计口径计算。

续表5

城市	实际使用外商直接投资（亿美元）				城镇居民人均可支配收入（元）			
	2019年	位次	比上年±%	位次	2019年	位次	比上年±%	位次
长　沙	**63.74**	**8**	**10.3**	**17**	**55211**	**9**	**8.7**	**7**
郑　州	44.05	12	4.6	24	42087	23	7.8	21
太　原	0.97	31	1025.8	1	36362	33	8.0	17
合　肥	33.92	15	5.0	23	45404	20	9.5	2
武　汉	123.09	3	12.6	13	51706	12	9.2	3
南　昌	37.72	14	8.1	20	44136	21	8.1	15
石家庄	16.20	22	8.8	19	38550	27	8.4	13
南　宁	3.10	29	120.4	5	37675	32	6.8	30
成　都	80.40	4	11.8	15	45878	19	8.9	4
西　安	70.57	7	11.1	16	41850	24	8.1	15
贵　阳	17.80	20	13.0	12	38240	28	8.9	4
昆　明	6.49	26	23.3	8	46289	17	7.7	23
兰　州					38095	30	8.8	6
乌鲁木齐	0.07	32	180.0	2	42667	22	6.4	32
西　宁	0.00	33	0.0	28	34846	34	7.4	24
呼和浩特					49397	13	6.1	34
银　川	2.00	30	177.3	3	38217	29	7.4	24
沈　阳	16.50	21	15.3	10	46786	15	6.2	33
长　春	3.30	27			37844	31	7.0	29
哈尔滨	3.30	27	0.0	28	40007	25	5.8	35
福　州	9.40	23	12.3	14	47920	14	7.8	21
海　口	6.72	25	164.0	4	38977	26	7.9	19
南　京	41.01	13	6.4	22	64372	6	8.5	10
杭　州	61.30	9	14.0	11	66068	3	8.0	17
广　州	71.43	6	8.1	20	65052	4	8.5	10
济　南	22.40	18	23.8	7	51913	11	7.3	26
北　京	142.10	2	－17.9	30	73849	1	8.6	9
上　海	190.48	1	10.1	18	73615	2	8.2	14
天　津	47.32	11	3.0	25	46119	18	7.3	26
重　庆	23.65	16	－27.2	31	28920	35	9.6	1
大　连	8.70	24	－67.5	32	46468	16	6.7	31
青　岛	58.40	10	0.7	26	54484	10	7.2	28
宁　波	23.60	17	19.7	9	64886	5	7.9	19
深　圳	78.09	5	0.2	27	62522	7	8.7	7
厦　门	19.45	19	25.0	6	59018	8	8.5	10

注：1. 长春实际利用外资总量与往年不可比，没有增速。

2. 厦门实际使用外商直接投资为134.16亿元，表中数据按汇率将人民币折算成美元，2018年人民币汇率为1美元兑6.8985元人民币，增长速度按人民币统计口径计算。

续表 6

城　市	城市居民消费价格指数(%)	
	2019 年	位次
长　　沙	**102.9**	**13**
郑　　州	103.1	7
太　　原	102.7	18
合　　肥	102.9	13
武　　汉	103.2	6
南　　昌	102.8	16
石 家 庄	102.7	18
南　　宁	103.4	1
成　　都	102.8	16
西　　安	102.7	18
贵　　阳	102.7	18
昆　　明	102.3	31
兰　　州	102.2	33
乌鲁木齐	102.0	35
西　　宁	102.5	26
呼和浩特	102.6	24
银　　川	102.2	33
沈　　阳	102.4	29
长　　春	102.9	13
哈 尔 滨	102.6	24
福　　州	102.5	26
海　　口	103.3	3
南　　京	103.1	7
杭　　州	103.1	7
广　　州	103.0	10
济　　南	103.3	3
北　　京	102.3	31
上　　海	102.5	26
天　　津	102.7	18
重　　庆	102.7	18
大　　连	102.4	29
青　　岛	103.3	3
宁　　波	103.0	10
深　　圳	103.4	1
厦　　门	103.0	10

续表 7

城市	农村居民人均可支配收入(元)				住户存款余额(亿元)(本外币)			
	2019年	位次	比上年±%	位次	2019年	位次	比年初±%	位次
长　沙	**32329**	**4**	**8.8**	**26**	**6600.39**	**17**	**16.0**	**12**
郑　州	23536	11	8.7	27	7957.04	13	11.1	26
太　原	18377	20	9.0	24	5252.08	22	10.1	28
合　肥	22462	13	10.2	6	4712.40	23	16.4	11
武　汉	24776	9	9.4	15	8992.96	10	14.4	14
南　昌	19498	17	9.1	22	3659.00	25	15.2	13
石家庄	15853	26	9.2	20	7630.00	14	17.9	4
南　宁	15047	30	10.2	6	3960.31	24	11.8	24
成　都	24357	10	10.0	8	14901.00	6	13.4	20
西　安	14588	31	9.8	10	9553.29	9	14.0	18
贵　阳	17275	23	10.4	3	3164.12	28	11.6	25
昆　明	16356	24	9.8	10	5355.45	21	9.6	31
兰　州	13605	32	10.0	8	3594.48	26	10.0	29
乌鲁木齐	21448	14	9.3	18	3171.71	27	10.5	27
西　宁	12577	33	9.4	15	1548.93	33	7.8	33
呼和浩特	18974	19	10.4	3	2391.64	29	10.0	29
银　川	15282	28	7.9	31	1867.01	31	12.1	21
沈　阳	18124	22	9.6	14	8337.60	11	14.4	14
长　春	15455	27	8.6	28	5889.10	20	17.8	5
哈尔滨	18238	21	7.7	32	6291.80	19	16.6	9
福　州	21320	15	9.8	10	969.13	34	19.2	2
海　口	16116	25	8.3	30	1839.69	32	7.6	34
南　京	27636	6	9.4	15	8105.88	12	17.2	7
杭　州	36255	2	9.2	20	11901.30	8	16.7	8
广　州	28868	5	10.9	1	17980.56	3	12.0	23
济　南	19454	18	9.1	22	6438.10	18	14.2	16
北　京					38781.76	1	19.3	1
上　海	33195	3	9.3	18	33295.40	2	16.5	10
天　津	24804	7	7.5	33	12639.64	7	17.6	6
重　庆	15133	29	9.8	10	17860.40	4	12.1	21
大　连	19974	16	10.3	5				
青　岛	22573	12	8.4	29	6755.00	16	14.2	16
宁　波	36632	1	8.9	25	7475.47	15	13.9	19
深　圳					16010.77	5	19.0	3
厦　门	24802	8	10.7	2	2325.25	30	8.1	32

18 国民经济主要指标解释及计算方法

国民经济主要指标解释及计算方法

1. 地区生产总值 是指按市场价格计算的一个地区所有常住单位在一定时期内生产活动的最终成果。

2. 三次产业 我国国民经济三次产业的划分如下：

第一产业 农、林、牧、渔业（不含农、林、牧、渔服务业）。

第二产业 是指采矿业（不含开采辅助活动），制造业（不含金属制品、机械和设备修理业），电力、热力、燃气及水生产和供应业，建筑业。

第三产业 即服务业是指除第一产业、第二产业以外的其他行业。包括：批发和零售业，交通运输、仓储和邮政业，住宿和餐饮业，信息传输、软件和信息技术服务业，金融业，房地产业，租赁和商务服务业，科学研究和技术服务业，水利、环境和公共设施管理业，居民服务、修理和其他服务业，教育，卫生和社会工作，文化、体育和娱乐业，公共管理、社会保障和社会组织，国际组织，以及农、林、牧、渔业中的农、林、牧、渔服务业，采矿业中的开采辅助活动，制造业中的金属制品、机械和设备修理业。除上述第一、二产业外的其他行业。

3. 增加值 是指常住单位在生产过程中创造的新增价值和固定资产的转移价值。它反映本单位对社会所作的贡献，社会经济各部门（即第一、第二、第三产业）的增加值之和为地区生产总值。

4. 农林牧渔业总产值 是以货币表现的农林牧渔业的全部产品总量和对农林牧渔业生产活动进行的各种支持性服务活动的价值，它反映一定时期内农林牧渔业生产的总规模和总成果。

5. 农用化肥施用量 指报告期内实际用于农业生产的化肥数量，包括氮肥、磷肥、钾肥及复合肥。施用量要求按实物量和折纯量两种方法计算。

6. 工业总产值 是以货币表现的工业企业生产的产品总量，反映一定时期工业生产的总成果和总规模，1995 年第三次全国工业普查，对其计算方法和包括范围均进行了修订。

7. 轻工业 指提供生活消费品和制作手工工具的工业，是为满足人们的吃、穿、用需要的工业，按其所使用的原料不同，可分为两大类：①以农产品为原料的轻工业，是指直接或间接以农产品为基本原料的轻工业；②以非农产品为原料的轻工业，是指以工业品为原料的轻工业。

8. 重工业 是指生产生产资料的工业，为国民经济各部门提供物质技术基础的工业。按其生产和产品用途，可以分为下列三类：①采掘工业，是指对自然资源的开采；②原材料工业，是指提供国民经济各部门使用的原料、动力和燃料的工业；③制造工业，是指对原材料进行加工制造的工业。

9. 能源消费总量 指一定时期内用于生产和生活的各种能源消费量的总和。包括原煤和原油及其制品、天然气、电力的消费量，可分为三部分，即终端能源消费量、能源加工转换量和损失量。它是观察能源消费水平、构成和增长速度的总量指标。

10. 货（客）运量 指运输业实际运送的货物（旅客）数量。货运按吨计算，客运按人计算。货物不论运输距离长短，货物类别，均按实际重量统计；旅客不论行程远近或票价多少，均按一人一次作为客运量统计。

11. 货物（旅客）周转量 指运输业运送的货物（旅客）数量与其相应运输距离的乘积之总和，通常以吨公里和人公里为计算单位。它是反映运输业生产总成果的重要指标。

12. 邮电业务总量 指以货币表现的邮电部门为用户传递信息和提供其他邮电服务的总量。它综合反映了一定时期邮电工作的总成果，是研究邮电业务量构成和发展趋势的重要指标。

13. 建筑业总产值 是以货币表现的建筑业企业在一定时期内生产的建筑业产品和服务的总和。建筑业总产值包括建筑工程产值、安装工程产值和其他产值三部分内容。

14. 固定资产投资额 是以货币表现的在一定期内建造和购置固定资产的工作量以及与此有关的费用的总和。它是反映固定资产投资规模、速度、比例关系的综合性指标。

15. 新增固定资产 是指已经完成建造和购置过程，并以交付生产或使用单位的固定资产价值。它是反映固定资产投资成果的价值量指标。

16. 房屋施工面积 指报告期内施工的全部房屋建筑面积。包括本期新开工的面积、上期跨入本期继续施工的房屋面积、上期停缓建在本期恢复施工的房屋面积、本期竣工的房屋面积以及本期施工后又停缓建的房屋面积。多层建筑应填各层建筑面积之和。

17. 房屋竣工面积 指在报告期内房屋建筑按照设计要求已全部完工，达到住人和使用条件，经验收鉴定合格或达到竣工验收标准，可正式移交使用的各栋房屋建筑面积的总和。

18. 社会消费品零售总额 指各种经济类型的批发零售贸易业、餐饮业和其他行业对城乡居民和社会集团的消费品零售额总和。这个指标反映通过各种商品流通渠道向居民和社会集团供应的生活消费品来满足他们生活需要，是研究人民生活、社会消费品购买力、货币流通等问题的重要指标。居民的消费品零售额：指销售给城乡居民用于生活消费的商品。社会集团的消费品零售额：指销售给机关、团体、部队、学校企业、事业单位和城市街道居民委员会、农村村民委员会用公款购买的用作非生产、非经营使用的消费品。

19. 商品交易市场成交总额 指市场所有摊位商品交易总额之和。

20. 旅游收入 游客（入境游客和国内游客）在旅游过程中（由游客或游客的代表为游客）支付的一切旅游支出就是国家（省、区、市）的旅游收入。旅游支出应包括（过夜）旅游者和一日游游客在整个游程中行、游、住、食、购、娱，以及为亲友、家人购买纪念品、礼品等方面的旅游支出，不包括为商业目的购物、购买房、地、车、船等资本性或交易性的投资、馈赠亲友的现金及给公共机构的捐赠。旅游收入包括国际旅游（外汇）收入和国内旅游收入。

21. 国际旅游（外汇）收入 入境游客在中国（大陆）境内旅行、游览过程中用于交通、参观游览、住宿、餐饮、购物、娱乐等全部花费。

22. 国内旅游收入 指国内游客在国内旅行、游览过程中用于交通、参观游览、住宿、餐饮、购物、娱乐等全部花费。

23. 利用外资 指我国各级政府、部门、企业和其他经济组织通过对外借款、吸收外商直接投资以及用其他方式筹措的境外现汇、设备、技术等。

24. 外商直接投资 指外国企业和经济组织或个人（包括华侨、港澳台胞以及我国在境外注册的企业）按我国有关政策、法规，用现汇、实物、技术等在我国境内开办外商独资企业、与我国境内的企业或经济组织共同举办中外合资经营企业、合作经营企业或合作开发资源的投资（包括外商投资收益的再投资），以及经政府有关部门批准的项目投资总额内企业从境外借入的资金。

25. 外商直接投资实际到位资金 外商直接投资指外国投资者在我国境内通过设立外商投资企业、与中方投资者共同进行合作开发以及设立外国公司分支机构等方式进行投资，包括外国投资者以现金、实物、技术等作为投资，外商投资收益的再投资，以及在批准的项目投资总额内，企业从境外借入的资金。

26. 进出口总额、海关进出口总额 指实际进出我国国境的货物总金额。包括对外贸易实际进出口货物，来料加工装配进出口货物，国家间、联合国及国际组织无偿援助物资和赠送品，华侨、港澳台同胞和外籍华人捐赠品，租赁期满归承租人所有的租赁货物，进料加工进出口货物，边境地方贸易及边境地区小额贸易进出口货物（边民互市贸易除外），中外合资企业、中外合作经营企业、外商独资经营企业进出口货物和公用物品，到、离岸价格在规定限额以上的进出口货样和广告品（无商业价值、无使用价值和免费提供出口的除外），从保税仓库提取在中国境内销售的进口货物，以及其他进出口货物。进出口总额用以观察一个国家在对外贸易方面的总规模。我国规定出口货物按离岸价格统计，进口货物按到岸价格统计。

27. 居民消费价格指数 是综合反映居民所购买各种消费品和生活服务项目价格变动程度的重要经济指标。通常简记为 CPI。在居民消费价格指数中分为八大类，即食品、烟酒及用品、衣着、家庭设备用品及维修服务、医疗保健和个人用品、交通和通信、娱乐教育文化用品及服务、居住。

28. 商品零售价格指数 反映市场各种零售商品（不含服务项目）价格变动的指数。它包括销售给居民和社会集团的生活消费品和办公用品价格，还包括餐饮业商品价格。

29. 年末自来水生产能力 指年末城建部门管理的自来水厂和社会单位自备水源的取水、净水、送水、出厂输水干管等环节的实际生产能力。

30. 年末实有铺装道路长度 指除土路外，路面经过铺装宽度在 3.5 米以上的道路，包括高级、次高级道路和普通道路。

31. 年末实有公共汽车（电车）辆 指年底可参加营运的全部车辆数，包括年底营运的车辆数和库存查封未参加营运的车辆，不包括非营运车辆，如架线车、油灌车、工程车、货车及其他专用车辆和借入的客运车辆。

32. 城市园林绿地面积 指城市专用绿地、生产绿地、防护绿地、郊区风景名胜区等的全部面积。

33. 城市人口 用自来水普及率、用气普及率指城市人口中的非农业人口用自来水，用煤气（包括人工煤气、液化石油气、天然气用气人口）的普及情况。

34. 工业废水排放总量 指经过企业厂区所有排放口排到企业外部的工业废水量。包括生产废水、外排的直接冷却水、超标排放的矿井地下水、与工业废水混排的厂区生活污水。

35. 工业废水排放达标量 指各项指标全部达到国家或地方排放标准的外排工业废水量，包括经过处理后外排达标的和未经处理外排达标的两部分。

36. 工业废气排放总量 指企业燃料燃烧和生产工艺过程中产生的各种排入空气的含有污染物的气体的总量，以标准状态下亿标立方米表示。

37. 工业粉尘排放量 指企业在生产工艺过程中排放的能在空气中悬浮一定时间的固体颗粒物重量。如钢铁企业的耐火材料粉尘、焦化企业的筛焦系统粉尘、烧结机的粉尘、石灰窑的粉尘、建材企业的水泥粉尘等。不包括电厂排入大气的烟尘。

38. 工业粉尘去除量　指企业在生产工艺过程中产生的废气，经过各种废气治理设施处理后，去除的粉尘重量。

39. 工业固体废物产生量　指企业在生产过程中产生的固体状、半固体状和高浓度液体状废弃物的总量，包括危险废物、冶炼废渣、粉煤灰、炉渣、煤矸石、尾矿、放射性废物和其他废物等；不包括矿山开采的剥离废石和掘进废石（煤矸石和呈酸性或碱性的废石除外）。

40. 文化事业机构　指从事专业文化工作和为专业文化工作服务的单独核算、独立建制的单位。不包括文化主管部门直属单位举办的其他行业和各部门的业务文化组织。

41. 艺术表演团体　指从事戏曲、音乐、舞蹈、杂技等专业艺术表演的，有独立帐户，实行单独核算的团体。不包括半工半艺、半农半艺的业余剧团。

42. 等级裁判员人数　指经考核正式批准授予等级裁判员称号的人数。裁判员等级分为国际裁判、国家级裁判、一级裁判、二级裁判、三级裁判。

43. 医院　指名称为医院，设有固定床位能收容病人住院并能为病人提供医疗、护理服务的医疗机构。包括综合医院、中医医院、中西医结合医院、民族医院、各类专科医院和护理院，不包括专科疾病防治院、妇幼保健院和疗养院。

44. 卫生技术人员　指卫生事业机构支付工资的全部固定职工和合同制职工中现任职务为卫生技术工作人员。包括执业医师、执业助理医师、注册护士、药师（士）、检验技师、影像技师（士）、卫生监督员和见习医（药、护、技）师（士）等卫生专业人员。不包括从事管理工作的卫生技术人员（如院长、副院长、党委书记等）。

45. 执业医师和执业助理医师　指具有医师执业证书及其“级别”为“执业医师和执业助理医师”且实际从事医疗、预防保健工作的人员，不包括实际从事管理工作的执业医师和执业助理医师。执业医师类别分为临床、中医、口腔和公共卫生。

46. 劳动力资源总数　指在劳动年龄内，具有劳动能力，在正常情况下，可能或实际参加社会劳动的人口数。劳动力资源的范围为：劳动年龄内（16 周岁以上），有劳动能力，实际参加社会劳动和未参加社会劳动的人员。劳动力资源也可划分为：经济活动人口和非经济活动人口。

47. 经济活动人口　指在劳动年龄内，有劳动能力，参加或要求参加社会经济活动的人口，包括从业人员和失业人员。

48. 从业人员　指从事一定社会劳动并取得劳动报酬或经营收入的人员。

49. 失业人员　指在劳动年龄内，有劳动能力，在调查期间无工作并以某种方式正在寻找工作的人员。

50. 在岗职工　指在本单位工作并由单位支付工资的人员。以及有工作岗位，但由于学习、病伤、产假等原因暂未工作，仍由单位支付工资的人员。

51. 从业人员工资总额　指各单位在一定时期内直接支付给本单位全部从业人员的劳动报酬总额。包括计时工资、计件工资、奖金、津贴和补贴、加班加点工资、特殊情况下支付的工资，是在岗职工工资总额、劳务派遣人员工资总额和其他从业人员工资总额之和。

52. 可支配收入

老口径（2012 年及以前年份使用）

城市居民人均可支配收入是指居民家庭可用于最终消费支出和其他非义务性支出以及储蓄的总和，即居民家庭可以用来自由支配的收入。它是家庭总收入扣除交纳的所得税、个人交纳的社会保障支出以及调查户的记帐补贴后的收入。

计算公式为：可支配收入 = 家庭总收入 − 交纳的所得税 − 个人交纳的社会保障支出 − 记帐补贴

农村居民人均可支配收入指农村住户获得的经过初次分配与再分配后的收入。可支配收入可用于住户的最终消费、非义务性支出以及储蓄。

计算方法：

农村住户可支配收入 = 农村住户总收入 − 家庭经营费用支出 − 税费支出 − 生产性固定资产折旧 − 财产性支出 − 转移性支出

新口径（2013 年因报表制度改革，人均可支配收入按新口径计算）

可支配收入指调查户在调查期内获得的、可用于最终消费支出和储蓄的总和，即调查户可以用来自由支配的收入。可支配收入既包括现金，也包括实物收入。按照收入的来源，可支配收入包含五项，分别为：工资性收入、经营净收入、财产净收入、转移净收入和自有住房折算净租金。计算公式为：

可支配收入 = 工资性收入 + 经营净收入 + 财产净收入 + 转移净收入 + 自有住房折算净租金

其中：经营净收入 = 经营收入 − 经营费用 − 生产性固定资产折旧 − 生产税净额（生产税 − 生产补贴）

财产净收入 = 财产性收入 − 财产性支出

转移净收入 = 转移性收入 − 转移性支出

53. 消费支出 指住户用于满足家庭日常生活消费需要的全部支出，包括用于消费品的支出和用于服务性消费的支出。根据用途不同，消费支出可划分为食品烟酒、衣着、居住、生活用品及服务、交通通信、教育文化娱乐、医疗保健、其他用品及服务八大类。根据来源不同，消费支出可划分为现金消费支出、实物消费支出（含自产自用、来自单位、来自政府和其他社会组织）。

54. 城乡居民储蓄存款年末余额 包括城镇居民储蓄和农民个人储蓄两部分的年末余额。不包括工矿企业、部队、机关团体等集团存款。

55. 单位 GDP 能耗 指在一定时期内，某地区每创造一万元生产总值（GDP）所耗用的各种能源的总和。目前国家考核的指标是以包含生产和生活的各种能源消费量的总和和形成的 GDP 之间的总量对比。

56. 单位规模工业增加值能耗 指在一定时期内，某地区规模以上工业企业每创造一万元工业增加值所耗用的各种能源的总和。

57. 当年价格 指报告期的实际价格，如工厂的出厂价格，农产品的收购价格、商业的零售价格等。按当年价格计算，是指一些以货币表现的物量指标，如工农业总产值、国民生产总值等，按照当年的实际价格来计算总量。

58. 不变价格 用某一时期的同类产品的平均价格作为固定价格，来计算各个时期的产品价值。目的是为了消除各时期价格变动的影响，使产品价值在前后时期之间、地区之间、计划与实际之间具有可比性，建国以来我国分别使用了1952 年、1957 年、1970 年、1980 年、1990 年、2000 年、2010 年不变价格。

59. 可比价格 指在不同时期的价值指标对比时，扣除了价格变动的因素，以确切表示物量的变化。

60. 平均每年增长速度 在我国计算平均增长速度有两种方法，一种是习惯上经常使用的“水平法”，又称几何平均法，是以间隔期最后一年的水平同基期水平对比来计算平均每年增长（或下降）速度。另一种是“累计法”，又称代数平均法或方程法，是以间隔期内各年水平的总和同基期水平对比来计算平均每年增长（或下降）速度。

公式为：平均增长速度 = 期次最后一期水平/基期水平 ×100% －100%

中国统计出版社有限公司最新图书简目

(仅供参考,以实际出版为准)

统计资料

中国统计年鉴　中国统计摘要　中国第三产业统计年鉴
中国第三次全国农业普查综合资料　国际统计年鉴　金砖国家联合统计手册
中国-东盟国家统计手册　中国农村统计年鉴　中国县域统计年鉴
中国农产品价格调查年鉴　中国城市统计年鉴　中国价格统计年鉴
中国贸易外经统计年鉴　中国零售和餐饮连锁企业统计年鉴　中国商品交易市场统计年鉴
大中型批发零售和住宿餐饮企业统计年鉴　中国住户调查年鉴　中国工业统计年鉴
中国环境统计年鉴　中国能源统计年鉴　中国建筑业统计年鉴
中国房地产统计年鉴　投资领域统计年鉴　中国对外直接投资统计公报
中国人口和就业统计年鉴　中国劳动统计年鉴　中国社会统计年鉴
中国科技统计年鉴　中国高技术产业统计年鉴　全国企业创新调查年鉴
中国文化及相关产业统计年鉴　2018年时间利用调查资料　中国妇女儿童状况统计资料
中国基本单位统计年鉴　中国教育统计年鉴　中国教育经费统计年鉴
中国民族统计年鉴　中国残疾人事业统计年鉴　长江经济带发展统计年鉴

省级综合统计年鉴系列

北京 天津 河北 山西 内蒙古 辽宁 吉林 黑龙江 上海 江苏 浙江 安徽 福建 江西 山东 河南 湖北 湖南 广东 广西 海南 重庆 四川 贵州 云南 西藏 陕西 甘肃 青海 宁夏 新疆 新疆生产建设兵团

市(县)级综合统计年鉴系列

滨海新区 石家庄 唐山 邯郸 保定 沧州 邢台 廊坊 承德 衡水 秦皇岛 张家口 太原 大同 阳泉 长治 晋城 朔州 晋中 运城 忻州 临汾 吕梁 呼和浩特 鄂尔多斯 包头 沈阳 大连 长春 延吉 四平 白山 通化 哈尔滨 齐齐哈尔 黑龙江垦区 上海浦东新区 南京 无锡 徐州 常州 苏州 南通 连云港 淮安 盐城 扬州 镇江 泰州 宿迁 江阴 丹阳 海门 张家港 杭州 宁波 温州 嘉兴 湖州 绍兴 金华 衢州 舟山 台州 丽水 合肥 安庆 福州 厦门 宁德 漳州 龙岩 莆田 泉州 三明 南平 南昌 九江 上饶 新余 抚州 赣州 景德镇 济南 青岛 枣庄 潍坊 聊城 郑州 洛阳 平顶山 三门峡 南阳 商丘 信阳 济源 汝州 武汉 十堰 荆州 宜昌 荆门 咸宁 黄冈 长沙 鹰潭 广州 深圳 惠州 东莞 汕尾 湛江 肇庆 南宁 柳州 桂林 贵港 梧州 来宾 河池 防城港 海口 三亚 儋州 成都 内江 贵阳 黔南 毕节 昆明 文山 德宏 西安 延安 安康 铜川 汉中 商洛 银川 兰州 庆阳 乌鲁木齐 昌吉 阿勒泰 兵团一师、二师、三师、四师、六师、七师、八师、十师、十三师、十四师

调查年鉴系列

天津 内蒙古 上海 河南 湖北 湖南 广东 广西 重庆 四川 云南 甘肃 宁夏 南宁 贵港 昆明

统计方法应用/实用手册

Python数据分析基础（第二版）　非参数统计（第五版）　现代金融投资统计分析（第四版）
国民经济核算初级教程（第二版）　国民经济核算教程（第五版）　概率统计基础
全国统计专业技术资格考试系列考试用书：统计业务知识（第四版修订版）　统计业务知识学习指导与习题
全国统计专业技术资格考试系列考试用书：统计相关知识（第四版）　统计相关知识学习指导与习题

统计通俗读物/统计科普图书

领导干部统计知识问答　统计公文写作及会议办理实用手册　大数据在统计工作中的应用案例汇编
中国国民经济核算知识问答（修订版）　地区生产总值核算国际比较研究　新中国统计制度方法的发展与改革

重点图书

中国农业统计资料1949-2019　第四次全国经济普查地图集　中国经济普查年鉴2018
新编英汉汉英统计大词典　中国国民经济核算体系2016　国民经济行业分类注释
挑大学选专业2020—考研择校指南　挑大学选专业2020—高考志愿填报指南　中华医学统计百科全书